上海交通大学行业研究院五周年特辑

安泰行业评论·第二卷

陈方若　主　编
陈宏民　执行主编

上海交通大学出版社
SHANGHAI JIAO TONG UNIVERSITY PRESS

内容提要

　　《安泰行业评论》旨在为学界、业界和政府部门的相关人士提供一个探索解决重点行业发展中的难点和痛点，寻找转折点的研究平台；鼓励学者学以致用，更加深入地关注中国经济和行业发展中的问题；鼓励学者和企业管理者相互借鉴，共同探索新的商学研究范式，打造充满活力的商学生态。本卷的第一篇总结了五年来上海交通大学安泰经济与管理学院通过行业研究推动商学改革的探索与实践。第二篇由国内著名高校的资深教授和经验丰富的企业专家联合撰写，从多个产业视角运用多种研究方法探讨了行业研究的新范式。第三篇由行研生态圈的多方参与者分享了行业研究在人才培养、咨政建言、校企合作、校友服务、投资指导、项目孵化、社会影响等方面的多元价值。本书既适合学术界对行业研究感兴趣的相关领域研究者进行学术讨论，也有助于企业家对产业转型、数字化发展与平台赋能相关产业发展实践问题进行深入思考。

图书在版编目（CIP）数据

安泰行业评论.第二卷/陈方若主编；陈宏民执行
主编.—上海：上海交通大学出版社，2023.11
　ISBN 978-7-313-29641-2

　Ⅰ.①安… Ⅱ.①陈…②陈… Ⅲ.①社会科学-文
集 Ⅳ.①C53

　中国国家版本馆CIP数据核字〔2023〕第199528号

安泰行业评论·第二卷
ANTAI HANGYE PINGLUN · DI-ER JUAN

主　　编：陈方若
执行主编：陈宏民
出版发行：上海交通大学出版社　　　　　　　地　　址：上海市番禺路951号
邮政编码：200030　　　　　　　　　　　　　电　　话：021-64071208
印　　制：上海景条印刷有限公司　　　　　　经　　销：全国新华书店
开　　本：889mm×1194mm　1/16　　　　　　印　　张：9.25
字　　数：276千字
版　　次：2023年11月第1版　　　　　　　　印　　次：2023年11月第1次印刷
书　　号：ISBN 978-7-313-29641-2
定　　价：68.00元

安泰行业评论

主　　编：陈方若

执行主编：陈宏民

编委会成员（按照姓名首字母排序）

Preface | 序 |

古人云：读万卷书，行万里路。我们对世界的认识需要两条路径的结合，既要学习书本上的知识，又要密切关注实际情况。只有理论与实际紧密结合、相互检验，我们的认知才有可能是真知，我们的行动才不会迷失方向。

如果用古人提供的这面镜子来照照当今的商学院，你将惊奇地发现许多商学院与古人的要求还有一段很长的距离。在当今的商学院，你会看到很浓的"书斋"文化，老师们把大部分精力花在办公室里，学习文献，撰写论文。结果是论文越来越多，但与实际的距离越来越远。这背后的原因有很多，我认为最关键的是对学者的评价标准。如果我们的目标是发表最大数量的论文，而论文的评审权又局限于学术界内部，那么势必造成学术界的自我封闭和自娱自乐，因为在这样的封闭世界里，我们可以自己来定规则，并以此创造一个集体最省力的论文发表环境。如果学术界的围墙高筑，墙内可能百花齐放，但墙外并不香，即便有一点香气飘到墙外，这或许还是毒气呢，因为那些花并不是生长在实践的土壤里。

为了帮助商学院走出以上困境，上海交通大学安泰经管学院于五年前提出了一个新的发展战略，我们希望在原有学科导向的科研体系之上，建立一个行业导向的研究新范式，即行业研究。我们希望在未来的商学院，每一位老师不仅有自己的学科领域，同时又有一两个长期关注、研究的行业，最终形成纵横交错、知行合一的学术生态。《安泰行业评论》就是在这样一个商学院变革的大背景之下应运而生的。我们希望这本出版物能帮助我们探索出一种学界的行业研究范式，鼓励老师们走出象牙塔，走进行业、企业，行万里路，去发现"真知"。

改革之路不会平坦，我们只有不断总结、完善，方可致远。2023年正值行业研究战略实施五周年，我们把《安泰行业评论（第二卷）》的主要篇幅用来总结过去五年的经验。过去几年的经验表明，行业研究战略已经影响到了学院的方方面面，包括科研、教学、社会服务，也改变了学院的行政管理工作，如绩效管理和校友工作。变化有许多，既有挑战，也有机遇，但总体而言，我们的路越走越宽，我们的朋友越来越多，所有安泰人之间的连接越来越紧密。显然，这些变化对学院未来的发展都是非常重要的。

众人拾柴火焰高，商学院的变革，单靠安泰一家是远远不够的，只有当众多兄弟院校合力来推动行业研究，这样一个新的研究范式才有可能站稳脚跟，一个健康的商学生态才有可能形成。因此，《安泰行业评论（第二卷）》的一个更重要的目的是把我们的经验分享给其他商学院，希望大家在寻找商学院变革之路时，多一些信心，少一些迷茫。

上海交通大学安泰经济与管理学院院长

上海交通大学行业研究院院长

2023年8月28日

安泰
行业评论

ANTAI
INDUSTRY
REVIEW

商学院变革

目录

第一篇

百尺竿头·探索行研新方向

行业研究：安泰经管学院推动商学改革的探索与实践

上海交通大学行业研究院

一　传统商学研究存在的显著问题

（一）商学理论与行业实际脱轨的不良趋势

商学研究体系起步于19世纪末的美国，初衷是为培育专业管理人员的社会责任感。为满足所处院校对学科建设的合规性要求，商学研究逐渐形成了具有典型学术导向思维的研究体系，即通过对商业场景中的不同业务板块及管理条线进行深度观察、研究与分析，总结相对共性、通用的规律性认知，提炼为抽象化的研究模型，以寻求建立对普遍商业行为有指导价值的理论体系，在商学学科门类下逐渐发展出会计、营销、运营、金融、信息管理、行政管理、质量分析、商业法律、商业沟通、经济学、统计学、人力资源等多个学科专业。

然而随着商学研究的发展，逐渐出现了"从理论到理论"的研究趋势，即脱离现实商业场景开展研究。这导致商学理论与商业实践日渐疏远，商学研究难以对实际工作带来有效的引领价值。南加利福尼亚大学（USC）教授沃伦·本尼斯（Warren Bennis）与詹姆斯·奥图尔（James O'Toole）于2005年在《哈佛商业评论》撰文，提出商学研究正走在"错误的轨道"上，大多数商学院所教授的知识技能与学生在实际工作中遇到的问题并没有太多相关性。2006年，麻省理工学院（MIT）斯隆商学院院长理查德·施马兰西（Richard Schmalensee）在《商业周刊》上撰文，指出目前教育商学院学生的教员只对"惊艳学术界同伴感兴趣"，而非解决现实世界的商业问题。2009年，蒂姆·布拉德肖（Tim Bradshaw）在《金融时报》中指出，商学院对商业世界的实际影响很难作量化分析，大部分经理人不会特意与商学学术界进行接触。2009年，斯塔基（Starkey）、哈丘埃尔（Hatchuel）和坦皮斯特（Tempest）在《管理研究杂志》中提出："撇开价值判断不谈，后现代科学批判确实表明，不同的探究模式正在激增，旧有科研机构（如大学）将无法作为曾经的特权知识空间那样继续存在。"

（二）传统商学研究体系存在的典型问题

1. 忽视现实问题的深度提炼，聚焦于"从理论到理论"的内循环

从实践中提炼理论，并以理论指导实践，是商学院的最初定位。随着理论成果的不断丰富和研究方法的推陈出新，越来越多的学者痴迷于构建理论的庞大体系，而忽视从不断涌现的复杂的现实问题中提炼理论；持续观察和深度剖析变化中的实际问题日益被管理学术

界边缘化了。当解决问题的工具过于复杂时，人们开始忽视问题本身转而陷入研究工具的学术怪圈中，"从实践到理论"变成了"从理论到理论"。再叠加上传统评价体系重文章轻实践的价值导向，使得学者们钻研于理论研究之中。理论与实践的脱节又进一步导致了产学研无法联动，企业开始不再向学校寻求理论指导，教师逐渐缺乏企业实践的经验，最终导致理论与实践的裂谷，将教师困于理论的谷底。

2. 学术研究过于垂直细分，缺乏与横向学科的交流互动

学术研究往往是沿垂直方向进行深入研究，如商学即是依照学科专业，聚焦于企业的战略、财务、投资、运营管理、人力资源、市场营销、信息系统等单一板块，或是从宏观层面对国家经济、产业经济层面进行研判。但在现实商业场景中，通常会基于不同业务板块的交互协同来形成最终决策，进而影响企业后续发展；而在此过程中，实际的影响因子不仅限于商学范畴，亦可能因行业属性而涉及诸多不同学科专业。

其中既存在商学内不同学科专业间的交叉，如内部组织架构对外部销售模式产生的影响，关于供应链解决方案的财务评估，等等。同时亦存在来自不同学科门类间的交叉，包括前沿技术层面的交叉，如大数据技术催生新兴营销模式，新能源技术发展导致汽车产业供应链重构，等等；亦包括社会科学范畴的交叉，如养老产业发展必须兼顾经济效益与社会伦理，国际政治格局会对半导体企业的战略决策

产生重大影响，等等。并且，随着技术持续融合发展，商业模式持续转型变化，时常存在多项学科相互交叉的趋势，例如人工智能技术应用于生物医药研发领域，既会驱动企业在微观层面重塑组织架构，也依靠政府在宏观层面提出产业支持政策。

然而，在传统商学研究体系中，随着学科分类逐渐呈现细分化、专业化、垂直化的发展趋势，相对缺乏不同商学专业间、商学与其他学科门类间的交叉融合，导致有时无法对企业运营中的核心问题或关键决策作出全局性研判，难以对于企业或行业面临的现实发展瓶颈问题提出有效建议。

3. 为便于开展理论研究，人为限定前提、简化变量

在商学研究中，为便于开展理论研究，时常会有选择地提出假设前提。然而在实际商业场景中，恰恰可能因为限定前提不符合现实环境，缺少了科学推导后的纠偏，从而导致结论产生偏差。例如经济学研究中，通常以"经济人"即"理性人"为基本前提假设，然而在当前网红经济、眼球经济、直播带货、饥饿营销盛行的商业环境下，存在大量"非理性"的冲动消费行为，因此需对学术研究中的"经济人"予以重新定义。

数学归纳与模型建设是当前商学学术界普遍聚焦的重点方向，体现了对经济现象的本质与规律的高度重视。然而在研究过程中，为便于推进研究、得出结论，学者可能会在有意或无意中忽视那些无法量化评估或难以取得精确数据的变量。此外，学者可能对具体研究样

本进行孤立化处理，从而忽视了对更大范围内的环境因素所产生的连带影响的综合性观察与分析，包括内部环境（如不同部门的协同或掣肘）或外部环境（如政治、经济、社会和技术）等。

4. 习惯采用学术语言，与业界存在沟通壁垒

商学研究长期在相对独立的环境中开展，导致逐渐形成一整套专业性、系统性的学术语汇，可能与行业内部对于某一现象所普遍共识的称谓或内涵存在差别，造成双方在交流沟通中存在壁垒。不少管理学院教师表示，在与企业交流探讨的过程中，大到管理理念的表达和管理术语的界定，小到数据字段的称谓和定义，彼此都存在理解偏差，从而不得不花费大量精力来弥合沟通壁垒，从而延误项目的推进效率，并可能对研究结论的精确性造成影响。

5. 强调学术深度与严谨性，工作节奏滞后于企业

学术研究强调在命题界定、研究方法、数据采集、逻辑推导、趋势预判等诸多方面的严谨性，所有环节必须仔细推敲、严谨论证，因此整个研究周期相对较长，重大课题可能历时数年之久。从推进学术理论研究的价值来看，严谨的研究态度与论证方法固然是必要的，但在瞬息万变的真实商业环境中，学界与业界对研究分析的精确性、严谨性、前沿性、时效性的要求有所不同，导致双方的工作节奏存在差异，学术研究结论可能因市场环境发生变化而降低乃至失去对企业决策的参考价值。此外，在借助媒体扩大研究成果的社会影响方面，由于媒体更

注重问题可否引发社会关注,因此,传统研究模式很难满足其对于时效性和热点性的要求,亦存在工作节奏的错位。

6.偏重于国际化研究路线,缺少对中国经济模式的本土化思考

中国存在独特的政策文化环境及产业经济发展路径,企业所面临的挑战与问题,以及未来需要采取的发展模式都与西方截然不同。与此同时,随着中国经济全面腾飞,人们寄望于通过互联网、数字技术、人工智能、新能源、生物医药等重点产业实现"弯道超车",在此过程中孕育出大量的"中国特色"商业模式与本土企业故事。从商学研究的角度,中国特色社会主义制度下的经济现象与企业的实践发展路径,是具有很高研究价值的商学范例;从产业实践的角度,开展相关研究也可为中国企业如何在新市场环境下进行发展与转型、外国企业如何适应中国市场环境带来重要的参考价值。

然而,顶尖商学学者大多具有国际教育与研究背景,且学术圈相对更重视国际顶级期刊的成果发布,导致商学研究更倾向于着眼国际市场,或借助西方商学理论框架及思维范式来分析问题,从而相对缺乏对中国经济模式的本土化思考。习近平总书记在2016年的全国科技创新大会、两院院士大会、中国科协第九次全国代表大会上提出"广大科技工作者要把论文写在祖国的大地上,把科技成果应用在实现现代化的伟大事业中",中国经济学者需要扎根中国产业实践,加强对中国经济发展的观察与研究。

二 导致商学研究困境的主要原因

(一)学术体系孤立,难以打破学科边界

随着理论研究成果的不断丰富,每一位专家学者在纵向的单一领域不断深入,从基础知识面到学科体系线再到自身专研的特点,这是一个如同圆锥一般的纵向途径。每一个学术体系就如同这个圆锥,也许大家共享着一个基础知识面,却会随着自身研究的深入,与其他学科之间的距离愈发遥远。

基于目前壁垒分明的商学科目设定,绝大多数学者是聚焦单一领域的专家,相对欠缺整合多学科知识的思维习惯,亦很难与其他领域的学者开展合作研究,致使商学研究普遍以孤立而片面的方式开展,在没有一个具体的企业或行业为抓手的情况下,很难从全局的角度将各个孤立的学术体系串联起来,进行全方位的系统分析。

(二)评价体系片面,难以突破学界壁垒

目前全球商学研究的知识创造体系,普遍仍在以学术期刊上发表论文为最终目标,教师的职称评估、荣誉评选、声誉建立也主要由发表论文的质量及数量、刊载期刊的级别及被引用次数所决定。商学形成了完全在圈内开展研究、评估、激励的学术闭环,导致商学研究逐渐朝着"从理论到理论"的不良方向发展,一味追求学术层面的独创性和前沿性,却忽视了在实际应用层面的普适性和现实性,于是愈来愈难以对现实工作形成正面影响,论

文受众也基本限定在学术圈内部,难以引起企业家、管理者、投资人等业内人士的关注。

2018年年底,教育部发布《教育部办公厅关于开展清理"唯论文、唯帽子、唯职称、唯学历、唯奖项"专项行动的通知》,要求部属各高等学校、部省合建各高等学校开展清理"唯论文、唯帽子、唯职称、唯学历、唯奖项"(以下简称"五唯")的专项行动,标志着中国教育体系将更全面地评估学术研究成绩。也正是在此政策背景下,上海交通大学安泰经济与管理学院(以下简称安泰经管学院)同样于2018年提出了"纵横交错,知行合一"的发展战略,大力发展行业研究。

(三)存在路径依赖,亟待扭转研究习惯

学者在专业道路上经历了漫长的专业教育与技能训练,培养了固定的研究习惯,亦形成了系统性的方法论和价值观。从积极的方面来说,这帮助他们以更专业的学术视角、更富经验的工作方式来开展研究;但另一方面,长期养成的既定研究路径可能会导致路径依赖,具体表现在难以从自身学科以外视角来分析问题,习惯用学术语言而非行业通用语言来与业界对话,等等。

(四)缺乏生态思维,难以建立有效抓手

商学研究要提升与现实商业环境的相关度,就要更多地与业界开展合作交流,吸引多元化的研究力量参与,以实际案例作为深度研究的对象,以现实企业场景来测试理论的有效性和可行性。然而如上

所述，由于商学研究已建立起相对封闭的闭环结构，亦形成了固定的学术语言、理论框架、成果范式、研究路径，导致非学术圈的外部力量难以介入，学者亦缺乏向外开拓的强动力，导致很难形成真正有效的开放式研究生态。

同时，在旧有的商学研究框架中，学者很难找到重构商学体系的抓手，其本质仍是缺乏开展行业研究的明确目标，从而导致难以锚定具象的行业关注点，明确研究层级（宏观、中观、微观），匹配恰当的合作方。以其他研究主体为例，政府所属研究部门开展行业研究，主要关注行业在整体国民经济体系中的地位、在国家战略发展计划中的作用，偏重于从国家政策、地方政策、治理体系、行业总览等宏观视角进行观察、分析、建议；券商或咨询公司开展行业研究，主要关注企业的发展前景与增值能力，进而评估投资价值及风险，数据信息则主要来自企业发布的公开年报，因而会更侧重于上市公司或行业头部企业；财经类媒体开展行业研究，由于抱着快速传播的目的，因此更注重信息的提炼、梳理与精简，亦更倾向于针对社会时事热点予以快速反馈。

三　国内外开展商学研究改革的探索与实践

基于上述问题，多家世界级商学院皆开始反思学术研究之弊，探索转型改革之路，力求让商学研究回归本源，重新回归到现实中来，建立理论与实践的良性互动。基于院校的学科特长及属地特点，不少国内外院校逐渐形成了特色化、差异

化的商学改革路径，但在此过程中也各自遇到了严峻挑战，所收获的经验与教训值得相互借鉴参考。

（一）西方开展商学研究改革的探索举措

2005年，耶鲁大学管理学院院长杰弗里·E.加藤（Jeffrey E. Garten）在接受《纽约时报》采访时提出："应当对终身教职提出不同评估标准……商学院应当增加晋升指标，其中之一即是在现实世界中的从业经验，就像在医学院任教的教师必须具备诊疗能力。"

安泰经管学院院长陈方若教授曾在美国宾夕法尼亚大学沃顿商学院求学，后来赴哥伦比亚大学商学院任教数十载，在美国学习及工作的岁月中，陈院长曾见证或亲历了哈佛商学院、沃顿商学院、哥大商学院等多家世界顶尖的商学院纷纷尝试进行商学改革却有始无终的过程。例如，哥大商学院曾探索分别从多个学科视角来同步观察一家企业并撰写行业案例，但由于不同学术领域的学者缺乏共同语言、难以开展同频对话，最终收效并不如人意。

1. 哈佛商学院：案例研究教学标杆

哈佛商学院（HBS）依靠强大的内容创造能力、雄厚的财务实力保障、案例教学基本范式的深厚积累，以企业案例作为研究样本，倡导"问题导向"，通过案例教学法，为培养学生辨识问题、解决问题的能力提供了融合知识、技能、价值观的浸润式学习体验，从而在一定程度上解决了商学理论与企业实践距离过远的问题。

不过哈佛开发商业案例的主要

目的是服务教学，而并非是推进理论科研；并且从组织模式而言，哈佛商业案例主要以个体学者为研究主体，暂时没有建立组织化、团体化、协作化的知识创造体系及支持机制。

2. 卡耐基梅隆大学：与优步合作技术研发

卡耐基梅隆大学（CMU）与优步（Uber）在匹兹堡市政府的背书下，建立了全面、深度的战略合作关系，具体合作内容包括：共建"高等技术研发中心"，联合开发先进的地图、车辆安全、自动驾驶技术；优步聘请CMU的资深机器人专家入驻，开展无人驾驶技术研发；共建关于商科智能和数据分析的科研项目，并吸纳本科在校生参与。

美国也正在进行院校与企业开展全方位合作的探索，值得国内院校参考借鉴。目前国内亦有较多校企合作的成功范例，但更多集中于深层技术领域，而商学院等文科院校应如何赋能企业实现优化，同时行业实践应如何逆向赋能学术发展，以及如何实现科研成果落地、联合人才培养，仍有待探索可持续的合作模式。

（二）中国开展商学研究改革的探索举措

1. 清华大学经济管理学院："纵向"升级+"横向"扩展

很多商学院在选修课程或选修模块中，设置了人工智能等与科技相关的教学方向，或是提供商学与科技方面的双学历。但在清华大学经济管理学院院长白重恩看来，商科教育不应只是简单地将两个课程放在一起，而是应该更多地考虑核心课程的改变，真正把科技和

管理有机结合起来,成为"管理学+科技"的结构。

在新一轮本科教育改革中,清华大学经济管理学院秉承清华大学"三位一体"和学院"通识教育与个性发展"的培养理念,从本科培养方案改革、项目开设、课程体系、资源配置、教学方法等各个方面入手,通过"纵向"升级、"横向"扩展深化本科培养改革,探索培养具有全球胜任力的多元交叉创新人才。

"纵向"升级体现在一学位本科培养方案改革上,一方面实现通识教育从知识传授到能力培养、价值塑造的"转轴",强调领导力与全球胜任力的培养;另一方面打造若干"特色项目",开展体验型、互动式、个性化培养,促进通专融合。"横向"扩展则以推动学科的交叉融合和协同创新为目标,探索具有科技胜任力的人才培养新模式,培养适应日新月异的社会发展与技术创新的创新人才。

2. 北京大学光华管理学院:学术研究+以服务实践为导向的研究

北京大学光华管理学院院长刘俏认为,要坚持国际通行的研究方式,坚持现代经济学的研究理念,坚持问题导向,更多地去研究对中国经济社会有积极意义的关键问题和重大问题。这个过程中产生的研究成果,既会为经济发展、社会发展、改革开放会带来很多启示,又可以回答那些对经济学研究价值的质疑。

近年来,光华管理学院进行了大量的、跨学科的、有组织的、体系化的、创新性的科学研究,同时,加快科研范式和组织模式变革。学院

的研究文化和价值观一方面鼓励自由探索,另一方面更是提倡有组织的跨学科交叉融合的研究。

光华管理学院未来的中长期研究将致力于:① 在学术研究方面,形成学术上的"北大学派",即以科学研究的范式,形成对中国经济社会发展重要问题的系统研究,产生一系列"基准理论";② 在以服务实践为导向的研究方面,主动回应产业、国家及时代的真实需求,切实推动国家经济改革理论和实践发展,形成影响产业、国家与时代的标志性建言献策能力和智库成果;③ 在推动教学发展方面,建设中国特色案例库、独特数据库和交叉学科平台,进行中国特色经管精品教材建设,开创和定义新的教学方法、创新学习工具,以多种形式服务经管教育共同体。

3. 浙江大学管理学院:服务社会的管理研究

浙江大学管理学院院长魏江认为,当前商学教育存在生源文科化、专业"山寨化"、课程"软弱化"(课程内容"软",商科教育知识与工科知识体系的关联度"弱")、过程"五水化"("水"课、"水"专业、"水"教师、"水"绩点、较"水"的人才培养过程)、出口功利化等显著问题,而未来商学院应该有开放型、学生主导型、人际共生型的特征。

浙江大学管理学院立足于开展"服务社会的管理研究",从浙商出发,服务企业,开展案例研究。同时推出企业家学者项目,并与企业、实践机构合作打造基于企业痛点的深度定制课程,聚焦科技创新与产

业管理。

4. 中国案例研究期刊联盟

2021年3月,由教育部学位与研究生教育发展中心、中国专业学位案例建设专家咨询委员会、中国专业学位案例中心联合发起成立中国案例研究期刊联盟,首批共吸纳26家管理经济领域核心期刊加入联盟。依托该期刊联盟,将鼓励案例研究相关的学术论文发表,为建设有利于案例研究的学术环境提供支持,推动案例研究在我国哲学社会科学领域的长足发展。具体工作包括:多平台、多方式宣传期刊联盟成立的目标和意义;多形式组织稿源;多渠道联合构建分类专家库;建立双向互动机制,打造案例精品;组织标杆活动;争取各类研究课题支持。

四 安泰经管学院开拓行业研究的核心思想

(一)"纵横交错,知行合一"

1. "知行合一"是党和国家的要求和期盼

"知行合一"是明代思想家王阳明提出的哲学理论,即内心对事物的觉知应与人的实际行为相一致,所谓"知为行之始,行为知之成"。王阳明关于"知行合一"的论述主要基于道德意识层面,而这对于"内心认知"与"外部现实"间的协同统一也需应用于现实的生活工作中,成为开展实际工作的引领性思想。

党的十八大以来,习近平总书记多次强调"知行合一",提出"知"是基础、是前提,"行"是重点、是关键,必须以知促行、以行促知。①

---

① 见《理论学习关键在知行合一》,http://theory.people.com.cn/n1/2019/0628/c40531-31200610.html。

2023年3月，中共中央办公厅印发《关于在全党大兴调查研究的工作方案》，提出"必须坚持实事求是，坚守党性原则，一切从实际出发，理论联系实际，听真话、察实情，坚持真理、修正错误，有一是一、有二是二，既报喜又报忧，不唯书、不唯上、只唯实。"①

自2018年开始，安泰经管学院为了促进商学院变革转型，使得经济与管理学科的学术研究和人才培养更好地服务于经济社会发展，提出了"纵横交错，知行合一"的发展战略，并以行业研究作为抓手，着力推进这一战略。

2. "纵横交错"是知识创造的合理逻辑

如前面部分所分析，随着商学理论体系的建造和纵深发展，不仅越来越多的学者沉浸在这座庭院深深的理论豪宅之中，而且学科分类也日趋细化；每位学者或许终其一生只在某个斗室里辛勤耕耘。

但是现实问题往往不仅是复杂的，而且是综合性的，需要整合各方面理论和方法才能加以解决。如果请一位管理学教授对某个企业进行诊断，营销学专家可能以为是定价问题，战略学专家则可能认为是战略选择错误，而组织管理专家却相信是组织结构设计出现问题，供应链专家坚持认为是物流效率低下……总之，诊断结果很像寓言故事里的"瞎子摸象"。

因此，要打通理论与实践之间的隔阂，促进管理理论与商业实践的互动，必须在原本以学科分类为

基础的"横向"知识创造体系外，探索以复杂现实如行业为研究对象的"纵向"知识创造体系。传统上专注于某个或若干个学科领域的学者还应该重点关注和研究某个或者若干个重要行业。这样，众多横向的学科与纵向的行业就织成一张纵横交错的网，而每位学者都会处于这张网的一个或若干个交叉点上。

如果在这张由商学理论与商业实践纵横交错织成的网络上，每个交叉节点都有一批学者在那里耕耘，那么上面的知识流和信息流的流动就是畅通的，这张网就会是坚实牢固的，经得起风吹日晒的，具有重大价值的。

于是，在这样的网络结构下，不仅横向的学科发展能得到纵向行业实践的及时养料，纵向行业实践的深化也能获得横向各类学科的理论和方法的大力支持。

通过"纵向"学科研究与"横向"行业研究并举发展，安泰经管学院希望在延续具有前沿性、概括性的理论研究的同时，加强与实际商业场景的紧密结合，希冀让行业研究成为学术理论的数据源、样本库、试验田，学术研究成为行业实践的风向标、指南针、分析师，从而建立理论与实践的良性互动。

3. "横向"学科门类与"纵向"学科专业交叉融合

随着研究的逐渐深入，研究团队必须以更综合性、全面性、立体性的视角来对企业与行业开展研究分析，这就需要引入更多元化的研究力量，组建复合型的研究团队，发挥

各自的学术特长，形成叠加效应。安泰经管学院希望搭建研究工作平台，推动面向不同学科研究或行业研究方向的学者开展交流合作，最终将这无数个"点"编织成彼此联通、交错共生的"网"。

一方面，多位学者将基于不同学术视角来观察分析同一行业，最终形成更全面的行业研究能力，产出更具实践指导价值的行业研究成果，即"从理论到实践"；另一方面，通过从单一学科视角对不同行业进行研究，可逐渐形成共性认知，并据此归纳出具有普遍适用性的规律与理论，推进商学研究发展，即"从实践到理论"。通过推动学术理论与行业实践建立双向赋能的良性循环，学界与业界间逐渐形成价值共创的闭环生态。

以企业为对象，以行业为场景，以行研为串联，不同学科间逐渐建立交叉的学术研究网络，加速学科融合发展，从而更加契合新经济模式下行业边界持续打破并融合的趋势。其中，既包括不同商学学科专业间的交叉融合，也包括不同学科门类间的交叉融合（如商学＋人工智能、商学＋信息技术、商学＋医学、商学＋能源科学等）。

（二）构建行研生态圈，引入多元化物种

安泰经管学院开展行业研究的初衷，是加强学术研究与行业实践的联结度，让商学理论能重新被应用到实际工作场景中，改变"从理论到理论"的不良导向。因此，

---

① 见《调查研究重在实事求是》，http://dangjian.people.com.cn/n1/2023/0526/c117092-32695651.html。

要行之有效地开展行业研究，学者必须融入业界、扎根行业、深入企业，同多方开展交流对话，切换不同视角来观察行业，从而更全面地了解真实的市场环境，剖析企业在发展中所面临的痛点、难点问题。

陈方若院长认为，商学生态就如同自然生态，一个健康的生态必须具有物种多样性，多种多样的物种可以互补、互促、共同进化。通过引入多元化的学术生态物种，将逐步形成一条自然的生态链，共同守护整个生态系统的健康与活力。同时，通过促进学界与业界间建立更丰富且紧密的连接，也将令学术生态变得更加开放，更具持续性。

具体来说，行研生态圈中的"物种"，应当体现多元性、差异性、互补性，同时又应当具备联动性、网络性、流动性。相较于传统的产学研合作模式，行研生态需吸纳更多来自不同背景的资深学者、不同领域的业界专家、不同属性的行业资源来共同参与或支持行业研究，构建多方共建、共创、共享、共赢的信息交流平台、科研教学平台、投资孵化平台、成果转化平台，并逐步形成网络效应和叠加效应，最终产出学术论文、行业报告、白皮书、案例、专著、指数、排名等多类型的科研成果，同时致力于提升在人才培养、咨政建言、校企合作、校友服务、投资指导、项目孵化、社会影响等方面的多元价值。

安泰经管学院致力于构建跨专业、跨院校、跨行业、跨区域、跨产学研的行研生态，吸纳更多行研"物种"共生共栖，并塑造良好健康的"生态环境"，以期让该生态具有更强的自我调节、内生增长、可持续发展能力。依托这一行研生态，安泰经管学院寻求建立学科研究与行业研究并举发展、相互促进的全新知识创造体系，建立学院派行业研究的范式与标准，引领全球商学院改革。

（三）扎根中国的世界级商学院

安泰经管学院将发展愿景确定为"建设一所扎根中国的世界级商学院"，其中包括两层含义："世界级商学院"是目标定位，即要具备世界顶尖水准的商学研究水平，形成在世界范畴产生引领性的高水平研究成果；"扎根中国"则是实现该目标的实施路径，即要深度扎根中国经济体系，从本土产业实践与发展经验中总结形成有价值的商学理论，立足中国，着眼国际。

"纵横交错，知行合一"的发展战略是实现该愿景的重要践行举措，行业研究团队积极深入企业开展调研、建立合作，以期深度了解中国市场经济环境下的政策、法律、社会、技术、文化、心理等因素为企业发展变革所带来的机遇与挑战，探索中国产业转型升级所应依循的发展方向及具体路径，助推新发展格局下的"中国式现代化"。并通过对比研究，提升中国新商学理论在世界范围内的借鉴性、认可度、影响力，为世界经济发展创造新理论，提供新思想，带来新机遇。

五 安泰经管学院开拓行业研究的主要举措

（一）成立行业研究院，促进产学研用协同

由安泰经管学院积极倡导的行业研究，是中国管理教育事业的一次重要探索，也是引领中国乃至世界商学院变革的一次开拓性尝试。

在学校的大力支持下，上海交通大学行业研究院于2018年12月8日成立。研究院依托安泰经管学院，立足上海交通大学，发挥综合性大学在管理、经济、工程、技术等方面的综合优势，并积极发挥业界作用，组建多个跨学科、跨院校、跨学界业界的行业研究团队，对在社会经济发展中发挥重要作用的行业开展持久深入的研究，助力中国行业和社会经济的发展。

综合考量社会发展、行业导向与团队自身建设，行业研究院先后组建5批次，共计40余个行业研究团队，横跨大健康、供应链、金融、零售、能源、数字经济、文化与服务、制造共八大板块，并依据中国经济发展、产业环境变革、学院战略导向持续调整与优化。

行业研究院鼓励各研究团队在以学科为主线的横向研究的基础之上，建立以行业为主线的纵向研究，打造"纵横交错，知行合一"的学术氛围，扎根企业实践、大力推动行业调研、凝练具有行业共性的痛点及难点问题，回归商学院发展的本源，形成实践、学术、教学之间的良性循环，把求真、务实和育人更加紧密地结合起来。行业研究院所确立的行业研究新模式，将重新建立起对学术的认识，通过将行业作为载体，研究行研发展的内在规律和未来趋势，打破学科之间的分割，建立起多元的价值体系。

（二）重塑评估体系，鼓励多元成果产出

传统商学院的评价体系侧重于普遍性知识的教学与学术理论的

研究，而行业研究则需要教师选择特定的行业、从实践应用的角度出发解决具体的问题。为解决行业研究在传统商学院中开展所引发的矛盾，安泰经管学院变革传统价值评估体系，推出了面向全院、鼓励多元成果产出的全光谱考核体系，并进一步构建了针对行业研究团队成果的四个"面向"指导方针。

1. 全光谱考核体系：拓宽学院成果的考核维度

以论文考核为导向的传统评价体系虽在改变，但改变进程远远赶不上发展的需求。为此，安泰经管学院建立了纵横交错的多元价值评价体系——全光谱考核评价体系，将教授的学术成果、社会服务、行业研究等全部纳入考评机制，促进实践、学术、教学三者之间的良性循环。该体系给予了老师们发挥自己长处的选择权利，让每一位老师都能在最合适的地方发光发热，既响应了国家"破五唯"的学术改革导向，又有利于贯彻落实教师队伍的分类发展。

全光谱考核体系进一步拓展了以往对教师评价体系的教学、科研、社会服务这3个方面，共涵盖教学、学术研究、实践研究、研究项目、著作、社会服务、荣誉与奖项等7个方面，对每一方面的成果进行了细化并赋予相应分值。鼓励教师在做好教书育人这一教师本职工作的同时，结合自身特长在学术研究、实践研究、提升社会影响力等方面为学科建设和学院发展做出贡献，实现学院"做一等学问，铸一等人才，成一等事业"的使命。

考核指标方面：全光谱考核体系覆盖教师可能产出的各类成果，并赋予相应分值。体系中未包含的成果，在考核时可申请提交学院讨论认定。打破原方案中高级别岗位只计算国际论文成果的局限，无论教师在何岗位级别，全光谱考核体系中列明的各类考核成果均可计算。同时，调整了原体系中部分成果的分值，提升了中文高水平论文和标志性成果的重要性，鼓励教师扎根中国行业实践，将文章写在祖国大地上。

考核方式方面：简化考核办法，各类成果在计入工作量和计算奖励时分值统一，同时将各个岗位级别的工作任务都统一成分数方便计算。考核按照总分值（最低科研工作量）和最高级别分值（考核必要条件）综合考虑，既体现总量要求，也体现高水平成果的导向。

2. 四个"面向"：引导团队产出多元成果

全光谱考核体系的构建，为学院多元化成果的评估提供了指导方针。作为更加注重实地调研、深入企业的行业研究在全光谱考核体系的基础上进一步提出了行业研究成果的四个"面向"，即面向企业、面向政府、面向教学科研、面向社会。

四个"面向"明确了安泰经管学院的行业研究所期望达到的价值导向：经济价值、政策价值、学术价值及社会价值。我们鼓励各行研团队承接企业课题，解决行业实际问题；提交典型问题专报，提供政策制定的思路或发出警示；撰写企业实践案例，将行研与教学紧密结合；凝练行业普遍问题，给出切实的理论指导；举办行业论坛或发表媒体文章，发出安泰声音。

为保障各行研团队贯彻"纵横交错，知行合一"的研究宗旨，安泰经管学院根据团队所属行业的社会价值、经济价值，团队的人员构建与研究重点方向，以及历年的研究成果，为每一批次行业研究团队提供了相应的研究经费。同时，对每一年度的行研团队的行业研究相关成果进行评比，由内外部专家团队组成的评审组评选出行研探索奖并给予相应的激励。

（三）行研反哺教学，激活校友带动学员

安泰经管学院积极推进行业实践、学术研究、人才培养的三方联动。例如以行业社群班为纽带激活了校友资源，拉近了商学院与行业的距离；以行研团队为载体，将行业研究的理念与方式方法根植于安泰在校生，为将来的产学研联动打下了基础；密切关注行业发展动向，跨院系整合资源，推出人工智能MBA项目。

1. 行业社群班：构建行业维度的校友网络

2019年11月30日，在上海交通大学"安泰交响"高峰论坛上，行业社群班正式启动，标志着交大安泰的行业研究理念正逐步进入课程体系当中。12月21日，首期试点班聚焦"金融科技""创新创业""汽车生态"3个方向正式开班。截至2023年3月，社群班已拓展至12个班，覆盖十大关键行业。行业社群班正是在学院"纵横交错，知行合一"战略指引下，深度融合行业实践，通过跨学院、跨项目、跨学科、跨产学研创的方式，通过行业和校友间的同频对话，为学院和校友之间提供一个供需模式深度进化的路径、促进实践、学术、教学的良性循环，构建多元化的新商学生态圈。

交大安泰行业社群班的学员由安泰MBA、EMBA、高管教育（EE）、GPER（全球高管研究项目）4个项目的在校生和校友，以及本硕博项目的校友构成。行业社群班将把行业研究理念植入社群班课程体系，定位为"服务校友，链接行研，助力市场化办学"。社群班面向校友，免学费，倾力打造校友工程。以社群班为纽带，构建多方利益协同和共享的平台，提升安泰品牌价值。

行业社群班推出后受到了安泰学员和校友的热烈追捧，4期12个班级共收到3 100余份申请。各行业社群班评审委员会根据候选者的工作经历、项目经验、过往成绩等信息，综合考虑在校生和校友比例、不同项目学员比例、工作单位结构、产业链契合度及完整性等因素，最终共有750余位行业精英被成功录取。他们大多在行业深耕多年，已经成为企业高管与行业创领者，比如阿里集团副总裁、携程集团高级副总裁、韩束化妆品创始人、国药资本总裁、完美世界副总裁、杜邦中国副总裁、西门子工业软件全球副总裁、经纬设计院院长等。

2. 推动CLGO/IMBA在校生参与行业研究

2021年12月，随着行业研究的影响力在教学科研中逐步扩散，学生群体怀抱着极大的热情与兴趣参与行研。为了让行研进课堂，推动行业研究和人才培养的紧密结合，安泰经管学院经研究决定在CLGO项目（中国全球运营领袖项目）开展试点，鼓励在校学生加入行研团队。

CLGO项目是我院全日制的、跨学科的重点MBA项目，其愿景是为中国乃至全球运营领域培养精通技术、深谙管理、具有全球化视野，同时对中国市场环境有深刻理解的领军人物。让CLGO学生参与行业研究，可以进一步帮助学生增强对全社会整个行业的认识和了解，开阔其思路和视野，同时也能增强行研团队力量，助力行研团队成果的产出。

2022年，在CLGO项目学生开展项目试点取得一定成效并得到老师和学生认可的基础上，安泰经管学院将行研进课堂项目的开展扩大到全日制MBA（CLGO和IMBA）学生，鼓励更多在校生加入行研团队的项目研究活动。

3. 人工智能MBA：促进学科交叉融合

为进一步促进人工智能发展，对接国家战略，支撑上海打造具有全球影响力的人工智能发展高地，探究校内跨学院、跨学科合作机制，探索学科交叉的科研与教学平台，安泰经管学院与人工智能研究院联合开办人工智能MBA项目，培养人工智能领域的高层次复合型管理人才。

两院在MBA办学经验、经济管理和人工智能领域师资课程上各具优势，双方将以"立德树人、提高质量"为研究生教育的根本任务，汇聚两院的师资力量及行业资源，探索校内院系间合作机制，探索经济管理与人工智能学科交叉的科研与教学平台，探索联合培养社会急需人才的机制与路径。课程设置侧重于人工智能行业的知识学习和综合能力培养，配备一支既精通理论

又熟悉行业的专业教师队伍，培养一批人工智能领域理论与实践兼备的高层次、复合型管理人才。

（四）探索行研新范式，搭建专属成果平台

商学理论研究经历百余年的发展，已然在全球学术圈内形成了公认且统一的研究范式及评估标准。安泰经管学院致力于以行业研究为抓手来推动商学改革，因此积极探索更契合行业研究导向的成果范式，希望研究成果不只在学界内部形成认同，亦对业界产生影响。基于此，安泰经管学院创立了多本行业研究专题读物，希望以此为成果发布平台，刊载深入行业的实践性文章、剖析企业问题的经典案例、针对产业热点问题的独立见解等多样化的行研成果。目前，已推出代表深度思考的《安泰行业评论》和反映热点问题的《安泰纵横集》。

1.《安泰行业评论》

《安泰行业评论》是面向行业研究的专业学术读物，安泰经管学院希望将其打造为探讨学院派行业研究范式的开放平台，亦成为学界、业界、政府部门相关人士探索解决重点行业发展中的难点和痛点、寻找转折点的桥梁。以《安泰行业评论》为平台，学者将更加深入地关注中国经济和行业发展中的问题，也与企业管理者相互借鉴，共同探索新的商学研究范式；社会各界将在原有侧重于微观或宏观层面的合作基础上，通过关注中观层面的行业问题而产生更多交集。最终目标是期望安泰倡导的研究范式能成为商学研究中的"新物种"，并以此吸引各界人士参与其中，建设

一个互补、互促、共同进化的商学新生态。

《安泰行业评论》（第一卷）于2022年9月正式出版，其中收录的12篇文章都由国内著名高校的资深教授和经验丰富的企业管理者撰写，从多产业视角切入，涵盖了中国互联网平台监管、中国工业互联网发展实践、互联网医疗、电商物流发展、硬科技产业发展、产业数字化转型等诸多重要问题的前沿探索，同时也对智慧视觉、区块链技术、人工智能技术等一系列重要的数字技术赋能产业发展问题进行了深入剖析。该书既适合学术界对数字经济发展问题感兴趣的相关领域研究者进行学术讨论，也有助于企业家对产业转型、数字化发展与平台赋能相关产业发展实践问题进行深入思考。

2.《安泰纵横集》

2021年10月，上海交通大学行业研究院首次推出《安泰纵横集》，此后每年出版一辑。该书为安泰经管学院开展行业研究所形成的研究成果的合辑，收录了当年内安泰教师、研究员、学生所发表的优质时论文章，围绕数字经济、大健康、金融、文化与服务、零售、智能制造与能源、供应链等产业板块，聚焦宏观经济环境、产业升级转型、行业关键问题、社会热点议题。相较于偏重学术性与严谨性的传统论文，《安泰纵横集》所收录的时论文章更注重时效性与敏捷性，在延续学术视角、深度思考、系统思维的基础上，更贴近业界普遍关注的问题，面向来自各界的读者群体，适合社会广泛理解，体现了安泰经管学院期望推动理论与实践良性循环的行业研究导向。

（五）立足国家战略发展，服务社会发展需求

安泰经管学院积极响应国家战略发展需求，从社会变革、行业发展的实际需求出发，结合自身行业研究的特色与优势，以"走出去、请进来、建家园"为发展路径，大胆探索跨区域、跨学科、跨产学研的办学模式。

例如：① 立足习近平总书记指出的金融要为实体经济服务的宗旨，与中国银行合作成立中银科技金融学院，并推出技术转移硕士课程；② 以服务粤港澳大湾区发展、助力区域协同发展为主要目的，成立深圳行业研究院，推动大湾区与长三角的产业协同发展；③ 积极响应中共中央办公厅、国务院办公厅印发的《关于推动现代职业教育高质量发展的意见》，以行业研究院为载体，成立中国应用型高校发展研究中心。

1. 中银科技金融学院

上海交通大学中银科技金融学院成立于2022年2月，是上海交通大学在国家发展和改革委员会、教育部等部委和上海市的大力支持下，依托安泰经管学院，与中国银行开展合作，按照国际一流标准创立的全球化、平台化、开放化的科技金融学院。

在上海交通大学、中国银行，以及广大学界、业界领袖的支持下，中银科技金融学院锐意进取、开拓创新，积极承担起人才培养、交叉科研、成果转化、智库平台等职能。同时学院也在成果转化方法论研究、师生创新创业培育、多元激励机制试点等方面探索新模式与新路径，充分发挥产学研创新主体的协同效应，落实立德树人根本任务，打造融汇"产、学、研、创、用"各方资源的聚合型平台，力争为我国高校科技成果转化的模式创新与实践探索提供一套成熟定型、可复制推广的方案，贡献交大智慧。

上海交通大学于2021年10月获批全国首个"技术转移专业硕士学位点"，由中银科技金融学院依托安泰经管学院开展培养工作。技术转移硕士MTT项目重新定义"技术转移"，设置技术战略规划与科创融资两大方向，主要面向集成电路、生物医药、人工智能、电子信息、生命健康、汽车、高端装备、先进材料等国家发展关键行业，填补上述行业紧缺人才缺口。

融合上海交通大学优势学科，汇聚行业顶尖资源，技术转移硕士MTT项目旨在培养系统掌握技术转移学科理论和科创企业融资知识，具备技术战略规划能力、前沿技术商业化能力、科技与金融双向融合能力、特定行业研究分析能力的复合型领军人才，为"科技强国"建设提供有力支撑。

2. 深圳行业研究院

2022年8月27日，上海交通大学深圳行业研究院（以下简称"深圳行研院"）正式揭牌成立。深圳行研院是上海交通大学立足湾区、辐射全球的重要品牌形象窗口和海内外技术创新、人文交流、经济合作往来的重要创新平台。深圳行研院依托安泰经管学院和上海交大行业研究院的优势资源和研究力量，紧密结合粤港澳大湾区的产业转型升级发展需求，围绕数字经济、智能制造、金融科技、医疗健

康、智慧能源等湾区重要行业领域，聚焦行业研究、人才培养、社会服务、品牌拓展四大目标，构建以行业研究为总枢纽的"政、产、学、研、创、投"一体化的协同创新体系，打造成为立足湾区、辐射全球的顶级科创智库和领军人才培养高地。

3. 中国应用型高校发展研究中心

应用型人才的培养离不开行业的依托，行业发展趋势特别是行业人才需求的变化趋势是高校应该紧密关注的问题。安泰经管学院始终致力于研究未来应用型人才应该具备的技能，从而推动构建人才培养体系，明确人才培养着力点，将人才与产业对接，服务国家战略需求。

2022年2月25日，中国应用型高校发展研究中心依托行业研究院正式设立，中心将秉承行业研究院"纵横交错，知行合一"的理念，借助行研院卓越的行业研究和行业人才需求研究基础，聚焦中国应用型高校建设与发展面临的关键问题和主要瓶颈，深入分析德国应用型高校发展和应用型人才培养的成功模式和路径，聚焦行业研究和应用型人才标准探索，推进产教融合高水平应用型高校建设，推动人才发展与经济社会发展的深度融合。

（六）重视成果宣发，提升社会价值认同

行业研究不是自娱自乐，更不是一家之言。安泰经管学院确定行业研究的核心战略后，积极通过高峰论坛、主流媒体、自媒体平台等多渠道向全社会宣传行业研究的核心理念及重要成果，以期扩大行业研究的社会认知，进而在学界与业界形成广泛影响，逐步构建行研生态，共同推进商学改革。

1. 行业发展高峰论坛

行业研究院每年主办一届中国行业发展高峰论坛，邀请众多行业专家发表真知灼见，由上海交通大学优秀的行业研究团队介绍年度研究成果。第五届中国行业发展高峰论坛以"科技创新与产业变革"为主题，力邀来自智能制造、生物医药、绿色能源、新材料和元宇宙等重要产业领域的业界领袖与国内著名专家学者一起，分享最新的科技成果，探讨技术创新对产业发展的赋能作用，交流具有中国特色的产业发展理论创新。此次行业高峰论坛直播量达70万次。

行业发展高峰论坛亦是学界专家向公众与业界展示技术成果、促进成果转化的良好平台。在第五届中国行业发展高峰论坛上，中国工程院院士、上海交通大学氢科学中心主任、轻合金精密成型国家工程研究中心主任丁文江作了题为《轻氢之镁，创新栽培》的主题演讲，极具前沿性、独创性、引领性的科研成果引起了业界关注，并由行业研究院对接相关企业和投资方，推进实现成果转化。

2. 主流媒体发言

行业研究开展以来，安泰经管学院通过外部主流媒体宣发行研成果，对社会热点问题快速应答，形成具有行研特色的价值观点。各行研团队自成立以来接受中央人民广播电台、中国国际电视台、第一财经、澎湃新闻、新华网、《解放日报》、经济观察网、《每日经济新闻》《文汇报》等主流的传统媒体或新兴网络媒体的采访或专访共计600余次，发表了诸如《不确定性是供应链管理中的"头号敌人"》《变养老事业为养老产业》《上海加速驶上"氢赛道"三年内产业规模破千亿元》等具备显著社会影响力的行业观点，形成了安泰行研影响力。

3. 微信公众号

上海交通大学行业研究院于2019年创立微信公众号"安泰研值"，希望能够通过手机终端第一时间向各界展示行研团队的研究进度与相应成果，搭建起更加便捷有效的沟通桥梁和服务平台，拓展政、企、学界多方沟通交流渠道。自2020年微信公众号改版上线以来，共发布行研团队相关新闻"行研动态"274篇，行研文章"研之有理"288篇，各类活动预告84场。

六 安泰经管学院开展行业研究的成果与感悟

（一）安泰经管学院开展行业研究所取得的主要成果

安泰经管学院以"纵横交错，知行合一"为核心战略，希望在传统学科导向研究外，系统性地构建行业导向研究。经过5年的发展，安泰行业研究逐渐扩大了社会影响力，并积极引入来自院外、校外的研究力量。截至2023年，行业研究院已对30余支研究团队进行资助，涵盖金融、零售、能源、制造、大健康、供应链、数字经济、文化与服务等诸多板块。

来自不同专业院校、不同研究方向、不同学术领域的学者得以在行业研究平台上开展交流协

作，建立学科交叉，各展所长，取长补短，从而产出面向企业、面向政府、面向社会、面向教学科研的多样化研究成果，也为产学研同频对话提供了更完善而全面的理论基础，体现了全方位的价值输出及转化。

1. 服务企业

行业研究团队积极地走出去，与企业加强交流，站在行业发展角度开展研究，形成了蔚为可观的研究成果，逐步建立了开展行业研究的路径与模式，行业研究事业也逐渐得到社会各界的认可与关注。截至2023年3月底，4批行研团队共计调研企业1 332家，足迹遍布我国31个省市区，企业规模从世界五百强到专精特新，行业种类遍布三大产业。基于深入调研，行研团队共计形成调研报告218篇、行研报告198篇，承接企业课题123项，课题金额共计4 789万元。

2. 服务政府

行业研究团队积极参与咨政建言，同各地、各级政府部门合作签约，承接专项咨询课题并展开调研，最终提交行业报告、政府专报或内参。截至2023年3月底，4批行研团队共承接长三角地区、粤港澳大湾区、东三省地区政府相关部门与委员会决策咨询类课题共计37个，总计金额987万元；获得28次国家级批示与采纳和36次省部级批示与采纳；相关成果共获得7个上海市决策咨询研究成果奖（其中5个二等奖、2个三等奖）。

案例1：华为手机跨国供应链的库存优化与补货模型与算法

华为手机产品在全球范围内拥有广泛的用户群体，然而，由于市场需求的波动和产品生命周期的缩短，手机产品跨国供应链库存与补货成了一项重要挑战，其难点存在于多个方面。首先，全球各地的市场需求存在较大差异，如何合理评估各国市场的需求并做出准确的预测是一项复杂的任务。其次，手机供应链网络中各个节点（供应中心、地区分销中心、前置仓及零售商）的安全库存控制及补货物流需要高效的协调与优化。

行业研究院万国华教授团队与华为合作，通过海量数据分析、运筹学模型和机器学习技术的应用，建立了高效的供应链预测模型与算法，极大提升了中东和欧洲市场需求的预测精度；建立了库存管理的优化模型和算法，有效地提升了客户服务水平并减少了库存积压的风险。

这项解决方案为华为带来了较大的回报。首先，提升了华为手机产品在中东和欧洲市场的供应能力，满足了用户的需求，从而提升了品牌的声誉和用户满意度。其次，优化的供应链库存和补货管理降低了运营成本和库存风险，提高了企业的盈利能力。

总的来说，手机产品跨国供应链库存与补货问题的解决方案增强了公司在中东和欧洲市场的竞争力，不仅带来了直接的经济回报，还在华为的供应链管理实践中产生了积极的影响，为公司构建更加高效、智能的供应链体系提供了案例。

以该项目为基础的论文《大型跨境消费电子品供应链的补货管理和库存优化》在2022年发表于《系统管理学报》；以该项目为案例的论文"Optimal Intraproject Learning"将发表于国际顶级期刊 *Manufacturing and Service Operations Management*。

案例2：响应国家战略，为长三角一体化发展建言献策

2018年11月，长江三角洲区域一体化发展上升为国家战略。2019年10月国务院批复《长三角生态绿色一体化发展示范区总体方案》，决定在江苏苏州吴江地区、浙江嘉兴嘉善地区和上海青浦地区，建设长三角生态绿色一体化发展示范区，作为实施长三角一体化发展战略的先手棋和突破口。在此背景下，行业研

究院受上海市人民政府参事室委托，围绕示范区建设发展中存在的主要矛盾和显著问题进行分析，撰写专题研究报告。

课题组走访调研长三角一体化示范区执委会、青浦区金泽镇政府、吴江区黎里镇政府等主管单位，并召开多场专家座谈会，寻求了解长三角一体化示范区建设发展的客观条件及存在的现实问题。经深入研究讨论后，形成《推进长三角一体化示范区发展的若干重大问题研究》课题报告，围绕示范区的土地资源管理、产业发展与人力资本提升、公共服务推进、财税分享管理制度构建等重要问题展开分析、提出建议。课题组以该报告为基础，提炼形成了两份专报：《转变观念，破解难题：构建示范区一体化发展新机制，探索区域经济战略转型新路径》和《建立示范区建设用地指标池，探索土地管理一体化机制》，经市政府参事室递交上海市人民政府，得到时任市级主要领导的肯定性批示，并对后续相关政策落地与实施起到了重要的决策参考作用。

3. 服务教学科研

行业研究最终仍要回归到学术中来，将行研收获沉淀为学术成果，既要提出问题、整理数据，拓宽科研视野，也要剖析案例、归纳模式，提升教学质量。截至2023年3月，4批行研团队共发表学术论文408篇（其中国际A类论文13篇，国内A+期刊论文2篇，国内A类论文12篇，国际A-论文12篇，国内A-论文33篇），并指导学生论文716篇，出版行研专著60本。此外，4批行研团队共获得科研课题47项（其中国家自科基金17项，国家社科基金5项），课题金额共计2 504万元。

案例3：建设新能源微网模拟系统，实践、学术、教学实现良性循环

革命性地提升新能源在能源消费中的比重，是实现我国环境保护和能源安全目标的关键。该虚拟仿真实验系统以解决该关键问题为目标，在系统设计上按照核心逻辑层层递进，合理有序地引入新能源间歇性和波动性特征，引导学生运用运筹优化和环境经济等专业知识，做出管理决策并不断优化，从而提升新能源消纳能力、应用规模及企业的盈利能力，并促使教学素材和过程持续迭代。

该系统把新能源微电网发展实践中的主要经济管理问题转化为教学项目，既能夯实学生的理论功底，提升管理决策实践能力，也能助力解决行业的难点、痛点，反哺提升企业的运营效率和效益。这种实践、学术、教学之间的良性循环正是安泰经管学院大力发展行业研究的重要价值体现。

目前该系统已经获得2020年度上海高等学校一流本科课程认定，以及2022年全国高校经管类实验教学案例大赛一等奖，已被上海交通大学安泰经管学院、环境学院、中英低碳学院及华北电力大学经管学院等诸多院系用于"双碳"教学实践，累计达20学期共590余学生。此外，该系统还在社会服务层面发挥了作用。通过以中关村储能产业联盟、安泰新能源与环保协会、校友新能源企业等组织为媒介，在知识、效益与社会价值方面不断做出新的贡献。

案例4：撰述学术论文，为城市蔬菜供应应对疫情冲击献策

农业保险行业研究团队所撰写的"Impacts of the COVID-19 pandemic on vegetable production and countermeasures from an agricultural insurance perspective"论文于2020年12月发表在 *Journal of Integrative*

Agriculture 期刊（影响因子4.384，位于SCI-JCR农业综合学科Q1区）。该论文作者单位标注"上海交通大学行业研究院"。为表彰对JIA学术质量做出卓越贡献的作者，期刊编辑部基于Web of Science被引频次和学术影响力，从2020—2021年发表在JIA的550余篇论文中选出年度最具影响力优秀论文，该论文入选"2022年度最具影响力优秀论文"（20/550+）。

团队通过调查发现，疫情使蔬菜生产的市场风险明显增加，田头价格与市场价格差距扩大，传统农户损失更严重。农业保险在稳定农民蔬菜生产收入预期、提高农民蔬菜种植意愿、保障城市蔬菜供应方面发挥了重要作用。为应对疫情对城市蔬菜供应的影响，有必要进一步扩大农业保险的覆盖面，特别是增加蔬菜价格保险的供给。

行业研究使团队紧跟农业保险发展及创新趋势，更及时有效地分析农业保险在不同情景下的作用，为利用农业保险应对疫情对城市蔬菜供应的冲击提供方案。相关研究不仅形成了学术论文，也转化为专报报送有关部门，获得了相关领导的批示，发挥了较好的社会效益。

4.服务社会

为进一步发挥行业研究成果的影响力与渗透力，行业研究院积极鼓励各行研团队发表行业相关指数，举办高峰论坛，进行媒体发声，打造了多个具有显示度的行研品牌，形成了广泛的社会影响力。这不仅有助于促进行业发展与社会进步，提高企业和行业的透明度和知名度，增加商业机会和资源，还推动了学术研究和创新。

行研团队共发布了4项行业指数，其中最具特色的"候鸟式养老指数"，每一期的发布都在社会上产生了巨大的影响力，除被《人民日报》《解放日报》《文汇报》等数十家主流媒体报道外，还登录了多地区的"学习强国"频道。此外，行业研究院及各行研团队主办或发表演说的行研论坛共计374场，其中，安泰经管学院、行业研究院主办的中国行业发展高峰论坛是学院展示年度研究成果的重要品牌产品，亦是学界与业界开展交流的重要平台。

案例5：撰述研究文章，助力行业应对新冠疫情影响

2020年年初，新冠疫情全球性暴发，对社会经济与民生安全造成了巨大影响，国民经济及各行各业的未来走势皆存在诸多不确定性。

在此背景下，上海交通大学安泰经管学院在陈方若院长的牵头下，由行业研究院组织多支行业研究团队，从学术专业出发，从行研方向出发，从研究特长出发，撰写评述文章并加急编辑成书，定名为《新冠肺炎疫情对若干行业的影响分析》。该书共收录20篇文章，围绕大健康、零售、旅游、能源、数字经济、制造业、服务业等受到疫情冲击的重点行业，聚焦政府应如何协调社会资源、企业应如何渡过经营难关、科技应如何助推行业顺应环境、供应链应如何支持物资保供等重要问题开展分析，并提出切实可行的对策与建议，展示了商学院积极发声建言、支持社会经济健康发展的责任感与使命感，在学界、业界、社会层面皆引发了关注与好评。

2021年春，随着疫情发展态势相对趋于平衡，社会秩序开始回归原有节奏，企业亦面临在后疫情时代逐步复工复产的挑战。安泰经管学院必须积极承担作为高校的社会责任感，从学术角度对行业修复创伤、平稳复工、再次启程建言献策。在陈方若院长的倡议下，行业研究院组织面向供应链、大健康、能源、制造、社会服务、文化服务等领域的行业研究团队，共撰写22篇关于复工复产的分析与建议，并汇编为专刊《复工复产——上海交通大学行业研究院系列文章》，经官方微信公众号及其他社会媒体向全社会发布，以供政府相关部门、行业研究机构及企业家参阅，收获了良好的反响。

案例6：多样化研究成果产出，助推养老市场健康发展

中国是世界上老年人口数量最多的国家，也是世界上人口老龄化最快的国家之一，即将从轻度老龄化阶段进入中度老龄化阶段。随着人口老龄化程度不断加深，满足老年人日益多元的生活需求既是国民经济发展所需，也事关百姓福祉、社会和谐。2021年11月，中共中央、国务院印发《关于加强新时代老龄工作的意见》，提出新时代老龄工作的主要任务是健全养老服务体系，完善老年人健康支撑体系，促进老年人社会参与，着力构建老年友好型社会，积极培育银发经济。

a. 建言献策：《推进上海养老市场健康发展研究简要观点》

上海是中国老龄化最严重的地区，养老市场面临着严峻挑战，同时也存在巨大的潜在机遇。养老行业研究团队受上海市人民政府参事室委托，聚焦上海养老产业的市场化转型开展研究，积极走访不同定位的养老机构，调研主管政府部门，围绕养老市场的顶层设计、土地供给、资金安全、服务优化、资源导入、机制创新等重要议题撰写研究报告，并形成专报递送上海市政府，获得时任市级领导的肯定性批示，其中多条建议被收录在《关于促进本市养老产业加快发展的若干意见》中。该报告对上海养老产业的健康、有序、可持续发展提出了有价值的建议。

b. 发布指数：中国候鸟式养老夏季/冬季栖息地适宜度指数

"候鸟式养老"是近年来备受关注的新型养老模式，即老年人随气候变化来迁移生活场景，以更健康舒适的生活方式度过晚年。养老行业研究团队提出"中国候鸟式养老夏季/冬季栖息地适宜度指数"，基于自然环境、社会环境、人居设施等方面的10余项指标，对全国适合老年人越冬或度夏的目的地城市进行评估，并最终发布推荐城市排名。自2019年起，已成功发布7期指数（夏季3期、冬季4期），受到来自社会各界的持续关注，并得到学习强国等主流媒体平台的重点报道，体现了行业研究推动养老市场多元化发展的经济价值及助力老年人生活品质提升的社会价值。

c. 出版系列专著：《中国养老行业发展报告》

2021年起，由养老行业研究团队负责人罗守贵教授等每年撰写并发布系列专著《中国养老行业发展报告》。报告重点对长三角、珠三角、京津冀三大都市圈的人口老龄化进程进行了全面分析，同时对一些重要的养老服务政策进行了深入解读。另外，该报告收录了九如城集团、国药康养、福寿康集团、闵行区江川路街道等机构的具有典型性的养老服务案例。

（二）安泰经管学院开展行业研究的心得感悟

学科研究与行业研究相辅相成的研究理念，有效提升了安泰经管学院的学科建设水平。在教育部第五轮一级学科评估中，"工商管理"和"管理科学与工程"获得A+级，"应用经济学"获得A级；在教育部首次全国专业学位评估中，"工商管理硕士"获得A+级。

国际MBA协会（AMBA）亦对安泰经管学院的行业研究发展战略给予了高度评价。AMBA第四次再认证现场评估小组来到学院开展评估，专家组组长波多·施勒格尔米尔希（Bodo Schlegelmilch）在最后的评估反馈会议中表示："经过这次评估，我们发现安泰经管学院在近年来的确取得了值得敬佩的发展。你们有专业的领导团队，并且你们的行业研究、师资建设、国际影响力和可持续发展方面在中国都是领先的。"

1. 扎根实践——关注真实行业问题

自从安泰经管学院于2018年年底提出"纵横交错，知行合一"核心战略、大力推动行业研究以来，学院内的学术研究文化与研究习惯便开始发生巨大变化，学者们逐渐改变了过去"从理论到理论"的研究方式，纷纷走进企业、开展调研，关注行业最新动态，了解企业当前面临的真实问题。从统计数据来看，安泰教师的企业调研次数和企业课

题数皆有大幅提升。

2. 纵横交错——推进学科交叉应用

行业研究成为推进学科交叉应用的重要抓手。基于行业痛点问题，行研团队可以组建市场营销、组织管理、人力资源、信息技术等多学科的专家教授进行全方位的问题诊断。在学科交叉建设方面，对内，安泰经管学院结合行业热点，联合人工智能研究院开办人工智能MBA项目，培养人工智能领域的高层次复合型管理人才；对外，学院与中国银行开展合作，创立全球化、平台化、开放化的中银科技金融学院，并推出全国首个"技术转移专业硕士学位点"。

3. 同频共振——激活沉淀校友资源

基于行业研究成果所衍生的行业社群班是以行业为界面向校友开设的免费课程，主旨是搭建一个围绕校友、聚焦行业、资源互享、自治共建的平台。行业社群班的成立改变了以往校友与学员间通过活动集会进行一次性接触的模式，变为以课程、师资、场地等服务为纽带，开展每月一次固定频率的交流学习。行业社群班显著加深了校友与学员的情感联系，也推动了校友间资源的交互，碰撞出了更多的行业机会。

4. 品牌建设——打造安泰行研特色

目前多家全球、全国顶尖商学院皆开始探索商学研究变革之路，亦逐渐形成了各自的特色。安泰经管学院以"行业研究"为特色，主张系统化地构建基于行业维度的学术研究路径，并通过学科研究与行业研究深度融合，产出多样化的研究成果，服务不同对象。经过多年的耕耘沉淀，安泰行业研究的理念逐渐得到来自学界、业界、社会的广泛关注及认同。

（三）安泰经管学院开展行业研究的显著困难

1. 外部暂未建立成熟的行业研究生态

安泰经管学院在探索行业研究的过程中，明确感受到外部环境暂未形成完整、成熟的研究生态，具体表现在：未形成引导商学理论贴近行业实践的政策保障与体制支持，未形成行业研究成果的客观评价标准，未形成学术与实践共促发展的研究文化，未形成政、产、学、研、创、投之间的链接关系，未形成产学研合作的成熟模式，未形成由多方共建、共创、共同获益的公共平台，未形成推进商学理论改革的国际共识，等等。

希望随着行业研究生态圈的逐步形成，可帮助研究者对接到理想的合作伙伴，有效提升行业研究的推进速度，提高研究成果的转化效率，建立更广泛的社会影响力，从而逐渐形成全新的学术文化及研究路径。

2. 行政体制对行业研究支持力度不足

国家正大力促进学术研究中的"破五唯"，但目前仍主要侧重于"破"，即破除"五唯"的不良研究导向；而缺少"立"，即形成公认、全面、客观的学术研究成果评价标准及成果范式。这导致商学院在各自寻求变革的过程中，主要依靠自身资源来进行探索，从学校层面得到的支持相对不多，或者与实际需求并不匹配。此外，行政体制可能存在急功近利的导向，倾向于促使学院在较短时间内形成具有较高显示度的研究成果，这与行业研究需要长期"扎根"的研究方法相冲突，亦不利于学者在开展行业研究的过程中保持客观性和全面性。

3. 客观经济环境不利于校企合作开展

国际关系剧变、新冠疫情影响导致全球经济普遍下行，不少企业皆面临着严峻的挑战，必须在"生存"与"发展"间优先选择前者，解决最具迫切性的短期问题。在此宏观经济环境下，企业可能不具备充足的人力、财力、物力来与高校探索开展前沿性、理论性的合作研究。

宏观经济衰退对于行业研究是巨大的挑战，但也是机遇。商学院应更多关注中国经济所面临的真实问题，关注行业发展的痛点问题，关注企业最核心的生存问题，思考如何基于学术理论开展研判，为企业提出行之有效的建议，体现对行业的赋能作用。

4. 综合评价体系导致教师只能兼职参与行研

虽然全光谱评价体系从更多维度来综合评价教师的工作成果，一定程度上鼓励了教师参与行研工作，但大学本身所具备的教育与科研属性注定了行研无法成为教师的全部工作重心，只能成为其兼职或并重的工作。这就引发了当行研工作步入正轨时带来更多工作量与教师有限时间的矛盾。在此背景下，如何有效解决行研力量问题来应对发展壮大的行研规模是学院将会面临的一个重大的发展瓶颈。

七 安泰经管学院开展行业研究的规划与展望

（一）坚持行研核心战略，构建行研范式

安泰经管学院将继续贯彻"纵横交错，知行合一"的发展战略，坚持行业研究与学术研究并举发展的知识创造路线，鼓励教师与学生积极深入行业、扎根实践，进而引领国内商学院开展更适应真实商业场景、更贴近企业发展诉求、更具现实指导意义、更契合当前中国经济发展现状的实用型理论研究。通过持续开展行业研究，希望逐渐梳理和提炼学院派开展行业研究的标准路径，建立系统性的行业研究方法论，为全国乃至全球的商学院探索商学研究革新提供示范与借鉴。

与此同时，安泰经管学院亦将逐步建立基于学院派行业研究的论文、案例、行业报告、白皮书等研究成果的标准化模板与范式，并同步培育学术期刊、案例库、行业报告数据库等成果载体，围绕行业研究院建设期刊中心、案例中心等服务性平台。期望该行业研究范式可逐步得到学界与业界的认可，由安泰经管学院及其他头部商学院共同奠定学院派开展行业研究的标准范式及评估体系。

（二）完善行研生态建设，多方价值共创

安泰经管学院将继续推动跨院校合作、产学研协同，并积极引入更多元化的研究力量，构建由政、产、学、研、资、用等多方共同参与、共同建设、共同获益的行业研究生态圈，展现叠加效应、网络效应、平台效应、示范效应。尤其要搭建多

个不同领域、不同功能的成果转化平台，联动行研生态圈内各方价值，以期实现资源对接、技术转化、项目孵化等多元化价值赋能，形成以行业资源支撑学术研究、以学术理论引领行业实践的良性循环。

（三）促进学科交叉融合，行研反哺科教

安泰经管学院将依据国际前沿技术发展方向与国家核心产业发展导向，积极推动商学学科与理、工、文、医等学科方向的交叉融合，力求以行业研究反哺教学科研。在教学方面，探索合作建设教学项目，培养适应未来产业需求的应用型、全能型、复合型人才；在科研方面，寻求联合开展学术研究，形成对行业发展具有应用价值的科研成果，并依托成果转化平台，提升成果转化效率，推动成果实现产业化落地。

（四）改革商科教学体系，突显实践价值

作为国内领先的商学院校，安泰经管学院将继续推动教学体系改革，探索高等院校建设职业教育的可行路径，推动理论教学与行业实践相辅相成，培养契合行业真实需求、具有"实战"能力的应用型人才。在此过程中，安泰经管学院将加强与其他学科门类、职业教育院校的合作交流，建设兼具理论深度与实践广度的复合型学科；与关联企业建立深度合作，设立实习基地兼行业研究基地，构建学院、企业、学生三方共赢的产学研融合机制；强化实践技能、职场心理等辅助类课程，提升社会实践的分量与质量，让学生能够更顺畅地完成从"上课堂"到"下企业"的身

份转换与思维过渡。

（五）打造媒体宣传矩阵，提升社会影响

为提升公众对行研理念的认知、认可与认同，安泰经管学院将积极推动行研成果的社会化展现。具体举措包括：① 定期举办具潜在品牌价值的高规格行业论坛，定位于安泰行业研究的重要成果发布平台及产学研交流平台，力邀国际、国内顶尖学者、业界领袖、优质校友宣讲行业研究成果，分享行业实践经验，探讨行业发展趋势；② 与多家头部媒体合作打造行研主题的媒体节目，聚焦中国产业经济发展、中国企业探索实践、商学研究体系革新、新商学人才培养等重要主题，依托图文、长视频、短视频、直播等全媒体平台进行推送传播；③ 发挥行业研究院的平台功能，积极借助媒体平台传播安泰学者的社会声量，从学术视角就宏观经济发展、产业发展趋势、社会热点话题等发表评论。

（六）深化国际交流合作，共促商学革新

随着新冠疫情逐渐稳定，国际交流重新启动，安泰经管学院将积极走向国际，与国际顶尖商学院开展交流对话，分享最前沿的商学研究成果，探讨商学革新路径与心得，推动商学理论体系改革。具体来说，要吸纳国际先进的研究方法与经验，亦要依据中国国情进行本土化转化，同时也要寻求建立更多国际话语权，将"中国模式""中国经验"推广至国际视野，为实现"建设一所扎根中国的世界级商学院"的发展愿景奠定基础。◼

第二篇

百花齐放·打造行研新范式

全球格局下的中国房地产业分析

何志毅   叶   晨

摘要

本文基于全球上市公司的数据,对中国房地产业在全球格局下的产业地位、产业结构、产业规模、产业效率、产业领军企业等进行了全景式分析。数据表明,中国房地产业上市公司数量全球排名第一,市值排名第二,营收和利润均排名第一。在房地产管理和开发三级产业和房地产开发四级产业中,中国均占据绝对优势地位。在股权房地产投资信托三级产业中,中国尚未有上市公司,美国一家独大,高度金融化虽然能够促进房地产业的发展,但也可能积累长期风险。中国应该借鉴美国的经验和教训,在防范长期金融风险的基础上,推动股权房地产投资信托产业的发展。

关键词

房地产;产业分析;股权房地产;投资信托

【作者简介】
何志毅   清华大学全球产业研究院首席专家,北京大学光华管理学院教授,南方科技大学兼职教授。研究方向为产业经济、战略管理。
叶   晨   北京新瑞蒙代尔企业家研修学院常务副院长。研究方向为产业经济。

2022 年12月15日,国务院副总理刘鹤在第五轮中国-欧盟工商领袖和前高官对话上指出,房地产是国民经济的支柱产业,中国城镇化仍处于较快发展阶段,有足够的需求空间为房地产业的稳定发展提供支撑。[1]中央财经委员会办公室有关负责人也强调"要充分认识到房地产行业的重要性。房地产链条长、涉及面广,是国民经济支柱产业"。[2]自此,房地产业在又一轮被"妖魔化"中回归常态。本文试图对中国房地产业在全球格局中进行全景式扫描。

一 研究方法

本研究所指房地产业由全球行业分类标准GICS(global industry classification standard)所界定,该标准由标准普尔(S&P)与摩根士丹利资本国际公司(MSCI)共同制定[3],共设有能源、原材料、工业、非日常生活消费品、日常消费品、医疗保健、金融、信息技术、通信业务、公用事业、房地产等11个一级产业。

房地产业下设2个三级产业,其中,房地产管理和开发三级产业下设多样化房地产活动、房地产经营公司、房地产开发、房地产服务等4个四级产业,股权房地产投资信托三级产业可细分为多样化房地产投资信托、工业房地产投资信托、酒店及度假村房地产投资信托、办公房地产投资信托、医疗保健房地产投资信托、住宅房地产投资信托、零售业房地产投资信托、特种房地产投资信托共8个四级产业,总计有

表1　GICS分类下的房地产业

一级产业	二级产业	三级产业	四级产业
房地产	房地产	股权房地产投资信托	多样化房地产投资信托
			工业房地产投资信托
			酒店及度假村房地产投资信托
			办公房地产投资信托
			医疗保健房地产投资信托
			住宅房地产投资信托
			零售业房地产投资信托
			特种房地产投资信托
		房地产管理和开发	多样化房地产活动
			房地产经营公司
			房地产开发
			房地产服务

12个四级产业(详见表1)。

数据来源方面,本研究以路孚特(Refinitiv)数据库为主,以万得(Wind)数据库为辅,在全球129个国家和地区265个交易所的50 239条数据中,剔除多地上市、柜台交易、信息不完整等条目后,共获取有效数据2 668条,以此对全球格局下的中国房地产业进行数据分析。

本研究所指市值为年平均市值,营收和利润为TTM数据(指按照特定时点往前推4个财季的数据),3项指标均以亿美元为单位。企业数据节点为2021年12月31日。汇率按中国人民银行公布的2021年交易中间价格全年平均值换算。本研究所指综合占比是按照某国在全球或某产业在全产业中的市值比、营收比、利润比,按照0.5、

0.25、0.25的权重加权计算而得的。

鉴于GICS分类体系的房地产一级产业实际上由两个三级产业构成,一个本质上是反映实体的房地产管理和开发产业,另一个本质上是反映金融的股权房地产投资信托产业,因此,本文将在介绍整体格局后,分两个部分进行分析。

二 全球房地产业整体概述

2021年,全球房地产业共有上市公司2 668家,占全球上市公司总量的6%,其中,盈利企业1 907家,亏损企业761家,产业亏损面为0.29。上市公司数量最多的国家是中国,包括中国内地307家、中国香港131家、中国台湾60家,总计498家①。第二至第五位依次是美国

---

① 除特别说明外,下文涉及中国的研究数据均为中国内地307家上市公司的数据。

219家,日本171家,印度133家,泰国92家。

全球房地产业上市公司总市值42 429亿美元,占所有产业总量的4%;总营收19 515亿美元,占总量的3%;产业内盈利总额2 778.7亿美元,亏损总额513.5亿美元,总利润2 265.2亿美元,占总量的4%。房地产业在全部产业中的综合占比为4%。

中国在全球房地产业上市公司数量上排名第一,占总量的12%,其中盈利企业243家,亏损企业64家,产业亏损面为0.21;总市值排名全球第二,总营收、总利润排名全球第一,产业综合占比为32%(若将中国香港企业数据纳入研究范围,则综合占比为39%),位列全球第一。其总市值7 238亿美元,占全球总市值的17%;总营收11 152亿美元,占全球总营收的57%;盈利总额936.2亿美元,亏损总额107.5亿美元,总利润为828.7亿美元,占全球总利润的37%。中国房地产业上市公司数量占中国全产业的5%,总市值占4%,总营收占9%,总利润占9%,产业综合占比为6%,在中国的全产业中位列第九。

美国在全球房地产业上市公司数量上排名第二,占全球上市公司总量的8%,其中盈利企业146家,亏损企业73家,产业亏损面达0.33;总市值排名全球第一,总营收、总利润排名全球第二,产业综合占比为25%,位居全球第二。其总市值为15 466亿美元,占全球总市值的36%;总营收2 522亿美元,占全球总营收的13%;盈利总额393.3亿美元,亏损总额108.8亿美元,总利润为284.5亿美元,占全球

总利润的13%。美国房地产业上市公司数量占美国全产业的5%,总市值占3%,总营收占4%,总利润占1%,产业综合占比为2%,在美国的全产业中位列第十。

日本在全球房地产业上市公司数量上排名第三,占全球上市公司数量的6%,其中盈利企业157家,亏损企业14家,产业亏损面达0.08;总市值、总营收、总利润均排名第三;产业综合占比为7%,位居全球第三。其总市值为2 920亿美元,占全球总市值的7%;总营收1 620亿美元,占全球总营收的8%;盈利总额165.1亿美元,亏损总额1.5亿美元,总利润为163.6亿美元,占全球总利润的7%。日本房地产业上市公司数量占日本全产业的4%,总市值占4%,总营收占2%,总利润占4%,产业综合占比为4%,在日本的全产业中位列第九。

中国、美国、日本三国的产业综合占比之和为64%。产业综合占比位列第四和第五的分别是德国(3%)和澳大利亚(3%)。以上排名前五位国家的产业综合占比占全球的70%,具体情况如表2所示。

全球房地产业上市公司平均市值为15.90亿美元,平均营收为7.31亿美元,平均利润为0.85亿美元。在产业综合占比五强国家中,平均市值最高的是美国、中国;平均营收最高的是中国、美国;平均利润最高的是中国、德国。中国的3项平均值均排在前两位,在五强国家中处于领先位置。

根据各四级产业市值、营收、利润在一级产业中的占比,全球房地产业的12个四级产业中综合占比前三位的产业分别是房地产开发36%,房地产经营公司14%,多样化房地产活动10%,全部分布于房地产开发和管理领域,在这一领域中还有房地产服务产业占4%,4个产业合计占比达64%。在股权房地产投资信托领域,综合占比最高的是特种房地产10%,其后依次是工业房地产、多样化房地产、零售业房地产、住宅房地产、办公房地产、医疗保健房地产、酒店及度假村房地产,8个产业合计占比达36%。

综上,全球房地产业中,综合占比前三名的国家依次为中国32%、美国25%、日本7%;中国房地产业中的上市公司数量全球排名第一,市值排名第二,营收和利润均排

表2　全球房地产业综合占比前五强数据

国家	数量(家)/占比(%)	市值(亿美元)/占比(%)	营收(亿美元)/占比(%)	利润(亿美元)/占比(%)	综合占比(%)
中国	307/0.12	7 238/0.17	11 152/0.57	828.7/0.37	0.32
美国	219/0.08	15 466/0.36	2 522/0.13	284.5/0.13	0.25
日本	171/0.06	2 920/0.07	1 620/0.08	163.6/0.07	0.07
德国	55/0.02	1 092/0.03	227/0.01	138.2/0.06	0.03
澳大利亚	57/0.02	1 188/0.03	210/0.01	90.1/0.04	0.03

名第一。中美在房地产业上的市值、营收、利润比分别为0.47、4.42、2.91；各国房地产业在本国全产业中的综合占比为中国6%，美国2%，日本4%；在全球房地产业中，房地产管理与开发三级产业的综合占比为64%，股权房地产投资信托三级产业综合占比为36%。

表3　全球房地产管理和开发业综合占比前五强数据

国家	数量（家）/占比（%）	市值（亿美元）/占比（%）	营收（亿美元）/占比（%）	利润（亿美元）/占比（%）	综合占比（%）
中国	307/0.16	7 238/0.35	11 152/0.66	828.7/0.51	0.47
日本	111/0.06	1 418/0.07	1 496/0.09	110.4/0.07	0.07
德国	50/0.03	1 036/0.05	221/0.01	132.1/0.08	0.05
美国	39/0.02	1 263/0.06	856/0.05	−8.9/−0.01	0.04
瑞典	61/0.03	835/0.04	82/0.005	107.8/0.07	0.04

三 全球房地产管理和开发产业格局

（一）全球房地产管理和开发三级产业格局

2021年，全球房地产管理和开发产业共有上市公司1 929家，占房地产全产业上市公司总数的72%，其中盈利企业1 907家，亏损企业761家，亏损面为0.29。上市公司数量最多的国家分别是中国307家、印度133家、日本111家、马来西亚90家、印尼74家。

全球房地产管理和开发产业上市公司总市值为42 429亿美元，占全产业总市值的49%；总营收16 991亿美元，占全产业总营收的87%；产业内盈利总额1 933.3亿美元，亏损总额323.9亿美元，总利润1 609.4亿美元，占全产业总利润的71%；产业综合占比为64%。

中国房地产业目前没有股权房地产投资信托产业，全部307家上市公司都集中在房地产管理和开发三级产业，占产业总量的16%，其中盈利企业243家，亏损企业64家，产业亏损面为0.21。总市值为7 238亿美元，占产业总量的35%；总营收为11 152亿美元，占产业总量的66%；盈利总额936.2亿美元，亏损总额107.5亿美元，总利润为

828.7亿美元，占产业总量的51%。产业综合占比为47%（若将中国香港企业数据纳入研究范围，则综合占比为57%），位列全球第一。

日本在房地产管理和开发产业上的上市企业为111家，占产业总量的6%，其中盈利企业98家，亏损企业13家，产业亏损面为0.12；总市值为1 418亿美元，占产业总量的7%；总营收为1 496亿美元，占产业总量的9%；盈利总额111.6亿美元，亏损总额1.2亿美元，总利润为110.4亿美元，占产业总量的7%。产业综合占比为7%，位列全球第二。

德国在房地产管理和开发产业上的上市企业为50家，占产业总量的3%，其中盈利企业39家，亏损企业11家，产业亏损面为0.22；总市值为1 036亿美元，占产业总量的5%；总营收221亿美元，占产业总量的1%；盈利总额134.3亿美元，亏损总额2.2亿美元，总利润为132.1亿美元，占产业总量的8%。产业综合占比为5%，位列全球第三。

中国、日本、德国三国的产业综合占比之和为59%。产业综合占比位列第四和第五的分别是美国

（4%）和瑞典（4%）。以上排名前五位国家的产业综合占比之和占全球的67%，具体情况如表3所示。

综上，在房地产管理和开发四级产业中，中国的综合占比为47%，几乎占全球的半壁江山，是第二名日本的近7倍。在全球房地产业中，房地产管理和开发三级产业综合占比为64%；美国的房地产管理和开发产业相对较弱，在全球排名第四，综合占比仅为中国的8.5%。

（二）全球房地产管理和开发四级产业分析

在房地产开发四级产业，全球上市公司867家，总市值7 934亿美元，总营收11 930亿美元，盈利总额1 116.7亿美元，亏损总额105.3亿美元，总利润1 011.4亿美元。产业综合占比排名最高的国家是中国，占比达71%。若将中国香港企业数据纳入研究范围，则占比达81%，而排在后几位的国家占比不超过2%，在该产业上，中国呈一家独大之势。中国186家企业（146家盈利，40家亏损）在市值、营收、利润3项上的占比分别为60%、86%、78%。中国企业包揽产业前四名，分别是万科、

中国海外发展、华润置地、碧桂园。在该产业，中国产业强、企业强。

在房地产经营公司产业，全球上市公司612家，总市值6 665亿美元，总营收1 281亿美元，盈利总额489.2亿美元，亏损总额96.6亿美元，总利润392.6亿美元。产业综合占比排名前三位的国家分别是德国19%、中国18%、瑞典14%。其中德国35家企业（29家盈利，6家亏损）在市值、营收、利润3项上的占比分别为14%、16%、33%；中国71家企业（60家盈利，11家亏损）的3项占比分别是20%、23%、10%；瑞典55家企业（53家盈利，2家亏损）的3项占比分别是12%、6%、27%。产业冠军企业为Vonovia（德国），二至四名分别为Deutsche Wohnen（德国）、碧桂园服务、太古地产。在该产业，德国产业强、企业强。

在多样化房地产活动产业，全球上市公司357家，总市值4 236亿美元，总营收2 496亿美元，盈利总额277.1亿美元，亏损总额96.7亿美元，总利润180.4亿美元。产业综合占比排名前两位的国家是日本39%、中国11%（若纳入中国香港企业数据，则达33%）。其中，日本57家企业（52家盈利，5家亏损）在市值、营收、利润3项上的占比分别为26%、51%、52%；中国38家企业（28家盈利，10家亏损）的3项占比分别是14%、16%、2%。产业冠军企业为新鸿基地产，二至四名分别为三井不动产（日本）、大和房屋工业（日本）、三菱房地产（日本）。在该产业，日本产业强、企业强。

在房地产服务产业，全球上市公司93家，总市值2 004亿美元，总营收1 284亿美元，盈利总额50.4亿美元，亏损总额25.3亿美元，总利润25.1亿美元。产业综合占比排名前四位的国家是美国61%，中国18%，英国7%，日本5%。其中，美国15家企业（7家盈利，8家亏损）在市值、营收、利润3项上的占比分别为54%、61%、75%；中国12家企业（9家盈利，3家亏损）的3项占比分别是28%、17%、−2%；英国7家企业（5家盈利，2家亏损）的3项占比分别是4%、9%、12%；日本18家企业（17家盈利，1家亏损）的3项占比分别是3%、3%、11%。产业冠军企业为世邦魏理仕（美国），二至四名分别为贝壳、仲量联行（美国）、First Service（加拿大）。在该产业，美国产业强、企业强。

房地产管理和开发产业下的16家全球产业领军企业如表4所示。

综上，在房地产开发产业中，中国综合占比为71%；在其他3个产业中，中国皆排名第二，分别次于德国、日本、美国。在这3个产业的9个产业领军企业中，中国只有2个企业，即碧桂园服务与贝壳；中国的房地产服务业在全球的综合占比仅为美国的30%，未来有很大的发展空间。

四 全球股权房地产投资信托产业格局

（一）全球股权房地产投资信托三级产业格局

2021年，全球股权房地产投资信托产业共有上市公司739家，占房地产全产业的28%，其中盈利企业562家，亏损企业177家，亏损面为0.24。上市公司数量最多的国家分别是美国180家、日本60家、英国47家、西班牙36家、土耳其33家。

全球股权房地产投资信托上市公司总市值21 591亿美元，占全产业的51%；总营收2 524亿美元，占全产业的13%；产业内盈利总额845.4亿美元，亏损总额189.6亿美元，总利润655.8亿美元，占全产业的29%。在全产业的综合占比为36%。

美国在该三级产业下共有上市公司180家，占产业总量的24%，其中盈利企业124家，亏损企业56家，产业亏损面为0.31。总市值14 203亿美元，占产业总市值的66%；总营收1 666亿美元，占产业总营收的66%；盈利总额353.3亿美元，亏损总额59.8亿美元，总利润293.5亿美元，占产业总利润的45%。产业综合占比为61%，位列全球第一。

表4 全球房地产管理和开发产业领军企业

四级产业	冠 军	亚 军	季 军	殿 军
多样化房地产活动	新鸿基地产	三井不动产	大和房屋工业	三菱房地产
房地产经营公司	Vonovia	Deutsche Wohnen	碧桂园服务	太古地产
房地产开发	万科	中国海外发展	华润置地	碧桂园
房地产服务	世邦魏理仕	贝壳	仲量联行	First Service

日本在该产业下共有上市公司60家,占产业总量的8%,其中盈利企业59家,亏损企业1家,产业亏损面为0.02。总市值1502亿美元,占产业总市值的7%;总营收124亿美元,占产业总营收的8%;盈利总额53.5亿美元,亏损总额0.2亿美元,总利润53.3亿美元,占产业总利润的8%。产业综合占比为7%,位列全球第二。

英国在该产业下共有上市公司47家,占产业总量的6%,其中盈利企业36家,亏损企业11家,产业亏损面为0.23。总市值941亿美元,占产业总市值的4%;总营收62亿美元,占产业总营收的2%;盈利总额83.1亿美元,亏损总额29.5亿美元,总利润53.6亿美元,占产业总利润的8%。产业综合占比为5%,位列全球第三。

美国、日本、英国3国的产业综合占比为73%。产业综合占比位列第四和第五的分别是西班牙(1%)和土耳其(1%)。以上排名前五国家的产业综合占比之和占全球的75%,具体情况如表5所示。

股权房地产投资信托三级产业,是将房地产的实体部分金融化的结果,到目前中国尚未有此产业的上市公司,国家有关部门经政策调研后正在开展试点工作。在这个产业内美国的综合占比为61%,是第二名日本的8.7倍。其他32个国家和地区的综合占比为39%。在美国的房地产业中,股权房地产投资信托产业的市值占比为66%,营收占比为66%,利润占比为45%,综合占比为61%。可见美国房地产业的金融化程度冠绝全球,并且其规模是实际房地产开发和服务的2倍。

(二) 全球股权房地产投资信托四级产业分析

在多样化房地产投资信托产业,全球上市公司212家,产业总市值2 429亿美元,总营收347亿美元,盈利总额136.7亿美元,亏损总额17.0亿美元,总利润119.8亿美元。产业综合占比排名最高的国家是澳大利亚(20%)。产业冠军企业为美国楷蕊(美国),二至四名分别为Stockland合订单位(澳大利亚)、澳洲迈瑞卡(澳大利亚)、STORE CAPITAL(美国)。在此产业,澳大利亚的产业强、企业较强,美国企业亦较强。

在工业房地产投资信托产业,全球上市公司67家,产业上市公司总市值3 156亿美元,总营收212亿美元,盈利总额197.2亿美元,亏损额1.0亿美元,总利润196.2亿美元。产业综合占比排名最高的国家是美国(45%)。产业冠军企业为安博(美国),二至四名分别为古德曼(澳大利亚)、Segro(英国)、杜克房地产(美国)。在此产业,美国产业强、企业强。

在酒店及度假村房地产投资信托产业,全球上市公司51家,产业总市值601亿美元,总营收127亿美元,盈利总额1.7亿美元,亏损总额51.3亿美元,总利润−49.6亿美元。产业综合占比排名最高的国家是美国(56%)。产业冠军企业为Apple酒店物业(美国),二至四名分别为日本酒店REIT(日本)、豪斯特酒店及度假村(美国)、莱曼酒店物业(美国)。在此产业,美国的产业强、企业强。

在办公房地产投资信托产业,全球上市公司117家,产业总市值2 402亿美元,总营收293亿美元,盈利总额97.8亿美元,亏损总额12.1亿美元,总利润85.7亿美元。产业综合占比排名最高的国家是美国(46%)。产业冠军企业为亚历山大房地产(美国),二至四名分别为波士顿地产(美国)、Covivio(法国)、日本建筑投资(日本)。在此产业,美国的产业强、企业强。

在医疗保健房地产投资信托产业,全球上市公司28家,产业总市值1 389亿美元,总营收186亿美元,盈利总额34.2亿美元,亏损总额5.2亿美元,总利润29.0亿美元。产业综合占比排名最高的国家是美国(81%)。产业冠军企业为芬塔(美国),二至四名分别为美国医疗不动

表5 全球股权房地产投资信托产业综合占比前五强数据

国家	数量(亿美元)/占比(%)	市值(亿美元)/占比(%)	营收(亿美元)/占比(%)	利润(亿美元)/占比(%)	综合占比(%)
美国	180/0.24	14 203/0.66	1 666/0.66	293.5/0.45	0.61
日本	60/0.08	1 502/0.07	124/0.05	53.3/0.08	0.07
英国	47/0.06	941/0.04	62/0.02	53.6/0.08	0.05
西班牙	36/0.05	215/0.01	18/0.01	4.4/0.01	0.01
土耳其	33/0.04	73/0.003	19/0.008	9.9/0.015	0.01

产信托（美国）、OMEGA 医疗投资（美国）、健康峰值房产（美国）。在此产业，美国在产业和企业方面都占据绝对优势。

在住宅房地产投资信托产业，全球上市公司74家，产业总市值2 636亿美元，总营收286亿美元，盈利总额79.1亿美元，亏损总额3.6亿美元，总利润75.5亿美元。产业综合占比排名最高的国家是美国（72%）。产业冠军企业为艾芙隆海湾社区（美国），二至四名分别为公平住屋（美国）、埃塞克斯信托（美国）、Invitation Homes（美国）。在此产业，美国在产业和企业方面都占据绝对优势。

在零售业房地产投资信托产业，全球上市公司135家，产业总市值3 090亿美元，总营收409亿美元，盈利总额128.5亿美元，亏损总额98.8亿美元，总利润29.7亿美元。产业综合占比排名最高的国家是美国（74%）。

产业冠军企业为西蒙地产（美国），二至四名分别为Realty Income（美国）、领展房产基金（中国香港）、金克地产（美国）。在此产业，美国在产业和企业方面都占据绝对优势。

在特种房地产投资信托产业，全球上市公司55家，产业总市值5 887亿美元，总营收664亿美元，盈利总额170.1亿美元，亏损总额0.6亿美元，总利润169.5亿美元。产业综合占比排名最高的国家是美国（94%）。产业冠军企业为美国电塔（美国），二至四名分别为冠城国际（美国）、惠好（美国）、大众仓储信托（美国）。在此产业，美国在产业和企业方面都占据绝对优势。

股权房地产投资信托产业的32家全球产业领军企业如表6所示。

美国是世界上最早制定房地产投资信托基金法规的国家，也是该领域全球最大的市场，形成了多达8个

四级产业。[4-5]将房地产的开发与服务这样的实体部分金融化，不仅短期内会对经济发展起到促进作用，即拓宽房地产开发的融资渠道且分散直接投资的风险，还能够提高不动产资产的变现能力并优化房地产开发和服务企业的资产负债结构。然而，过度金融化也会催生房地产的泡沫，并埋下长期的风险隐患。

2020年4月，中国证监会和国家发展改革委联合发布《关于推进基础设施领域不动产投资信托基金（REITs）试点相关工作的通知》，这是我国金融服务供给侧结构性改革的重要抓手，对于盘活存量资产、形成良性投资具有重要意义。由于战略定位、发展阶段等方面的差异，当前中国推动的试点工作，与美国股权房地产投资信托实践在产业领域、法律主体、资金回收方式及用途等多个方面存在不同。通过监管手

表6　全球股权房地产投资信托产业领军企业

四级产业	冠 军	亚 军	季 军	殿 军
多样化房地产投资信托	美国楷蕊	Stockland合订单位	澳洲迈瑞卡	STORE CAPITAL
工业房地产投资信托	安博	古德曼	Segro	杜克房地产
酒店及度假村房地产投资信托	Apple酒店物业	日本酒店REIT	豪斯特酒店及度假村	莱曼酒店物业
办公房地产投资信托	亚历山大房地产	波士顿地产	Covivio	日本建筑投资
医疗保健房地产投资信托	芬塔	美国医疗不动产信托	OMEGA医疗投资	健康峰值房产
住宅房地产投资信托	艾芙隆海湾社区	公平住屋	埃塞克斯信托	Invitation Homes
零售业房地产投资信托	西蒙地产	Realty Income	领展房产基金	金克地产
特种房地产投资信托	美国电塔	冠城国际	惠好	大众仓储信托

段引导募集资金的合理使用,推出税收支持政策,既需要我国房地产业健康发展,又需要吸取美国过度金融化引爆金融危机的经验教训。

因此,总结来看,除了多样化房地产投资信托产业外,美国在其他7个产业都占据绝对优势。在32家产业领军企业中,美国企业25家,占78%;其他5个国家和地区7家,占22%。美国在全球股权房地产投资信托三级产业上占据绝对优势。

五　中国房地产业分析

2021年,中国的307家房地产业上市公司分布在4个四级产业和全球8个交易所中,其中香港交易所158家,上海证券交易所73家,深圳证券交易所67家。中国房地产业产生中国产业冠军1家,奖牌企业共16家(详见表7)。

在16家中国产业领军企业中,有6家进入全球产业领军企业行列,其中,万科、中国海外发展、华润置地、碧桂园包揽房地产开发产业前四强;贝壳是房地产服务产业全球亚军,中海物业(11,代表全球排名,下同)、我爱我家(13)、世联行(14)是潜力候选企业;碧桂园服务是房地产经营公司产业全球季军,恒大物业(5)有望冲击全球产业领军地位;在多样化房地产活动产业,无全球产业领军企业,陆家嘴(11)是潜力候选企业。

从企业性质分布看,中央国有企业30家,地方国有企业70家,集体企业1家,国有企业合计101家,占总量的33%;国有企业中盈利企业82家,亏损企业19家,亏损面为0.19;市值、营收、利润的占比分别为30%、26%、35%,综合占比为30%。在6家全球产业领军企业中,国有企业2家,占33%;在16家中国产业领军企业中,国有企业6家,占37.5%。具体到四级产业,国有企业在多样化房地产活动产业占据主导地位,在其他3个产业中处于弱势地位。

从地域分布看,上市公司数量最多的地域依次是广东67家,占22%;上海55家,占18%;北京33家,占11%。三省市合计占比为51%。按照市值、营收、利润的综合占比,依次是广东38%、上海17%、香港13%、北京11%,四省市合计占比79%。在16家中国领军企业中,广东7家,占44%;香港4家,上海2家,北京、云南、浙江各1家。

具体到各四级产业,北京、广东分别在房地产服务、房地产经营公司2个四级产业中占绝对优势,综合占比分别为67%和54%;广东在房地产开发四级产业上的领先优势较大,综合占比为38%;上海、广东在多样化房地产活动四级产业上相对领先,综合占比分别为21%和17%。

从产业结构看,中国上市公司数量最多的产业依次是房地产开发(186家,占61%)、房地产经营公司(71家,占23%)、多样化房地产活动(38家,占12%)、房地产服务(12家,占4%)。可参照的是,美国上市公司数量最多的依次是零售业房地产投资信托(33家,占15%)、特种房地产投资信托(32家,占15%)、多样化房地产投资信托(23家,占11%)、办公房地产投资信托(22家,占10%)、住宅房地产投资信托(22家,占10%)。

从产业规模看,中国最高的依次是房地产开发(66%)、房地产经营公司(19%)、多样化房地产活动(8%)、房地产服务(8%),美国最高的依次是特种房地产投资信托(36%)、住宅房地产投资信托(14%)、工业房地产投资信托(11%)、零售业房地产投资信托(10%)。中国营收占比最高的是房地产开发(92%)、多样化房地产活动(4%)、房地产经营公司(3%)、房地产服务(1%);美国依次是房地产服务(31%)、特种房地产投资信托(26%)、住宅房地产投资信托(8%)、零售业房地产投资信托(8%)。中国利润占比最高的是房地产开发(95%),房地产经营公司、多样化房地产活动、房地产服务三产业合占5%;美国依次是特种房地产投资信托(51%)、零售业房地产投资信托

表7　中国房地产业领军企业

四级产业	冠　军	亚　军	季　军	殿　军
多样化房地产活动	陆家嘴(11)	新湖中宝(18)	深圳控股(19)	金地商置(23)
房地产经营公司	碧桂园服务(3)	恒大物业(5)	华润万象生活(14)	美凯龙(18)
房地产开发	万科(1)	中国海外发展(2)	华润置地(3)	碧桂园(4)
房地产服务	贝壳(2)	中海物业(11)	我爱我家(13)	世联行(14)

注:括号内为2021年企业的全球排名。

（16%）、住宅房地产投资信托（15%）、工业房地产投资信托（14%）。

从产业综合占比看，中国最高的依次是房地产开发（80%）、房地产经营公司（11%）、多样化房地产活动（5%）、房地产服务（4%）；美国最高的依次是特种房地产投资信托（37%）、房地产服务（13%）、住宅房地产投资信托（13%）、零售业房地产投资信托（11%）。

在产业盈利性方面，中国房地产全产业上市公司市盈率为7.28，美国为34.87。中美可比的四级产业是多样化房地产活动（9.29：38.19，中在前，美在后，下同）、房地产经营公司（29.1：7.69）、房地产开发（5.41：11.19）、房地产服务（93.05：6.49）。美国在股权房地产投资信托领域的全产业市盈率是37.03，除酒店及度假村房地产外，美国其余7个四级产业的市盈率不低于24，平均值为37.88。

在产业效率指标方面，中国房地产全产业上市公司销售利润率为0.07，美国为0.11。中美可比的四级产业是多样化房地产活动（0.01：0.09）、房地产经营公司（0.13：−0.67）、房地产开发（0.08：−0.01）、房地产服务（−0.001：0.02）。美国在股权房地产投资信托领域的全产业销售利润率为0.18，除酒店及度假村房地产外，美国其余7个四级产业的销售利润率不低于0.10，平均值为0.21。

中国房地产全产业上市公司资产回报率为0.12，美国为0.06。中美可比的四级产业是多样化房地产活动（0.06：0.07）、房地产经营公司（0.06：0.05）、房地产开发（0.13：0.10）、房地产服务（−0.001：0.06）。美国在股权房地产投资信托领域的全产业资产回报率为0.06，除酒店及度假村房地产外，美国其余7个四级产业的资产回报率不低于0.04，平均值为0.06。

在产业集中度方面，中美在房地产服务产业上的市值集中度、市场集中度、利润集中度的平均值高于80%；美国在多样化房地产活动、房地产经营公司、房地产开发等3个产业的3项集中度平均值高于90%，而中国3项集中度平均值则低于50%。美国在股权房地产投资信托领域，除工业房地产投资信托产业3项集中度平均值高于70%外，其余7个四级产业的三项集中度平均值介于50% ～ 70%之间。

综上，中国房地产上市企业主要分布在香港股市；中国在全球房地产管理和开发三级产业中，在房地产开发四级产业占据绝对优势地位，在其他3个产业不占据优势；在中国房地产业中，民营企业占据主导地位，综合占比为70%，国有企业为30%；美国房地产全产业市盈率为34.87，中国为7.28。在房地产开

发产业，美国市盈率为11.19，中国为5.41。可见，即便在中国占据优势的产业里，美国产业的市盈率也大大高于中国；美国股权房地产投资信托全产业的销售利润率为18%，资产回报率为6%，市盈率为37.03。

六 总结

中国房地产业在全球房地产一级产业中的综合占比为32%，居全球第一；美国的产业综合占比为25%，居全球第二，其他国家占比均较低。股权房地产投资信托三级产业在全球房地产业结构中的综合占比为36%，在美国房地产业结构中的综合占比为61%，而中国尚未有该产业。中国应当适应国情，在防范长期金融风险的基础上，推动股权房地产投资信托产业的发展。中国房地产业集中于房地产开发四级产业，综合占比为全球的71%，这是中国房地产发展期的特殊现象，未来应该在房地产一级产业下的多个产业中均衡发展。中国在房地产服务、房地产经营公司、多样化房地产等四级产业的发展空间较大。中国房地产开发产业综合占比为全球第一，产业前四名领军企业均为中国企业，是中国2个（另一个为消费用燃料产业）绝对优势产业之一。这种优势的可持续性值得关注。◆

【参考文献】

［1］新华社.刘鹤在第五轮中国-欧盟工商领袖和前高官对话上发表致辞［EB/OL］.（2022-12-15）［2023-03-01］.http://www.gov.cn/guowuyuan/2022/12/15/content_5732322.htm.

［2］新华社.中央财办有关负责同志就中央经济工作会议精神和当前经济热点问题作深入解读［EB/OL］.（2022-12-18）［2023-03-01］.http://www.xinhuanet.com/politics/2022/12/19/c_1129217477.htm.

［3］MSCI. The Global Industry Classification Standard（GICS®）［EB/OL］.（1998-05-18）［2023-03-01］. https://www.msci.com/our-solutions/indexes/gics.htm.

［4］戚铭，崔雅强，肖雪.美国REITs市场扩募发展的实践及对我国的启示［J］.债券，2022（10）：87-91.

［5］伍迪，牛耘诗，杜镇秦，等.他山之石：美国REITs简述及启示［J］.项目管理评论，2020（5）：34-38.

在线的韧性城市

——平台生活服务业大数据的视角[*]

黄维晨　陆　铭　孙　聪　彭　冲

摘要

在重大冲击和外部环境不确定性的背景下，城市韧性成为城市经济学家研究城市长期发展规律的重要内容。与此同时，疫情的冲击加速了城市服务业的数字化进程，进而重塑当下的人类生活和城市格局。研究表明，服务业线上化能够强化城市韧性，在线上经济的作用下，城市有着更高的灵活度、更多的缓冲资源及多样化的业务结构，能够增强城市经济系统的稳健性，减缓冲击的负向影响。数据显示，疫情冲击改变了生活服务业线上与线下业务的空间分布规律，在注重线下消费体验的街区，生活服务业中更加依赖线下消费的行业占比不断提升；但是线上线下同样存在互补性，线上化程度更高的街区有着更快的线下恢复速度，体现了更好的韧性。本文建议：要重视人口密度促进服务业发展的客观规律；释放城市消费活力且培育服务消费增量；强化实体空间与线上经济的互动，重视线上技术对服务业的互补效应；善待城市服务业从业人员，特别是在外来人口占比较高的生活服务业。

关键词

城市韧性；线上化；生活服务业

【作者简介】

黄维晨　上海交通大学安泰经济与管理学院博士研究生。研究方向为城市经济学。

陆　铭　上海交通大学安泰经济与管理学院特聘教授、中国发展研究院执行院长。研究方向为中国经济、城乡和区域经济发展。

孙　聪　美团研究院资深研究员、上海财经大学特约研究员、北京市哲学社会科学研究系列高端领军人才。研究方向为城市经济、消费经济。

彭　冲　南京审计大学联合研究院教授（校聘），江苏省"333工程"高层次人才计划。研究方向为消费城市与大数据建模。

* 基金项目：本文受到了国家自然科学基金项目"大数据视野下的城市空间结构与有效治理"（72073094）、"空间视角下宜居环境需求驱动的住房市场居民行为规律研究"（72074140）和上海交通大学安泰经济与管理学院行业研究院"基于平台的生活服务业"课题研究的资助。

2022 年中国人均GDP已达到85 698元,中国经济社会已经进入一个新的发展阶段,为更好地实现中国式现代化奠定了坚实的基础。虽然短期内中国经济增长受到疫情冲击有所回落,但是经济韧性强、潜力大、活力足等特点,促使各项政策效果持续显现。

一 新发展阶段下的城市发展逻辑

中国跟其他国家一样,随着经济发展水平的提高,其服务业在GDP中所占比重越来越高。但与发达国家相比,在每一个发展阶段,中国服务业的总量占比又都偏低[1]。随着中国生产力水平和人均收入的进一步提高,服务业作为保持国民经济健康运行的"稳定器"作用将愈发凸显。在迈入高收入国家行列这样一个新发展阶段后,经济结构将发生转变,人民的需求内容也在不断变化。在未来,服务业(包括生活服务业)在经济和就业中的占比势必进一步提高。

在服务消费占比越来越高的时代,中国正在经历一场经济和人口的空间大变局,人口持续从农村向城市迁移,特别是向沿海地区迁移[2]。2020年第七次全国人口普查结果显示,中国常住人口城镇化率约为63.89%,相比2010年提高了14.21个百分点。随着城镇化进程的不断推进,中国城市的发展方向和模式也发生了转变,由"十三五"时期的"以人的城镇化为核心"转变为"十四五"时期的"以人为核心",更强调满足居民对于美好生活的向往。同时,近年来中国城市

的消费需求和消费空间得到极大的释放和扩展,居民对高质量、多样化的消费品需求与日俱增,城市消费服务已然成为城市各种服务业的综合品质的重要组成部分[3]。此外,中国巨大的人口规模和互联网技术产生了奇幻的化学效应,各类平台经济应运而生,而平台经济带来的网络效应和规模效应,使得密度和集聚成为城市发展的流量密码。

城市形成的关键因素是人群聚集互动所产生的外部性,但新冠疫情使得这种互动变成了健康风险,促使其他替代的互动方式兴起,例如消费服务线上化、远程办公等[4]。但是,正如汽车和地铁曾经重塑了人类生活和城市格局,疫情之后的平台经济和数字技术也正在重塑当下的人类生活和城市格局。在促进服务业的线上化发展过程中,城市的数字化进程因此不断加速。有人据此认为,城市人口规模和人口密度对于服务业发展的重要性将有所下降。但是随着城市居民生活回到正常的轨迹,城市生活服务业也将迎来复苏的春天,城市的发展逻辑和发展路径会被改变吗?城市韧性会因此受到什么影响呢?

为了回答上述问题,本文基于某大型生活服务业平台商户与消费信息,分析平台经济带来的线上化对于城市经济韧性的影响。本文将由以下几个部分构成:第二部分讨论生活服务业线上化强化城市韧性的理论逻辑;在第三至五部分,我们利用某平台的消费大数据,展现城市消费线上化的趋势,在疫情冲击下城市消费呈现出线上链接、线下分化的新特点,我们还在城市街

区的研究尺度下关注经济或消费韧性问题,并从中揭示生活服务业线上化能够强化城市韧性这一特征事实;第六部分是本文的总结与政策建议。

二 线上经济强化城市韧性:基于文献的理论逻辑

关于系统韧性的研究最早由霍林(Holling)提出[5],主要用于描述生态系统的持久性及在负向冲击后的恢复能力,并于21世纪初开始在人类的社会系统层面进行研究[6]。城市发展和规划的研究人员则是在近20年来才开始关注城市的韧性问题,构建城市复杂适应系统的框架[7],探究如何能够适应各种风险,进而催生了韧性城市的话题,其中,城市和区域经济韧性问题受到了来自经济学界的关注。雷吉亚尼(Reggiani)等将韧性概念与空间经济学相结合[8],马丁(Martin)基于演化经济地理学提出"适应韧性""演化韧性",讨论了区域经济韧性的构成,即抵抗力、恢复力、调整力和更新力[9]。文献中对于区域(城市)的经济韧性的定义是区域(城市)经济在其发展道路上遭受市场、竞争和外部环境冲击后恢复到正常运行状态的能力[10]。此外,很多文献对于影响区域的经济韧性因素作出讨论,在宏观层面发现产业结构多样化、经济集聚的外部性、良好的制度背景等要素是影响区域经济韧性的重要因素[11],但是较少文献讨论微观层面的区域与城市的经济韧性。

城市作为最复杂的社会生态系统,容易遭受来自外界和自身的

各种冲击和扰动，但是在面对这些不确定因素时，因为城市韧性的差异，不同城市的事后反应大相径庭，有些城市能在不确定冲击中快速恢复，有些城市则需要很长的恢复时间[12]，韧性的存在能够缓解城市在面对未知变化和冲击时伴随的不确定性和脆弱性[13]。韧性的容纳范围广泛，不仅包括经济社会环境，还包含文化和空间等多重维度[14]，因此，本文讨论的韧性主要是指城市在经历重大的经济或公共危机后，城市的经济发展、生活质量与消费活力等方面，能够比较快、比较好地从低谷中恢复。

虽然疫情的冲击使得城市的吸引力发生了变化，但自1990年以来，城市经济复兴的力量并没有消失，人口集聚带来的线下交流依然能为创新产出带来高回报。历史经验表明，在经历冲击后，城市总是更具有韧性[15]。城市韧性的提升因素有很多，其中包括更好的灵活度与适应性，能够快速适应新变化，持续更新；更丰富的多样性和开放的态度，能充分发挥城市内部个体的比较优势；以及有着冗余的存货能力，能为韧性发挥提供缓冲资源[16]。因此，在当前脆弱的经济环境下，更具韧性的城市，能够更好地应对不确定性带来的扰动，助力城市找到新的增长路径范围[9]。

平台经济的出现、远程办公的流行，促使城市服务业的业态、场景和模式不断被创新和突破，信息技术平台已然成为影响当前城市（区域）经济韧性的重要因素。原因在于，平台经济可以将类似的经济活动集成在一个数字平台上，摊薄前期投入成本，带来供给方的规模效应，并且通过扩大用户规模，提升平台影响和辐射力，形成网络效应[17]，进而提升供需匹配效率，促进社会生产力的提高。平台经济的规模效应和网络效应，决定了线上消费服务能为城市人口密集居住的区域提供更多的服务场景，并与线下消费产生紧密互动。因此，面对外部冲击时，生活服务业通过平台经济的赋能，不仅更能够经受住波动的负面影响，还能更快地做出适应性调整[18]，从而促使城市内部线上化程度高的街区表现出更强的韧性。

线上化技术影响城市韧性主要体现在：线上化给生活服务业带来了更广泛的适应度和灵活度，线上化帮助企业在更广泛的区域（半径3～5公里范围内）高效地匹配供给和需求，增强规模经济效应，从而能够更好地应对冲击带来的不确定性。与此同时，经济主体的调整能力也是韧性的主要组成部分，因为线上服务中经济活动的相似性，带来了更强的可替代性，面对冲击则具有较好的调整应变能力。此外，在市场需求驱动下，线上服务供给者有动力提供个性化、多样化的消费服务，带来生活服务业多样性的增加，而多样性也是强化城市韧性的重要因素，因为多样性能够分摊风险，抵御冲击，有助于城市经济系统的稳健性，减缓负向影响，同时能够帮助城市在恢复期做出适应性调整，更快地从冲击中恢复[19]。最后，生活服务行业往往具有长尾、本地化特征，在线上化技术的作用下，生活服务业的供需匹配难度下降，经营成本降低，从而降低了行业的进入门槛，积累了冗余的缓冲资源，因此能够减轻冲击的负面影响，同时利用缓冲资源避免危机。

一段时间以来，如何让城市变得强大，能够抵御各种风险，催生了韧性城市的话题。而过去几年，由于疫情的冲击，经济活动加速了线上化的进程。城市在发展线上经济的时候，是否不再依赖于线下的人口密度呢？线上化的经济活动是如何助力韧性城市的呢？大数据告诉我们，线上化、韧性和人口密度是紧密相连的，验证了我们对于服务业线上化有助于城市韧性的判断。

三　生活服务业线上化

近年来平台经济、大数据等信息技术的发展，改变了城市居民对于城市生活服务业的消费习惯，促使生活服务消费的线上化。本文使用的数据是上海市内部的街区①范围内，从2019年1月至2022年10月，某大型生活服务业平台上生活服务业的需求和供给的月度汇总数据，其中包含餐饮外卖和购物等即时零售类线上消费，餐饮堂食、文体娱乐等线下消费2种类型。选择街区作为研究对象，是因为生活服务业的本地化特征，使得其消费者主要为本地附近居民，同时街区的形状是由道路外生决定的，减少了人为选择的影响。

---

① 街区是指在城市内部以实际的街区道路为划分依据的生活活动或经济活动的聚集区域，本文采用该平台的街区划分标准。

数据显示，随着时间的推移，城市生活服务业的线上化进程在快速推进，2019—2022年，上海市本地生活服务覆盖①的面积不断增加，占全市的面积由28%增长到31%。疫情虽然给消费带来了负向的影响，但是也促进了更多的商家开通线上渠道，所有城市生活服务业覆盖的区域内具有线上业务的区域占比由52%增加至62%。

疫情以来，线上消费服务快速发展，生活服务业出现了明显的线上化趋势。以餐饮服务业为例，以2019年为基期，分别计算线上（到家）和线下（到店）消费指数，相减后得到了线上与线下指数的差异。可以发现，2020年1月至2022年10月，相比餐饮类的线下（到店）服务，线上（到家）的消费指数有着更大的变化（见图1），平均增长速度比线下（到店）服务快50%，而且随着时间的推移，两者差异在不断扩大，尤其是在2022年疫情及管控期间，餐饮到家的消费量和消费额是明显增加的。但有趣的是，除了2022年疫情及管控期间之外，线下（到店）的用户数是增长更快的。总的来说，疫情助推了生活服务业的线上消费，但常态下，线下业务供给增速是大于线上的，有相对更多的消费者倾向于线下到店消费。

生活服务业的线上化虽然减少了线下见面的接触，但助力城市经济的复苏，提高了城市韧性。对比2020年和2022年两次疫情冲击恢复情况，可以发现，2020年生活服务业的消费情况在冲击发生后的3～4个月就已经恢复到了正常的水平；但是因为2022年的线下消费受限时长持续较长，直至12月中上旬才逐步放松，虽然2023年年初旅游、餐饮堂食消费快速回升并一度超过2021年的水平，但消费市场活力能否持续还有待观察。此外，生活服务业线上化使得线上（到家）消费与线下（到店）消费的恢复出现分化，以餐饮业为例，外卖到家在第二次冲击结束之后的第2个月就已经恢复至2022年1月的规模水平，而到店堂食则是在冲击结束后的第5个月才恢复正常，说明线上化对提升城市的消费韧性具有积极意义。

四　线上服务连接，线下发展分化

大数据显示，在疫情及其管控措施的冲击结束后，人口密度

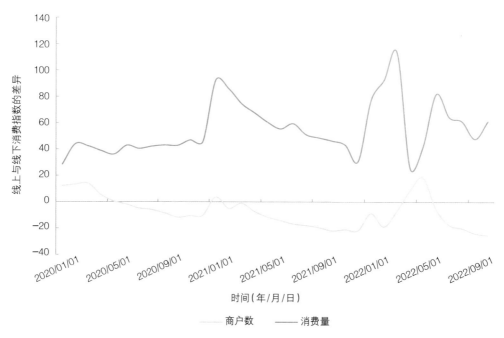

图1　餐饮类的消费量指数、商户数指数在线上与线下的差异（2020/01—2022/10）

注：正值表示线上指数大于线下，负值表示线上指数小于线下。

---

① 本地生活的覆盖范围是由所有生活服务业商户经营的区域汇总得到的区域。

高低与生活服务业的恢复快慢相关，无论是线下（到店）消费还是线上（到家）消费，人口密度越高的区域恢复速度越快。与此同时，随着线上化服务在城市内部更广泛地应用，不同区位的生活服务业的行业结构发生了变化，改变了生活服务业的空间分布形态，最终表现为线下消费在街镇层面更加集聚，而线上消费分布则趋于分散。

为了更好地衡量一个街区的恢复情况，我们计算每个街区的恢复时长并对其标准化[①]，相对恢复时长越久代表恢复速度越慢。图2对比了2020年和2022年两次冲击下，人口密度与餐饮业线上、线下业务需求的恢复状态的关系，横轴表示街区层面的人口密度[②]，纵轴表示街区餐饮业的恢复速度。可以发现，在2020年，人口密度越高的区域，线下消费的恢复速度越快，但是在2022年，因为持续的防控措施和消费线下见面的限制，高人口密度的区域无法充分发挥人口集聚的优势，使得人口密度无法助力线下（到店）消费的复苏。

文体娱乐等注重线下消费体验的生活服务业，是线上化技术暂时无法实现的服务内容，然而数据表明，疫情带来的线上化冲击，使得注重线下消费体验的区域[③]（以下简称"线下区域"）内的生活服务业结构发生变化。具体如图3所示，其中，横轴表示时间，纵轴表示文体娱乐行业的相对规模，虚线表示上海两次疫情防控较为严格的时间，即2020年的2月和2022年的4月至5月，浅蓝色代表有线上化区域，深蓝色代表无线上化区域，可以发现文娱消费的供给侧在线下区域有着更快的增长速度，同时，线下区域内的文体娱乐消费总量占比也在提高。此外，根据数据发现，线下区域的餐饮堂食消费者占全市比重也在线上化冲击后不断增加。这说明在线上化服务相对较少的街区，当其遭受线上化冲击后，发展生活服务业时，更可能选择以线下体验为主的文体娱乐服务和服务体验类的餐饮，从而能够吸引更多消费者到店进行线下消费，带来街区内部生活服务业结构的变化。

在发现不同人口密度区域中不同生活服务业的业态模式有着不同的恢复速度和行业发展路径后，我们构造了一个空间分布的指标，来探究本地生活服务业的空间变化规律。本文选用赫芬达尔指数，在文献中通常用其来刻画城市空间结构的分布及演化规律[20]，具体的计算公式如下所示：

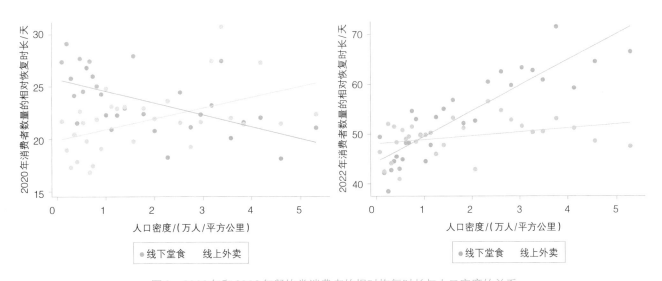

图2　2020年和2022年餐饮类消费者的相对恢复时长与人口密度的关系

① 恢复时长：在负向冲击结束之后，指标与2019年同期同比增长为正的第一个月，与负向冲击时间的间隔。
② 人口密度数据来自中国科学院地理科学与资源研究所的中国人口空间分布公里网格数据集（2018）。
③ 线下消费注重区域表示该街区仅有线下服务商家，而开通线上服务的商家数量为0。

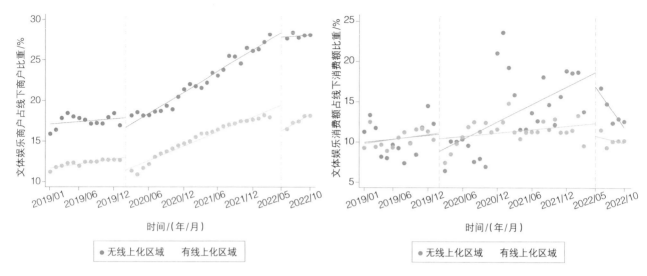

图3 不同类型区域文体娱乐的商户数和消费额的变化情况（2019/01—2022/10）

$$HHI = \frac{\left(\sum_{i=1}^{N}\left(\frac{consump_i}{consump}\right)^2\right)^{1/2} - \left(\frac{1}{N}\right)^{1/2}}{1 - \left(\frac{1}{N}\right)^{1/2}}$$

其中，$consump_i$ 表示一个街镇范围内某种（线上或线下）生活服务业商户数（消费量）的总数，$consump$ 表示这个区域所有生活服务业商户数（消费量）的总数，N 表示区域内所包含街镇的数量。赫芬达尔指数的取值范围为［0，1］。其中，HHI 值越趋近1，表示这个区域服务业的供给或消费越集中；反之则表示越分散。

通过数据汇总分别得到上海市各个街镇的生活服务业的线上消费和线下消费的总供给与总需求，利用上述公式计算上海市本地生活服务线上与线下业务空间分布的变化情况，如图4所示，其中，横轴表示时间（年/月），纵轴表示集聚程度（HHI 指数）。总的来看，在上海市的街镇层面，2019年的本地生活服务业的线上（到家）服务的空间分布表现为更加分散的趋势，而依赖于人口密度和人流的线下（到店）服务则趋于集中，2020年的疫情冲击改变了不同生活服务业的空间分布变化速度，其中，生活服务业的到店消费以更快的速度在街镇层面更加集聚。但对于生活服务业的到家消费，却保持着较稳定的速度不断向更多区域分散。对于商铺的分布，可以发现到家商铺与到店商铺间存在相反的趋势，到家商铺在2020年疫情前不断分散，但2020年疫情后保持在一个较为稳定的状态，而对于到店消费的商铺分布则在2020年疫情前不断集聚，2020年疫情后开始分散。

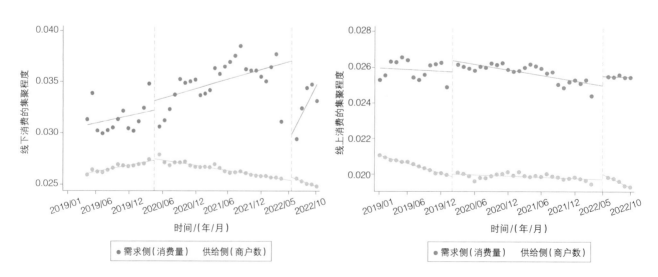

图4 生活服务业的消费量和商铺的空间分布情况（2019/01—2022/10）

对于生活服务业的到店消费更加集聚的现象，我们是这样理解的：在线上化的浪潮之下，在一些人口密度相对较低的街区内，一些可线上化的商户可通过线上服务扩大市场规模，为更好地控制成本，会选择缩减其线下店面规模和数量，进而影响到街区的线下人流总量，而街区人流的减少会影响那些不偏好线上服务商户的经营策略和区位选择；而在人口密度高的街区，当商户采取线上化经营而调整店面规模和数量后，其街区的人口并不会发生显著变化，反而街区内较高的客流和消费潜力，使得一些以线下到店体验为主的消费业态有更好的发展，因此，在人口密度高的区域，以线下体验为主的商户数量不断增加。如此一来，高密度和低密度街区之间的线下服务开始出现分化，进而导致线下服务显得更集聚。

五　线上技术和线下服务互补

平台经济的出现，赋予了生活服务业新的特征、新的内涵、新的内容，特别是在那些人口密度高、人流量大的大城市，生活服务业通过其消费规模性、多样性、便利性及适配性等特点助力城市发展。在经济活动线上化的趋势下，线上技术与线下消费并不完全是替代关系，还存在着一定程度的互补性[18]。线上服务的广泛应用不仅会影响城市街区的消费结构，更会因为线上化的发展程度对本地的生活服务业发展和恢复产生不同的影响，甚至改变街区的经济和消费韧性。

由于无法对街区的线上化进行直接度量，我们只能通过线上消费的分布情况，得到每个街区在上海市范围内线上化的相对程度。具体方法是将街区的单位面积线上服务商户数作为分组标准，按照五分位数为一档得到1至20的组别，其中，街区所在组数越高说明线上化程度越高，若街区无线上服务商户则分类为0组。

从短期看，街区的线上化程度与线下消费恢复速度呈现倒U型，说明线上化会提高线下消费的恢复速度，但不是简单的线性关系，主要是因为线上消费发达的区域往往也是线下商城所在地，其线下消费受疫情影响程度较大，所以短期恢复速度不及沿街的线下消费。我们进一步考察了线上化程度对于线下消费恢复的中期影响，图5展示了2020年疫情冲击后，餐饮和文体娱乐业线下消费的相对恢复时长与线上化程度相对值[①]的关系，其中，横轴为街区的线上化程度，纵轴为不同行业的线下业务供给侧和需求侧的相对恢复时长，左图为需求侧，右图为供给侧，深蓝色表示餐饮堂食，浅蓝色表示文体娱乐。可以发现，对于餐饮业来说，线上化程度与其恢复时长呈显著负相关，即该街区的线上化程度越高，餐饮堂食能够恢复到冲击前的时间越短，同样的，随着线下消费限制的放松，大部分线下商户陆续恢复营业，文体娱乐的供给侧恢复速度与线上化程度呈正相关。但是线上化对于文体娱乐需求的恢复有着反向影响，我们对此的解释是，因为街区在线上化程

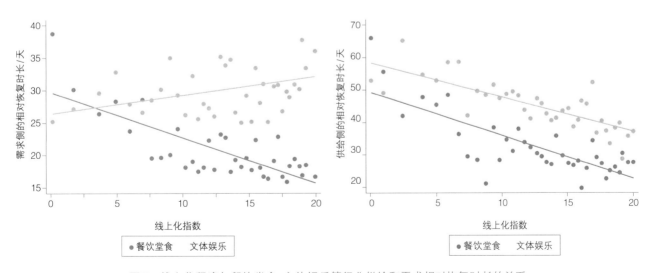

图5　线上化程度与餐饮堂食、文体娱乐等行业供给和需求相对恢复时长的关系

---

① 使用2019年度均值测算得到。

度上的差异和文体娱乐的异质性存在相关性，即不同线上化程度的街区间的文体娱乐是存在差异的。例如，线上化程度比较高的区域，其本身的商业化发展程度也可能更高，更可能提供影院、KTV、密室逃脱等室内场所的文体娱乐服务，而线上化程度较低的区域更有可能提供运动类、科普类的室外服务，而对于室内空间的文体娱乐场所有着消费人员限流、营业时长限制、预约消费等经营措施[①]，因此，文体娱乐的消费端在线上消费较活跃的区域更难恢复，呈现出街区的线上化程度与文体娱乐需求侧恢复速度的负相关。

六 总结与政策建议

（一）研究结论

本文研究发现疫情冲击加速了城市生活服务业的数字化进程，同时带来了城市韧性的提高，生活服务业的线上化通过与城市实体空间的人口密度紧密互动，导致城市生活服务业的线上、线下业务在空间分布上呈现相反的趋势，线上消费在街镇层面的分布更加集聚，而线下消费分布则更趋于分散。生活服务业在不同区位特征下出现了分化，在注重线下消费体验的街区中，文体娱乐等更依赖线下体验的生活服务业占比不断提升。但生活服务业在线上线下消费分化的同时，依然存在相应的互补性，城市街区在线上化的助力下，有着更高的灵活度、更强的缓冲性及多样化的业务结构，因此，更高线上化程度的街区有着更快的线下消费恢

复速度，表现出更强的韧性。

（二）政策建议

随着新冠疫情不再构成"国际关注的突发公共卫生事件"，中国这艘大船仍将回归到以服务业为核心的经济发展模式中，此外，人民对于生活服务业的消费需求也将步入正轨——即线下消费不再受限制，在此背景下，为更好地发展生活服务业，我们提出以下建议：

一是城市生活服务业的发展应该尊重经济规律，尤其要在城市建设中重视人口密度对于服务消费的重要性。人民对美好生活的向往除了要保持合理的收入增长速度之外，还伴随着很多新的需求，需要更加关注人们对服务消费高品质、多样化和多层次的需求，因此，城市需要重视生活服务业的发展活力，充分发挥城市内部的人口规模、人口流量的集聚优势，降低服务生产和消费的结合成本，推动城市实现高品质生活，进一步推动城市向消费驱动、服务业主导的经济结构转变，强化城市的资源集聚功能。

二是释放城市消费活力，培育服务消费增量。充分发挥平台线上线下融合的优势，运用平台场景消费数据优势，对特定群体、企业、行业精准施策，激发消费活力，提振消费市场；创新政府消费补贴的方式，将平台作为消费券发放主渠道，扩大覆盖范围，针对有困难的服务消费行业精准投放，简化补贴核销门槛，帮助困难行业快速复苏；鼓励平台发挥主观能动性，积极组织

促消费活动，激活节庆消费市场，支持平台拓展新的商业业态，创新消费场景，培育消费服务增量。

三是强化实体空间与线上经济的互动，重视线上技术对服务业的互补效应。实施线上线下消费服务的差异化发展，提高不同业态、不同目标群体间的生活服务业的区分度；鼓励平台经济基于市场环境、应用场景开展各类科技创新，促进消费服务精细化发展；加快城市服务数字化转型，鼓励平台充分发挥带动作用，帮助小微企业更新业态和模式，提升中小微企业的数字化经营能力；重视平台经济对于城市服务业的赋能效应，推动更多的生活服务业开展数字化，强化线下空间的数字化转型，与利用数字平台自主形成的"线上城市"构成互补。

四是善待城市生活服务业从业人员。要看到，在人口规模大和人口密度高的城市，基于平台经济的生活服务业既能够提高城市居民的生活品质，又能够有利于相关从业人员提高收入，实现共同富裕。因此，要改善城市的社会包容度，要持续推进城市常住多元人口的市民化，降低外来人口的市民化门槛，推动公共服务的均等化对待，尤其是增加对这一群体的廉租房、公租房和子女教育供应。城市要改善生活服务业从业人员的工作环境，例如，在一些城市公共设施（如体育场、邻里中心等）中为流动性强的外卖员、快递员、家政服务员等提供一些休憩场所。同时，政府可与电商平台等各种社会力量一起，协助外来就业人口融入城市和社区。◇

[①] 2020年5月发布的《剧院等演出场所恢复开放疫情防控措施指南》《互联网上网服务营业场所恢复开放疫情防控措施指南》《娱乐场所恢复开放疫情防控措施指南》和7月发布的《中国电影发行放映协会电影放映场所恢复开放疫情防控指南》等文件规定。

【参考文献】

［ 1 ］钟粤俊,陆铭,奚锡灿.集聚与服务业发展:基于人口空间分布的视角［J］.管理世界,2020,36（11）:35-49.

［ 2 ］陆铭.向心城市:迈向未来的活力、宜居与和谐［M］.上海:上海人民出版社（世纪文景）,2022.

［ 3 ］陆铭,彭冲.再辩大城市:消费中心城市的视角［J］.中山大学学报（社会科学版）,2022,62（1）:175-181.

［ 4 ］Duranton G, Handbury J. Covid and cities, thus far［J］. NBER Working Papers, 2023.

［ 5 ］Holling C S. Resilience and stability of ecological systems［J］. Annual Review of Ecology and Systematics, 1973, 4(1): 1-23.

［ 6 ］Holling C S, Gunderson L H. Panarchy: understanding transformations in human and natural systems［M］. Washington, DC: Island Press, 2002.

［ 7 ］Desouza K C, Flanery T H. Designing, planning, and managing resilient cities: a conceptual framework［J］. Cities, 2013, 35: 89-99.

［ 8 ］Reggiani A, De Graaff T, Nijkamp P. Resilience: an evolutionary approach to spatial economic systems［J］. Networks and Spatial Economics, 2002, 2: 211-229.

［ 9 ］Martin R. Regional economic resilience, hysteresis and recessionary shocks［J］. Journal of Economic Geography, 2012, 12(1): 1-32.

［10］Martin R, Sunley P, Tyler P. Local growth evolutions: recession, resilience and recovery［J］. Cambridge Journal of Regions, Economy and Society, 2015, 8(2): 141-148.

［11］Martin R, Sunley P. On the notion of regional economic resilience: conceptualization and explanation［J］. Journal of Economic Geography, 2015, 15(1): 1-42.

［12］邵亦文,徐江.城市韧性:基于国际文献综述的概念解析［J］.国际城市规划,2015,30（2）:48-54.

［13］赵瑞东,方创琳,刘海猛.城市韧性研究进展与展望［J］.地理科学进展,2020,39（10）:1717-1731.

［14］李彤玥.韧性城市研究新进展［J］.国际城市规划,2017,32（5）:15-25.

［15］Glaeser E L. Urban resilience［J］. Urban Studies, 2022, 59(1): 3-35.

［16］马库斯·布伦纳梅尔.韧性社会［M］.余江,译.北京:中信出版社,2022.

［17］谢富胜,吴越,王生升.平台经济全球化的政治经济学分析［J］.中国社会科学,2019（12）:62-81+200.

［18］徐圆,邓胡艳.多样化、创新能力与城市经济韧性［J］.经济学动态,2020（8）:88-104.

［19］Wang X, Zhao F, Tian X, et al. How online food delivery platforms contributed to the resilience of the urban food system in China during the COVID-19 pandemic［J］. Global Food Security, 2022: 100658.

［20］刘修岩,李松林,秦蒙.城市空间结构与地区经济效率:兼论中国城镇化发展道路的模式选择［J］.管理世界,2017,280（1）:51-64.

中国起重机产业的创新发展历程
与特点及对策建议*

仲伟俊　梅姝娥　浦正宁

摘要

　　起重机产业是工程机械和装备制造业的重要组成部分，是我国在全球市场占有率最高的优势产业，在我国制造业高质量发展中具有极其重要的地位，系统研究我国起重机产业的创新发展历程与特点及对策建议，具有重要的理论和现实意义。本文首先从市场—创新—企业相结合的视角深度解读我国起重机产业的创新发展历程，凝练从仿制生产，到替代生产和自主生产，再到创新生产的演变过程及特点，诠释我国起重机产业从无到有、从小到大快速发展的经验；接着以实现高质量发展为出发点，对照国际最先进水平剖析了我国起重机产业发展面临的主要挑战；最后以尽快实现产业发展由跟随模仿向原创引领转变为核心目标，提出加快起重机产业发展的总体思路与对策建议。

关键词

起重机产业；发展历程；创新发展；高质量发展

【作者简介】

仲伟俊　东南大学经济管理学院教授、博士生导师。研究方向为科技创新管理、信息系统管理。
梅姝娥　东南大学经济管理学院教授、博士生导师。研究方向为企业技术创新管理、社会化商务。
浦正宁　东南大学经济管理学院教授、博士生导师。研究方向为区域经济创新与发展、环境与资源经济。

*　基金项目：中国工程院院地合作项目（JS2022ZT12；JS2019ZT11）。

工程机械作为装备制造业的重要组成部分，在制造业和实体经济发展中具有举足轻重的地位。2022年6月，全球最权威的工程机械信息提供商英国KHL集团发布了2021年"工程机械制造商榜单"，我国工程机械产业销售额已占全球总销售额的24.2%，超过美国的22.9%和日本的21.2%，成为全球产业规模最大的国家。国产工程机械国内市场满足率提升达到96%[1]。在工程机械产业的各个细分领域中，我国起重机产业的发展优势尤其明显。在KHL发布的"世界最大起重机制造商"排名中，徐工集团已从2019年的全球第四强势跃升至榜首，行业骨干企业的快速发展带动我国成为全球最大的起重机生产国。

我国起重机产业在短短几十年的时间内从无到有、从小到大快速发展，取得了骄人的成绩。在此背景下，运用产业创新理论，从市场—创新—企业相结合的视角系统分析我国起重机产业的创新发展历程[2]，具有重要的理论和现实意义。本文首先从产业创新、行业龙头骨干企业发展和产业发展相结合的视角系统诠释我国起重机产业的发展历程，凝练后发国家产业创新发展的路径、特点和经验，然后研判我国起重机产业当前和未来发展面临的挑战，接着提出加快我国起重机产业创新发展和高质量发展的总体思路和对策建议。

一　我国起重机产业的创新发展历程

起重机是指在一定范围内垂直提升和水平搬运重物的多动作起重机械，是工程机械行业的重要分支。起重机属于物料搬运机械，其工作特点是做间歇性运动，即在一个工作循环中进行取料、运移和卸载等动作的相应交替工作。起重机类型较多，包括桥式起重机、门式起重机、塔式起重机、流动式起重机、门座式起重机、升降机、缆索式起重机、桅杆式起重机和机械式停车设备等。

从历史角度看，起重机早已有之，初期是人力驱动、水力驱动和蒸汽机驱动。随着内燃机和电气工业的发展，以电动机和内燃机为动力装置的各种现代起重机逐步形成。我国起重机产业发展起步于新中国成立之后，至今大致经历了四个阶段。

（一）仿制生产和产业形成阶段（1963—1981年）

我国起重机产业起步于20世纪50年代[3]。1953年，北京起重机厂通过引进和测绘进口的苏联产品，成功仿制出"少先式"轻型起重机。尽管该机存在一系列弊端，如转向与行走皆需人力，但对中国起重机行业而言还是弥补了行业空白，发挥了先锋和引领作用。1957年年底，通过仿制苏联K51型5吨机械式汽车起重机，北京起重机厂又成功研制出K32型汽车起重机，成为我国第一家规模化生产轮式起重机的企业。我国第一台塔式起重机于1954年在抚顺诞生，之后逐步发展形成了抚顺重型机械厂、哈尔滨工程机械厂等10余家规模生产塔式起重机的企业。

进入20世纪60年代，徐州重型机械厂于1963年成功研制出Q51型5吨汽车起重机，1967年与长沙建筑机械研究所联合研制了10吨液压伸缩式汽车起重机，70年代又生产出国内第一台液压式QY16吨汽车起重机，很快发展成为我国汽车起重机的四大家族之一，进入我国起重机行业骨干企业的行列。

从新中国成立到20世纪80年代，我国起重机产业的发展主要依靠模仿生产苏联产品，虽然产品的性能、质量和可靠性等关键指标与国际先进水平有相当大的差距，但是有力地支撑了我国的工程建设和国防军工需要，尤其是孕育出了一批起重机骨干企业，形成了基础的起重机产业，为我国起重机产业的长远发展奠定了基础。

（二）合资引进国外技术替代生产、加速产业发展阶段（1982—1999年）

改革开放之后，我国经济加速发展，工程建设规模迅速扩大，对起重机产品形成了越来越大的多层次、多样化需求。当时，我国起重机产业的生产能力与产品的性能和质量均不能满足快速增长的国内市场需求，进口欧美国家的先进起重机产品成为必然选项，国内起重机市场上很快出现了德国、日本、美国、韩国等众多外资品牌的产品，本土品牌产品面临着市场和技术的双重劣势。

为应对外国企业的激烈竞争，抢抓国内起重机市场快速发展的机遇，从1982年开始，我国本土起重机品牌企业加快了国外先进技术的合作引进步伐，以技贸结合形式从日本、美国、德国引进先进生产技术和关键零部件进行组装生产，并逐步实现国产化。同时积极推进"以市场换技术"的策略，与外国企业建立合资企业，以生产许可形式生产先进产品。徐州重型机械厂引进德国利勃海尔的25吨、50吨全地面汽车起重机生产技术，还与利勃海尔开展联合设计，在20世纪80年代诞生了一批更新换代产品。

本土起重机品牌企业还积极推进兼并重组以做大做强。1989年，由徐州重型机械厂、徐州装载机厂、徐州工程机械制造厂和徐州工程机械研究所即"三厂一所"为核心联合组建的徐工集团正式挂牌成立。徐工集团成立之后，继续加强与美国、德国、日本、瑞典等国家企业的合作与技术引进，先后成立了12家合资企业，通过合资学习引进国外相对成熟的先进生产技术和采购关键零部件，充分利用工程机械行业细分市场多、对高中低端不同层次的产品均有较大需求和市场快速扩大的特点，加强整机新产品开发，满足国外企业不太关注的国内中低端市场需求，在国内市场与国外企业错位竞争。同时，加强自主品牌产品开发，1995年徐工成功开发自主品牌的160吨全地面起重机，开始实现进口替代，赢得了较大的国内市场，带动了企业的较快发展。

众所周知，关键核心技术是企业竞争力的核心来源，通过建立合资企业"以市场换技术"学习引进国外的技术，只能引进在国内先进但在国际上不处于领先地位甚至落后的技术。然而，由于我国的产业基础薄弱，通过合资和技术学习，还是显著缩小了我国企业产品与国外先进产品的差距，有效占领了相当规模的国内中低端市场，为该产业的持续发展提供了有力支撑。

（三）培育新产品自主生产能力、提升国际竞争力阶段（2000—2012年）

我国加入WTO之后，城市化进程不断加快，房地产等行业快速发展，中高端起重机产品需求迅猛扩大。尤其是2008年为缓解全球金融危机冲击，我国出台"四万亿"经济刺激政策，带动工程建设规模爆发式扩大，工程机械行业出现了前所未有的发展机遇。然而，当时我国企业只能生产百吨级以下的全路面起重机产品，百吨级以上的市场被国外产品垄断，每年我国要进口一两百台起重机，并且当时国际上的先进企业已经在发展500吨、800吨级的产品。

面对新形势，我国起重机行业的骨干企业积极主动回应，开始实施新的发展战略，尤其重视大力提升新产品自主开发能力。2000年，徐工集团提出了"高端、高科技、高附加值和大吨位"的"三高一大"产品战略[4]。与此相适应，徐工集团采取多种战略举措，开始走集约化、现代化、国际化大型企业集团发展之路，加快提升企业的国际竞争力。

一是加强自身研发体系建设，提升整机产品创新能力，一批中端产品实现进口替代，进入国际市场。2004年，徐工集团开始推进企业实验室建设，建成液压、结构、传动等9个实验室；2008年，开始构建以徐工研究院为技术研发中心、以二级公司技术研发为产品开发中心的研发体系，攻克了起重机"U"

形截面吊臂、油气悬挂等关键核心技术，强有力地支撑其整机新产品开发，成功自主开发我国第一台全路面起重机，于2004年获中国机械工业部科技进步一等奖及"国家重点新产品"称号。之后，集团围绕客户需求拓展起重机产品线深度，2007年又新开发出QAY200等7个新产品，不仅实现了进口替代，满足了国内需求，打破了国内起重机中高端市场被德国机械垄断的局面，而且实现了出口。2012年2月，徐工"全地面起重机关键技术开发与产业化"项目获国家科技进步二等奖。

二是自主创新与并购国外先进技术企业并举，加强关键零部件攻关。长期以来，核心零部件的开发生产能力不足是制约我国工程机械主机产品性能、质量提升和自主发展的瓶颈。徐工集团既积极强化起重机关键零部件的自主研发生产，又致力于国际并购。通过收购荷兰AMCA公司的液压阀成熟生产技术，结合自身的技术积累，徐工集团进入高端液压阀制造领域，形成了液压多路阀示范生产线，突破了液压油缸、液压阀等核心零部件高端技术，有力支撑了徐工集团生产出8吨至3 000吨全地面起重机。

三是既积极抢占国内中端市场，又大力进军国际市场。产品线深度的拓宽及其性能、质量的提升，不仅强有力地支持我国起重机产品抢占国内中端市场，还帮助其开始大规模拓展海外市场。徐工集团2010年至2012年先后并购了3家欧洲企业，在欧洲年营业规模迅速超过6亿欧元。2014年，徐工第一个海外绿地工厂——总投资3.5亿美元的徐工巴西制造基地投产，目前已成为巴西工程机械主流品牌，并逐步在南美全面扎根。从1992年出口第一台设备起，徐工坚定走国际化发展道路不动摇，海外收入从每年不足千万美元到超过23亿美元，逐步发展形成了四大海外研发中心、15个制造基地、70家分子公司和办事处、300多家经销商的全球化产业布局，产品出口到182个国家和地区，连续20多年保持中国工程机械出口第一。2012年徐工集团实现营业收入1 012亿元，成为我国工程机械行业首家收入突破1 000亿元的企业。

(四) 建立全球化研发体系、开发独特新产品创新生产阶段（2013年至今）

2012年之后，受国际金融危机等多种因素的影响，全球经济复苏乏力。同时，我国对房地产行业开始实施持续调控，国内经济增速和固定资产投资增速均呈现放缓趋势，工程机械行业受到较大冲击，2011年下半年到2016年上半年，市场需求出现了持续5年的锐降期。

面对新的市场发展环境，我国起重机产业的骨干企业加强全球化研发体系建设和自主创新，积极开发满足国内外市场高端需求的独特新产品，通过实施差异化竞争战略赢得市场竞争优势。2013年，徐工集团总投资10亿元建设的研究总院启用，以此为平台创建国家级研究实验室及工程机械综合实验场，建设南京研究院和上海、长春工程机械先进技术研究院。同时，加强全球化研发体系建设，在欧洲、美国等地建设研发中心，重点攻克核心

零部件和新型主机关键技术。到2018年，徐工集团基本实现了300吨以下产品的国产化，还开发出了多项独创性新技术，生产出了一批超大吨位的世界纪录产品，如全球第一吊的4 000吨级大型履带起重机、2 000吨级大型全地面起重机和全球唯一的八轴1 200吨级全地面起重机，使我国与德国、美国一起成为世界上仅有的3个能够自主研制造千吨级超级移动起重机的国家。这些产品的技术性能、质量可靠性指标全面达到国际先进水平，打破了国外高端品牌产品的垄断，重塑了世界起重机行业的竞争格局。徐工4 000吨级的XGC88000履带起重机已投用3台，参与了沙特朱拜勒工业城、阿曼杜库姆炼油厂等26个国内外大型工程建设，累计吊装百余台千吨级以上设备，总吊重量接近20万吨，安全工作总时长近1万小时，真正成为行业最先投入使用、应用最广、技术最成熟、销量最大的4 000吨级履带起重机。

为改变起重机行业关键零部件高度依赖进口的局面，加快国产替代，或者借助于徐工集团这样的整机产品企业的支持，或者通过加快配套企业的发展，我国起重机产业培育出了一批实力较强的零部件配套企业，形成了较为完整的产业配套体系与产业链供应链，有力地支撑了我国起重机产业的新一轮产品创新和竞争力提升。

从2016年下半年开始，我国起重机产业又迎来新一波高速增长期。相比2016年，2020年履带起重机销量翻了三番，汽车起重机销量翻了五番。我国起重机行业的寡头垄断格局逐步形成，徐工起重、中联

重科与三一起重机所占工程起重机整机市场的份额超过90%，行业集中度进一步提升。

综上，我国起重机产业充分利用我国经济快速发展和工程机械产品需求迅速扩大的优势，持续推进技术学习和自主品牌新产品开发生产，使得产业规模快速扩大，产业国际竞争力迅速提升，成为全球优势产业。

三 我国起重机产业创新发展的特点和经验

回顾新中国成立尤其是改革开放以来我国起重机产业的创新发展历程，可以发现诸多特点和经验。

(一) 我国起重机产业的创新发展特点

总结我国起重机产业不同发展阶段的市场环境、技术创新模式及发展战略等可以发现，不同发展阶段的特点显著不同（见表1）。从历史角度看，我国起重机产业从填补国内市场空白的仿制生产起步，经过面向国内中低端市场将技术引进国内的替代生产和面向国内外市场的低成本自主生产，再到面向国内外独特需求的低成本创新生产，已经经历了4个不同的发展阶段。通过从仿制生产、替代生产、自主生产，再到创新生产，我国起重机产品不仅实现了从只能满足国内部分需求，到大量进入国际市场，再到能够进入国内外中高端市场的转变，还实现了从只有若干家起重机生产企业，到形成配套能力较强的完整产业体系，再到成为全球规模最大的优势产业的转变，取得了很大的发展成就。

表1 我国起重机产业不同发展阶段的特点

阶段	第一阶段：仿制生产	第二阶段：替代生产	第三阶段：自主生产	第四阶段：创新生产
市场环境	面向开始起步的国内市场	面向规模较快扩大的国内市场	既面向快速增长的国内市场，又开始拓展国际市场	面向国内和国外中高端市场
创新发展战略	模仿苏联产品填补国内空白，实现仿制生产	以市场换技术加快产品更新换代，实现替代生产	提升整机产品开发生产能力，实现自主生产	开发"世界第一吊"等独特新产品，实现创新生产
产业发展	建成多家起重机生产企业	开始形成起重机产业体系	形成较为完整的产业体系，关键零部件依赖进口	形成配套相对齐全的产业体系，突破部分关键零部件核心技术
市场格局	初步满足我国工程建设和国防军工等的需要	国外品牌产品占据国内中高端市场，自主品牌产品在低端市场	在国内中低端产品市场形成较强竞争力，自主品牌产品批量出口	自主品牌产品在国际起重机中高端市场开始具有明显的竞争力
竞争策略	按计划组织产品生产和销售	低成本低价格	过得去的产品质量和低成本低价格	超大吨位等独特产品性能和较低产品价格

特别应该强调的是，我国能在相对较短的时间内建立较为完整和具有较强国际竞争力的起重机产业体系，很重要的是既重视技术学习引进，又高度重视自主创新，并将两者有机紧密结合。可以说，没有改革开放初期通过建立合资企业加快产品更新换代和缩小与世界先进水平的差距，没有21世纪通过收购兼并海外企业学习吸收国际上的先进技术，很难能够在较短的时间内了解行业的世界前沿技术和产品，并开发生产部分性能全球领先的独特新产品。同样，如果只有技术引进而不重视技术吸收和自主创新，不加强自主研发体系建设，不加快建立基础的创新能力，也不可能形成较强的独特新产品自主开发生产能力。

（二）我国起重机产业创新发展经验

回顾我国起重机产业的创新发展历程可以发现，其成功发展有多个方面的原因和经验。

一是充分利用了我国经济快速发展带来的多层次、多样化的巨大市场需求优势。新中国成立尤其是改革开放之后，我国经济呈现持续加速增长态势，对起重机产品形成了巨大的多层次、多样化需求，使本土品牌起重机企业能够利用产品成本和价格低、贴近市场的优势，先从满足国外企业不太关注的低端市场起步，积累生产和创新能力，再通过技术合作和学习不断提升产品档次，积极向中高端市场攀登，持续增强自主创新能力和国际竞争力。多层次的巨大市场需求为我国起重机产业快速发展提供了他人难以企及的条件，成为强有力的支撑。

二是有效实施了既积极开展国际产业创新合作又强力支持本土企业独立自主发展的政策。历史表明，我国起重机产业发展经历了早期的仿制苏联的产品，到改革开放之后通过建立合资企业学习国外先进技术加速产品更新迭代，再到21世纪我国加入WTO之后收购国外企业和到欧美国家建立研发中心等一系列的国际技术学习合作过程，国际先进技术的引进学习和消化吸收为加速我国起重机产业发展提供了不可或缺的有力支撑。在加强产业创新、国际合作的同时，相关政府部门高度重视并大力支持本土企业独立自主发展，努力做大做强自主品牌。2005年10月25日，徐工集团与美国凯雷投资集团签署协议，拟出售其最优质的全资子公司徐工集团工程机械有限公司85%的股权。该项合作引起了相关各方的高度重视，在商务部等部门的干预下，该项收购于2008年7月被终止。显然，如果徐工集团工程机械有限公司这样的行业骨干企业被外国资本控股掌控，会直接影响我国起重机产业的自主发展。

三是产业特点有力支撑了"以市场换技术"的发展战略的成功实施。从20世纪80年代开始，为引进国外先进技术，加速产品更新换代，缩小与国际先进水平的巨大差距，我国众多产业实施了"以市场换技术"的发展战略，然而汽车等产业出现的结果是市场被国外品牌产品占领，但是本土企业技术创新能力并没有得到本质性的提升。显著不同的是，我国起重机产业"以市场换技术"较为成功，这既由于起重机产业骨干企业的努力，也与起重机产业的特点密切相关。起重机产业属于典型的工程机械产业和装备制造业，具有多品种、小批量、定制化、服务化等显著特征。同时，起重机的主要用户是各种工程施工单位而不是广大的消费者，本土企业通过引进技术生产质量过得去的产品，再利用产品成本和价格低的优势，就可以保障企业能赢得一定的市场，既实现了"以市场换技术"，又提升了本土企业的创新能力。

四是一批骨干企业发挥了重要的引领带动作用。理论与实践均表明，企业是产业技术创新的主体，企业家是产业创新的灵魂。对于任何一个国家和地区特色优势产业的发展而言，核心力量是企业和企业家。从新中国成立到改革开放，从20世纪到21世纪，我国起重机产业快速发展，与徐工集团、三一重工、中联重科等行业骨干企业积极发挥引领和带动作用密不可分。在起重机产业发展过程中，徐工集团不仅在整机产品创新中发挥核心作用，开发生产出了多个独领风骚的"世界第一吊"产品，还在关键零部件的核心技术突破上有较大的作为，如徐工液压早在2000年就制定了零部件国产化提升和专有化研发策略，支撑主机产品取得高精度、高性能的技术领先地位，目前其产品覆

盖油缸、阀、软硬管等，2020年实现销售收入28亿元。还是因为徐工，徐州集聚了一批起重机产业的上下游配套企业，让徐州成为国内最大的工程机械租赁、物流和配件基地，还吸引卡特彼勒、利勃海尔、罗特艾德等数十家外商独资、合资工程机械企业密集落户。

三　我国起重机产业高质量发展的挑战

虽然我国起重机产业发展取得了骄人的成绩，但是与国际最先进水平相比仍然存在显著的差距，面临诸多挑战。

第一，整机产品与国际领先水平相比仍然有显著差距，高档产品开发生产能力明显不足。一是产品的可靠性、耐久性存在显著差距，国产产品平均无故障间隔时间和平均寿命一般是国际领先水平的一半。二是产品在绿色化、宜人化方面差距明显，绝大多数产品的排放和噪声不能满足欧美高端市场严格的控制标准。三是产品在智能化方面存在显著差距，国际领先厂商研究无人操控技术较早，目前已经有成熟的无人操控产品，而我国这方面的技术研究才刚刚起步。由此，虽然近年来我国起重机产品出口快速增长，但国产品牌产品出口的主要目的地仍是"一带一路"共建国家尤其是东南亚地区[5]，很难进入欧美国家的高端市场。

第二，关键零部件自主供给能力不足的问题较为突出，直接制约了产业的高质量发展。目前国产起重机整机产品开发生产能力较强，但是高端液压、传动与控制等关键

零部件核心技术与国外先进水平相比，使用寿命短等问题仍然突出，严重依赖国外品牌供应商，成为"卡脖子"的关键核心技术。据测算，我国液压元器件等关键零部件的进口成本长期占制造总成本的40%以上，挖掘机配套液压件进口产品可以吃掉约70%的利润，这也诠释了工程机械行业"得零部件者得天下"这句流行语的内涵[6]。由于进口关键零部件采购成本高，大大压缩了我国起重机产业整机产品的利润空间，也在很大程度上制约了起重机产业的高质量发展。

第三，产业国际竞争力主要来源于低成本，价格战时有发生，制约了企业的创新发展。尽管我国起重机产业已经具备了较强的国际竞争力，但是其竞争优势主要来源于低成本和低价格。美国、德国、日本等国家采购我国的起重机整机产品和零部件，不是因为它们不能生产，而是由于我国产品的性能达到要求且价格明显更低。反观我国，由于关键零部件不能完全自主供给，因此，在起重机产业发展中，欧美国家可以不要我们的产品，但是我们离不开它们，欧美国家企业在起重机产业国际竞争中具有更强的话语权和控制力。这样，我国企业为了维持市场竞争力，需要不断降低成本和实施低价格竞争战略，由此经常引发行业内的价格战。价格战使得企业深受其害，同时又沉溺其中不能自拔，处于进退维谷的尴尬处境[7]。这严重制约了企业利润的积累、创新能力的提升和产品品质的改进，使得我国起重机企业很难由低价格竞争战略转变为依靠优质高档产品实施差异化竞争战略，并

落入"中低档产品和品牌陷阱"而难以实现转型发展。

第四，产业链、供应链整合能力明显不足，上下游企业合作创新明显不够。众多案例表明，产业链、供应链上下游企业合作创新已经成为当今企业和产业国际竞争力的重要来源。在智能手机行业，苹果公司具有极其强大的产业链、供应链纵向整合能力与上下游企业合作创新能力，能凭借规模和技术等优势带动配套厂商的创新能力、产品质量和品牌影响力显著提升，助推其形成长期持续的竞争优势。这使得配套企业心甘情愿与其合作创新，有的零部件供应商即使短期亏损也不愿意舍弃与苹果公司的关系[8]。苹果公司形成了强大的产业链、供应链黏性和操控性，也助推苹果公司在技术和产品等多个方面形成强大的产业创新力和引领力，牢牢占据了行业的制高点，具备其他智能手机厂商很难企及的优势。目前我国起重机产业龙头骨干企业的产业链、供应链整合能力明显不强，上下游企业高水平的合作创新仍然难见，这制约了产业整体创新能力的提升和关键零部件核心技术的突破。

第五，原创性、引领性创新能力缺乏，产业发展的国际引领能力迫切需要提升。当前借助于我国大规模工程建设带来的巨大市场需求优势，对于欧美国家和我国企业都能生产的同一代产品，我国起重机产业的骨干企业已经能开发生产部分性能指标实现超越的产品，如徐工集团成功开发生产出了被称为"全球第一吊"的4 000吨级大型履带起重机、2 000吨级大型全地面起重机。然而，我国起重机企业的原创性、引领性创新能力仍然缺乏，还未能开发颠覆性新产品和全新产品[9]，产业发展的国际引领能力明显不足。极少有企业能够超前洞察行业未来的发展方向，能够准确预测下一代，甚至后两代可能会占据行业主导地位的技术和产品。我国企业仍然通过跟踪美国的卡特彼勒、德国的利勃海尔、日本的小松等国际著名同行企业的发展战略来确定自己的发展方向，而不是国际上的同行企业参考我国企业的发展方向来决定自己的发展战略。这是当前我国起重机产业与欧美发达国家相比存在的最根本和最核心的差距。由于缺乏原创性、引领性创新能力和行业发展引领能力，只能跟随他人前进的足迹发展，很难开发超越他人和制约他人发展的新产品，产业发展很容易受制于他人，难以在行业内完全依靠产品性能和质量赢得显著的竞争优势。

四 我国起重机产业创新与高质量发展的总体思路与对策建议

当前我国起重机产业已经成为国际上体系最为完整、规模最大的产业。这种情况下，根据后发国家创新驱动制造业高质量发展理论[10]，未来我国起重机产业发展的核心任务是增强产业创新能力，加快实现高质量发展。为此，必须既在现有整机和关键零部件核心技术上形成更多的突破，又要着力开发颠覆性产品，使我国起重机产业尽快实现由主要生产中低端产品向主要生产中高端产品转变，由跟随模仿发展向原创引领发展转变。围绕上述总体思路，建议相关政府部门积极采取如下举措支持起重机产业进一步创新发展和高质量发展。

一是积极支持起重机产业的整机与零部件企业协同创新发展，构建良好的产业创新生态。德国、日本等国家的产业创新发展经验表明，一个国家和地区的某些产业能形成强大的国际竞争力，既需要发挥整机企业的牵引带动作用，也需要零部件企业的强有力配套支持，还需要产业链、供应链上下游企业之间形成紧密合作关系，由行业龙头企业或整机企业提出创新需求，由众多零部件配套企业通过市场竞争配套参与，合力推进重大新产品开发，构建上下游和大中小企业均衡协调发展的格局。建议相关政府部门支持起重机产业的发展，既要支持产业龙头和大企业，也要切实支持中小企业，既要支持整机企业，也要支持零部件配套企业，从而构建良好的产业创新生态。

二是引导支持起重机产业的整机和关键零部件生产企业由主要实施低价格战略向主要实施差异化策略转变。长期以来，我国起重机产业在国内外市场的竞争力主要来源于低成本低价格，以低价格不断抢占国内和国外的中低端市场，这对产业的形成和规模扩大发挥了很重要的作用。然而，随着人力等要素价格的持续提升，我国起重机产业的低价格优势难以为继，特别是如此的发展路径很难实现产业的高质量发展，这一问题促进了起重机产业的广大企业加快发展战略转变，更多地依靠创新提升产品性能、质量和独创性等来赢得竞争优势，成为今后我国起重机产业发展的必然选择。建议相关政府部门支持起重机产业的发展，进一步强化企业的科技创新主体地位，引导促进广大企业由主要实施低价格战略向主要实施差异化策略转变。

三是强力支持起重机产品进军国际高端市场，以国际上最挑剔和最先进的用户需求带动高端产品开发和创新。起重机行业是一个相对传统和较少有突破性创新的领域，产业技术创新的核心是深入挖掘用户的需求，提出最佳的技术解决方案，开发最合适的产品。这样，我国起重机产业发展不能只是针对国内的需要，也不能只是满足"一带一路"国家的需求，而应以更大的力度进军欧美国家的高端市场，直面国际上最挑剔和最先进的用户需求，带动高端产品创新，提升产业在国际高端市场的竞争力。建议相关政府部门制定专门政策，对我国进入国际起重机高端市场的产品予以税收优惠、财政补贴等方面的支持。

四是支持行业骨干企业牵头组建创新联合体，提升产业链、供应链的纵向整合能力。起重机产业是已经进入成熟期的装备制造业。按照产业发展规律，这类产业的主要高利润点在关键零部件，可以说是"得零部件者得天下"。我国起重机产业的关键核心技术"卡脖子"，零部件是其重灾区，也是美、日、德等国家企业牢牢掌控的部分。按照行业资深专家的看法，关键零部件"卡脖子"不是卡在我国企业生产不出来，而是研发生产出来之后缺乏用户，即关键零部件"卡脖子"是卡在用上。为此，建议相关政府部

门大力支持行业龙头骨干企业牵头组建创新联合体，加快产业链上下游企业联动，形成整机企业引领、核心配套企业支撑、专业化平台服务的创新体系，实现关键零部件关键核心技术突破与整机产品创新协同推进，实现研发、生产和使用的一体化推进。

五是支持到国外收购兼并起重机产业的隐形冠军企业。我国起重机产业的发展历程表明，封闭必然落后，对外开放和加强国际科技合作是加快产业高质量发展的必然要求。当前世界经济发展面临诸多不确定性，工程机械市场增长渐趋平稳，随着我国中高端起重机市场逐步趋向国产替代，欧美发达国家的部分企业发展会面临较大困难，会有一些零部件生产隐形冠军企业面临破产。建议相关政府部门主动引导我国的相关企业利用起重机产业发展的新形势，及时了解相关信息，采用非控股并购、合资企业、海外公司独立运作等灵活的方式规避国外政府的管制，收购兼并欧美国家起重机产业的隐形冠军企业，支持我国起重机产业高质量发展。

六是大力提升工程师和高技能人才的社会地位，使大批技术人才能够心无旁骛地长期坚持在起重机产业的技术创新上。德国、日本、美国等国家的经验表明，起重机产业要能够生产在国际高端市场具有很强竞争力的优质高档产品，需要有一批具有诚实守信、爱岗敬业和精益求精精神的工程师和高技能人才愿意长期在起重机产业认真踏实地工作。然而，目前我国起重机产业的骨干技术人才流动快、流失多、

稳定性差等问题相当突出，极其不利于产业的高质量发展。建议相关政府部门积极借鉴德国等国家的经验，均衡不同领域人员的社会地位和收入水平，让工程师和优秀高技能人才在起重机产业有良好的工作机会与发展前景，使大批技术人才能够心无旁骛地长期坚持在起重机生产企业工作。

五 结语

加快产业尤其是制造业高质量发展是我国经济发展的核心任务。本文系统分析了我国起重机产业从无到有、从小到大的创新发展历程，辨析了实现产业高质量发展的主要挑战和对策建议。本文的研究结果表明，后发国家不同类型制造业的转型升级和高质量发展路径很可能不同，既有从原始设备生产商（OEM）到原始设计制造商（ODM）再到原始品牌制造商（OBM）的转型升级路径[11]，也有跟随追赶、跨越追赶和创造追赶的转型升级路径[12]，还有本文发现的从仿制生产，到替代生产和自主生产，再到创新生产的转型升级路径，制造业高质量发展路径较为多样。为此，后发国家应该充分考虑不同类型制造业的特点，选择不同的产业高质量发展实现路径。在本文研究基础上还有多方面的问题，如不同类型制造业为什么会有不同的转型升级和高质量发展路径？如何根据不同类型制造业的特点选择合适的转型升级和高质量发展路径？制造业转型升级和高质量发展需要的政策、制度和文化环境是什么？都有待深入研究。◆

【参考文献】

［1］刘戴娟.2022中国工程机械行业十大新闻揭晓［J］.今日工程机械,2023（1）:42-45.

［2］阿特拜克.动态创新:技术变革与竞争优势［M］.焦典,峨嵋,译.北京:中国广播影视出版社,2022.

［3］王刚.荣登榜首:中国起重机不应遗忘的历史时刻［J］.建设机械技术与管理,2021（6）:34-40.

［4］陆芳.江苏先进制造业企业自主创新路径研究［J］.今日财富（中国知识产权）,2021（12）:20-25.

［5］陈红霞,井然.中国工程机械全域竞跑　国际化布局步入收获期［EB/OL］.（2022-02-03）［2023-02-15］.https://baijiahao.baidu.com/s?id=1725549944889113732&wfr=spider&for=pc.

［6］孟醒.徐工液压:厚植核心零部件"智造"根基［J］.中国工业和信息化,2021（12）:62-68.

［7］蒋文强.价格战背后的逻辑及其深远影响［J］.今日工程机械,2023（1）:36-40.

［8］杨国庆.国产手机的超"神"之旅［J］.企业管理,2018（2）:48-50.

［9］仲伟俊,梅姝娥,浦正宁.关键核心技术及其攻关策略研究:基于产业链供应链安全稳定视角［J］.系统管理学报,2022,31（6）:1162-1168.

［10］仲伟俊,梅姝娥.创新驱动后发国家制造业高质量发展路径研究:基于产品视角［J］.科技与经济,2021,34（2）:21-25.

［11］Hobday M. East Asian latecomer firms: learning the technology of electronics［J］. World Development, 1995, 23(7): 1171-1193.

［12］Lee K. Schumpeterian analysis of economic catch-up: knowledge, path-creation, and the middle-income trap［M］. Cambridge: Cambridge University Press, 2013.

能源转型下的产业机遇

尹海涛　廖美玲

摘要

实现"碳达峰"和"碳中和"是一场广泛而深刻的经济社会系统性变革。在面对气候安全、资源约束、环境问题的挑战下，中国坚持走可持续发展道路，努力推动能源低碳转型。能源的低碳转型为众多产业的发展提供了重要的机遇。本文介绍了能源行业发展的时代逻辑，光伏和风力发电等低碳能源，以电化学储能和氢储能为代表的新型储能系统，以能源数字化和系统优化为基础的虚拟电厂等。另外非常重要但本文没有广泛涉及的产业机遇包括：建筑和生产的低碳节能改造，生产和生活设备的电力化。

关键词

能源转型；低碳转型；能源数字化；"碳达峰"；"碳中和"

【作者简介】

尹海涛　上海交通大学安泰经济与管理学院副院长、教授、博士生导师，上海交通大学行业研究院新能源发电和储能行研团队负责人。研究方向为环境经济与政策、能源经济与政策。

廖美玲　上海交通大学安泰经济与管理学院应用经济学专业硕士。研究方向为环境经济学。

2020年9月22日，在第75届联合国大会一般性辩论中，国家主席习近平郑重宣布，中国二氧化碳排放力争于2030年前达峰，努力争取2060年前实现碳中和。[1]在我国，能源系统是主要的碳排放来源，能源燃烧占全部二氧化碳排放的88%，其中，煤炭占能源消费总量的56%，电力行业排放占能源行业排放的41%，[2]这意味着实现"双碳"目标关键在于能源转型，能源是主战场，电力行业的能源转型是关键。

2021年习近平总书记在中央财经委员会第九次会议上首次提出构建以新能源为主体的新型电力系统。[3]新型电力系统具备安全高效、清洁低碳、柔性灵活、智慧融合四大重要特征，安全高效是基本前提，清洁低碳是核心目标，柔性灵活是重要支撑，智慧融合是基础保障，共同构建了新型电力系统的"四位一体"框架体系。新型电力系统是新型能源体系的重要组成部分和实现"双碳"目标的关键载体，向低碳能源和新型电力系统的过渡，必然会引起现有经济活动和产业结构的重塑。党的二十大指出，实现"碳达峰"和"碳中和"是一场广泛而深刻的经济社会系统性变革。本文在这一背景下，探究能源转型所带来的产业机遇。

一 为什么要向新能源转型

向低碳能源转型，是维护中国气候安全和能源安全的内在要求。认识到这一点至关重要，因为如果低碳能源转型的动因，只是来自国际社会的外部压力，那么作为产业发展和商业活动主要参与者的企业，有理由保持观望，而不是马上采取果敢的行动。

（一）低碳能源转型是维护中国气候安全的内在要求

工业革命以来，化石燃料的使用推动了人类社会的进步，带来了生产力极大的提高和发展，但与经济繁荣相随的是日益严重的环境污染和全球性变暖。人类使用煤炭等化石燃料200多年以来，已累计产生2.2万亿吨CO_2，并且近半个多世纪来，CO_2的浓度呈现快速上涨的趋势。据统计，在第一次工业革命之前，全球大气中CO_2浓度低于280 ppm。2015年CO_2浓度突破400 ppm，2023年4月大气中的CO_2浓度已经达到421 ppm。过去70年，大气中CO_2浓度的增长率是末次冰期结束时的100倍左右，1960年末期大气中CO_2浓度年均增速为0.7×10^{-6} ppm，2005—2019年间CO_2浓度年均增速达到2×10^{-6} ppm[4]。

联合国政府间气候变化专门委员会（IPCC）多次发布报告，基本确认人类大量排放温室气体是造成全球气候变暖的主要因素。根据世界气象组织发布的《2022年全球气候状况》报告，2022年全球平均气温比工业化前（1850—1900年）平均气温高出约1.15 ℃。科学家预测，如果按照这样的速度，到2050年全球气温大概率可以增长1.5 ℃，到21世纪末增长2 ℃，甚至更多[5]。此外，最新评估数据显示，2021年海洋热量也达到了破纪录的水平，过去20年，海洋的升温速度尤其快[6]。这将会带来两极冰川的融化、海平面的上升、恶劣的气候，对人类生活和生态环境造成严重、广泛且不可逆转的影响。

全球变暖带来海平面的上升，2022年海平面高度再创新高。自1993年有卫星监测以来，海平面上升速率翻了一番，仅在过去两年半的时间内，海平面上升幅度就达到近30年上升幅度的10%。[6]按照IPCC的气候模拟模型，格陵兰冰原正在加速融化，如果超过一个特定的临界值，在未来几千年里，海平面可能还会上升7米。模型表明，格陵兰冰原可能在1.5 ℃的升温下全部融化，这最早可能在2030年发生。[7]2022年欧洲阿尔卑斯山冰川消融异常严重。初步估算，当前冰川融化程度已打破历史纪录，整个阿尔卑斯山的平均冰厚度损失在3米至4米之间；格陵兰冰盖连续第26年出现质量损失，9月份首次出现降雨，而非降雪。[6]

此外，全球变暖还导致气候发生变化，恶劣的极端天气频发。2022年，全球气象灾害多发、频发，主要表现为北半球夏季高温干旱及全球区域性暴雨洪涝灾害，欧洲、中国、美国、日本、巴基斯坦和印度等地遭遇创纪录的高温热浪。在亚洲地区，2022年4月下旬至5月上旬，印度和巴基斯坦遭遇异常高温，多地创下新的最高温度纪录。6月，日本经历了自1875年有记录以来最严重的连续高温天气。6月13日至8月30日，中国中东部地区出现了大范围持续高温天气过程。此次高温事件持续79天，为1961年以来中国持续时间最长的区域性高温过程，干旱影响遍及川渝至长江中下游地区，其强度、最大范围、单日最大强度和范围,以及重旱、特旱站数比例等指标均为历史第一强(多)。2022年,美国西部70%的地区遭受到1 200年以来最严重的一次干旱,欧洲近2/3的区域经历了500年以来最严重的干旱。[6]2023年3月以来,我国出现大面积的沙尘天气,影响20多个省份,面积超过485万平方公里。[8]

气候的异常、地球的升温是大自然给人类敲响的警钟,会给全世界带来灾难。在世界主要经济体中,中国所受到的威胁尤为突出。根据联合国发布的报告《灾害的代价2000—2019》,从2010到2019年,中国共发生577起气候灾害事件,居全球首位[9](见图1)。并且更令人关切的是,中国人口最稠密、最富饶地区处于东部和南部沿海,这些地区恰恰是受各种气候灾害影响最大的地区。也就是说,如果全球变暖是正在发生的事实,中国尤其需要采取切实的行动,减缓全球变暖,这是维护中国气候安全的内在要求。

(二)低碳能源转型是维护中国能源安全的内在要求

中国是一个能源消费大国。从能源消费总量上来看,2021年我国能源消费总量居世界第一,占比超过全球总量的1/4[10]。从能源消费结构来看,我国仍以化石能源消费为主,能源消费中仍有一半以上的来源是煤炭,2021年煤炭消费占比为56%,远高于全球能源消费结构中的煤炭占比(27%),石油和天然气占能源总消费的比值分别为18.5%和8.9%。2013—2021年中国的能源消费结构如图2所示。

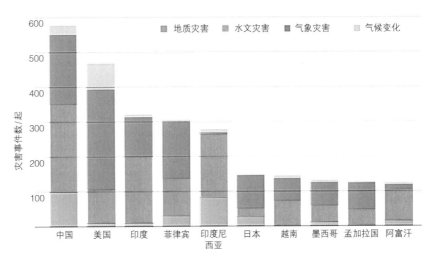

图1　受自然灾害影响最重的国家(2010—2019年)
(资料来源:联合国于2020年发布的报告《灾害的代价2000—2019》)

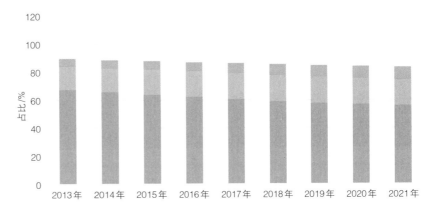

一次电力及其他能源占能源消费总量的比重

■　天然气占能源消费总量的比重

■　石油占能源消费总量的比重

■　煤炭占能源消费总量的比重

图2　2013—2021年中国能源消费结构
(数据来源:国家统计局)

注:一次电力指的是一次能源,如核电、水电、风电及太阳能发电所发出的电力。

从能源生产的角度看,我国是一个"富煤、缺油、少气"的国家,石油和天然气资源一直都高度依赖进口,2022年我国原油的对外依存度为71.2%,天然气的对外依存度为40.5%。[11]据《中国矿产资源报告2022》数据,截至2021年年底,中国石油、天然气的剩余技术可采储量分别为36.89×10^8吨和6.34×10^{12}立方米,仅占全球总量的2%和1%,人均占有量仅为世界平均水平的17%及7%。2022年地缘政治冲突加剧,带来了国际油价和大宗产品价格的持续大幅攀升,海外油气的供应安全风险居高不下,这给能源安全带来了挑战。

习近平总书记在视察胜利油田的时候指出，"能源的饭碗必须端在自己手里"[12]。那么怎么实现这一目标呢？从目前来看，我们不能再依赖石油和天然气的进口；煤炭使用有碳排放的问题；水力发电的潜力有限，而且在气候变化的未来，有很大的不确定性；核能的利用有"邻避效应"的问题。因此，商业上可行、技术上可行的低碳能源转型道路，就是依赖以光伏和风力为主的新能源。

二 中国向新能源转型的目标和主要挑战

（一）中国新能源发展的目标

根据国际能源署（IEA）2021年发布的报告《中国能源体系碳中和路线图》，中国要实现2060年碳中和的目标，客观上要求到2060年，可再生能源（包括了水电）的发电比例要达到80%，而在2020年，这一比例只有30%，如图3所示。这注定是一场伟大的变革。

为了实现这一目标，我国提出了具体的行动方案。2020年12月，

国家主席习近平在气候雄心峰会上提出，到2030年，非化石能源占一次能源消费比重将达到25%左右，风电、太阳能发电总装机容量达到12亿千瓦以上等任务。[13]2022年，中国的可再生能源新增装机1.52亿千瓦，占全国新增发电装机的76.2%，已成为我国电力新增装机的主体。2022年，我国风电、光伏发电量突破1万亿千瓦时，达到1.19万亿千瓦时，2022年全国风电、光伏发电的发电量占全社会用电量的13.8%，同比提高2个百分点，接近全国城乡居民生活用电量，新能源发电对全国电力供应的贡献不断提升。[14]

2023年4月12日，国家能源局发布的《2023年能源工作指导意见》指出，2023年的重点工作包含推动"风电、光伏发电量占全社会用电量的比重达到15.3%，2023年非化石能源发电装机占比提高到51.9%"。截至2022年年底，全国全口径发电装机容量25.6亿千瓦，其中，非化石能源发电装机容量12.7亿千瓦，约占总发电装机的49.6%。这意味着，2023年全国非化石能源

发电装机占比将首次超过50%[15]。

（二）中国向新能源转型的主要挑战

中国向新能源转型的主要挑战是什么？十几年之前，成本是个问题。但是在今天，风力和光伏发电的成本已经降得很低。2021年6月，国家电投在四川甘孜州正斗一期200兆瓦光伏项目上报出0.147 6元/千瓦时的最低价，创下中国光伏电站项目最低价纪录。这个价格已经远远低于火力发电的价格。那么，在今天，以光伏和风力为主的新能源发展的主要挑战是什么？

他山之石，可以攻玉。我们看看德国的经验。德国的新能源发展目标为2025年将可再生能源发电量占比提高到40%～45%，在2050年提高到80%，在实现能源安全、环境保护的前提下，保证充足的能源供应。根据国际能源署的统计数据，2018年德国可再生能源发电总量占比为28%，虽然远高于中国同期水平，但是相较于2025年的目标仍相距甚远。

需要注意的是，在德国新能源发展规划中，特别强调光伏发电的发展。光伏发电在2011年之后，虽然有长足的增长，但如图4所示，从2014年开始，几乎陷入停滞的状态，直到2018年，这种停滞不前的状况才有所改变。

那这背后的主要原因是什么呢？图5给出了说明。图5展示了德国传统能源发电行业面临的需求曲线。在图5中，虚线表示在没有新能源发电上网的情况下，传统的火力发电厂所面临的电力需求；黑线表示除去当前光伏发电量之外，

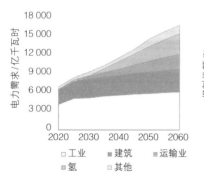
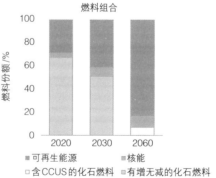

图3　按行业划分的中国电力需求和按燃料划分的发电量
（资料来源：国际能源署2021报告《中国能源体系碳中和路线图》）
注：CCUS=碳捕获、利用和储存。

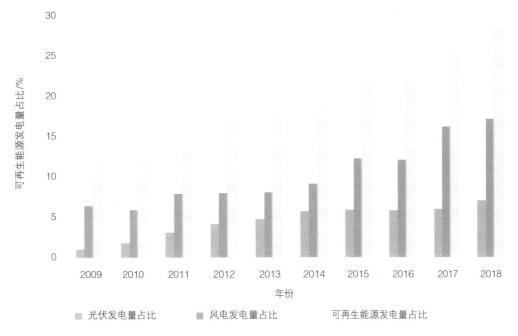

图4 德国新能源发电占比（2009—2018年）
（资料来源：国际能源署2021报告《中国能源体系碳中和路线图》）

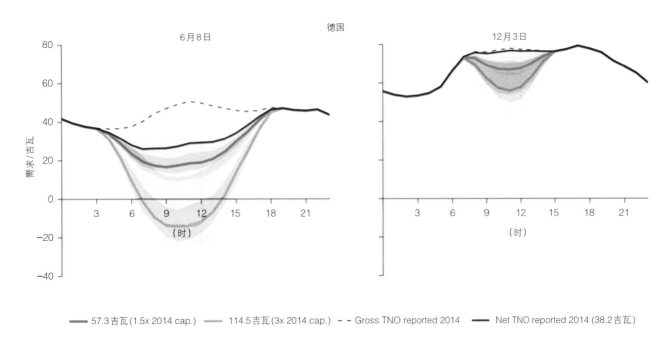

图5 2014年德国传统能源发电行业面临的需求曲线

传统能源所需提供的电力；深蓝线和浅蓝线表示在现有发电能力的基础上，光伏发电提升50%和200%之后，传统能源发电行业所面临的电力需求。可以看到，在存在光伏发电的情形下，由于午间光照强烈，而早晚较为缺乏，因而传统能源需要在早晚保持高负荷运转，以弥补可再生能源不足而导致的电力缺口。在午间时分，电厂需要迅速削减，甚至直接切断传统能源的供给，从而保证电网的稳定性。但是机组频繁开关将会造成较大规模的经济开支和环境污染（火电厂在低工况运行的情况下，度电煤耗会大幅增加，而且会有因为燃烧不充分带来的高排放问题），并且给电网的正常运转埋下隐患。因此，虽然光伏发电的度电成本降低,但是度电成本的计算并没有考虑到新能源电力消纳而给传统火电厂和电网造成的系统成本。由上述分析可见,关于电网消纳新能源电力的能力,现阶段限制因素主要有两个方面:风能和光能的强度难以预测,带来供给侧的不确定性;风电和光电的间歇性,要求电网系统能够灵活调度,从而保持电网供给和需求的平衡。这是当前新能源发电大范围推广应用的主要障碍。

从产品特征上看,这个障碍产生的主要原因是电力无法储存,如果能够储存,就能把可再生能源所发电力储存起来进行跨期调配。例如,用午间过剩的电力弥补早晚供求差异,即可减免电厂大规模的经济支出,在降低化石能源消耗的情况下,增强电网的稳定性。这也是2017年来德国致力于大规模部署家庭储能系统的原因。截至2017年年底,德国已部署15万个家庭储能系统,储能容量约为1吉瓦时,而在欧洲范围内,将近50%的住宅用户安装了电池储能系统,实现了电力在每个住户单元中的自发自用,极大地保证了电力供应的稳定性[16]。德国致力于大规模部署家庭储能系统,其部署成本也随着技术进步和时间推移而大幅下降。

三　储能的发展

从前面两节的分析看出,碳中和目标的实现,客观上会引发光伏和风力发电等新能源行业的爆炸式增长,而光伏和风力发电装机容量的提升,在客观上又要求储能产业的发展。储能是指通过介质或设备把能量存储起来,在需要时再释放的过程。国家发展改革委、国家能源局等五部门联合发布的《关于促进储能技术与产业发展的指导意见》中指出,储能是智能电网、可再生能源高占比能源系统、"互联网+"智慧能源的重要组成部分和关键支撑技术。大力发展储能是提高可再生能源利用率,实现"双碳"目标的必选项。根据2021年国家发展改革委、国家能源局联合发布的《关于加快推动新型储能发展的指导意见》中提出的目标,我国到2025年,要实现新型储能从商业化初期向规模化发展转变,新型储能市场装机规模超30吉瓦。到2030年,实现新型储能全面市场化发展。

在中国,主要的储能方式是抽水蓄能和新型储能两种,如图6所示。抽水蓄能是当前技术最成熟、经济性最优的储能技术,适合规模化开发建设。新型储能是指除抽水蓄能外,以电力为主要输出形式的各类储能技术,主要包括电化学储能、热(冷)储能、压缩空气储能、飞轮储能和氢(氨)储能,不同新型储能技术内在特性不尽相同,各有其优缺点和适用场景。

目前电化学储能和氢(氨)储能是当前新型储能发展的主要部分。根据中关村储能产业技术联盟(CNESA)发布的《储能产业研究白皮书2023》,截至2022年年底,中国已投运电力储能项目累计装机规模59.8吉瓦,占全球市场总规模的25%,年增长率为38%。抽水蓄能累计装机占比首次低于80%,与2021年同期相比下降8.3%。新型储能高速发展,累计装机规模首次突破10吉瓦,达到13.1吉瓦/27.1吉瓦时,功率规模年增长率达128%,能量规模年增长率达141%。[17]储能除了应用在电力部门之外,还可以应用在交通运输领域,引发交通运输领域的变革。下面我们分别从交通运输领域和电力领域,分析储能产业的发展趋势。

(一) 交通运输领域

要实现"碳达峰、碳中和"的目标,中国公路交通在未来实现低碳化是必经之路。电化学储能运用到汽车领域,就是电动汽车;氢储能运用到汽车领域,就是氢燃料电池汽车。那么,如日中天的电动汽车和快速崛起的氢燃料电池汽车,谁能

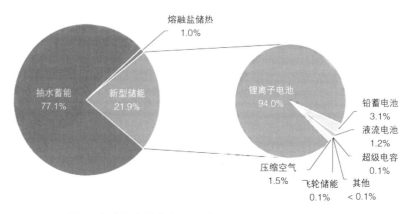

图6　中国电力储能市场累计装机规模(2000—2022年)
(资料来源:中关村储能产业联盟,《储能产业研究白皮书2022》)

担负中国未来低碳交通的重任？作者在前期的研究中，从新能源汽车的环保性能（排放情况）、技术性能（动力与能量转换）、经济成本、相关政策方面，全面剖析了电动汽车和氢燃料电池汽车的优劣性。这里只做提纲挈领的梳理（有兴趣的读者，可参考尹海涛等著《氢能发展的商业视角：不确定性中的确定性》）。

1. 环保表现

发展新能源汽车最大的推动力，来自低碳和清洁交通的内在需要。电动汽车是否更环保，这个问题在10年之内难有定论。早在2010年，清华大学一个研究团队就指出[18]，在当前中国的能源结构下，电动汽车造成的碳排放，与燃油汽车相比，差别不大；但是在二氧化硫和氮化物方面的排放，要数倍于燃油汽车。所以电动汽车是否环保，本质上取决于电池中电能的来源。只有从根本上改变中国发电行业的能源结构，才能真正实现电动汽车的环保。根据2020年中国发电能源结构和电动汽车的主流性能，我们计算了纯电动乘用车百公里的碳排放量为13.2千克，具体假设和参考数据如表1所示。

氢燃料电池汽车的优点在于氢气作为能量来源在使用端是完全清洁的，因为氢气的反应产物是水，不会产生任何污染物的排放。并且，氢燃料电池的能量转换效率高，理论上可达100%。但从氢车的全生命周期来看，虽然氢气作为燃料在使用端可以实现零排放，但是在氢气的制备过程中消耗一次能源和电能产生的碳排放，以及氢气在运输和加注过程中产生的能量消耗却是不容忽视的。研究表明，储氢方式对能耗和碳排放的影响远小于氢气的生产过程，[20] 故在此以制氢过程中的碳排放来衡量氢车的碳排放。根据公开数据，氢燃料电池乘用车百公里氢耗1千克。如果按照全球氢气生产结构计算，氢燃料电池乘用车每百公里碳排放为12.31千克；如果按照中国氢气生产结构计算，氢燃料电池乘用车每百公里碳排放为16.96千克。[21] 所以，如果单从碳排放的维度上看，电动汽车和氢燃料电池汽车，谁能胜出，取决于未来的技术发展。电动汽车主要取决于风能和光伏发电比例的上升，以及电网消纳新能源电力能力的提高；氢燃料电池汽车则取决于氢制备，尤其是电解水制氢技术能否取得决定性的突破。如果能够利用风能和光伏发电实现氢制备，那氢能的优势就能凸显出来。

如果跳出碳排放，考虑其他的环保表现，氢能源汽车应该有更大的优势，主要表现为两个方面：第一，对电动汽车来说，动力电池的碳排放和污染也是不能忽视的问题。如果没有做好废旧电池的回收，动力电池

表1　一辆纯电动车的碳排放计算

平均百公里耗电量	能源转换效率	远距离输电效率	不同发电方式的碳排放		我国发电量占比（2020年12月）	
			火电	841克/千瓦时	火电	77.60%
			水电	85克/千瓦时	水电	10.50%
16千瓦时	90%	90%	核电	128克/千瓦时	核电	4.85%
			风电	10克/千瓦时	风电	5.62%
			光电	17克/千瓦时	光电	1.43%
	一辆电动汽车的碳排放				13.2千克/百公里	

注：① 百公里耗电量假设来自 AutoLab 数据，2020年中国主要的157款纯电动乘用车的百公里耗电量约为12～20千瓦时，故取均值16千瓦时；② 新能源转换效率90%的假设来自美国能源局2021年电动车数据，同时考虑远距离输电效率约为90%；③ 一辆电动汽车的碳排放为13.2千克/百公里的假设依据在于中电联2018年统计数据与马克·Z.雅各布森（Mark Z. Jacobson）在2019年的研究。根据中电联数据，火电碳排放强度均值达到841克/千瓦时；研究表明[19]，水电碳排放强度均值为85克/千瓦时，核电碳排放强度均值为128克/千瓦时，风电碳排放强度均值为10克/千瓦时，公共事业级光伏碳排放强度均值为17克/千瓦时。根据国家统计局数据，2020年12月我国火电占总发电量的77.60%，水电占总发电量的10.50%，核电占总发电量的4.85%，风电占总发电量的5.62%，太阳能占总发电量的1.43%。

中的电解液等物质流出，会造成氟污染；负极材料里的碳、石墨等会造成粉尘污染；镍、钴、锰、锂等重金属元素会造成土壤污染及水污染。对氢燃料电池汽车来说，目前主流的石墨板氢燃料电池发动机已经可以实现零污染回收改造。第二，从目前来看，电动汽车电池依赖锂、钴、镍等重金属的使用，这些金属的稀缺性导致现有电池技术路线的不可持续。而氢储能较少受到这个因素的影响。

2. 社会安全性

氢燃料电池汽车的安全性是个广受关切的问题。现在的共识是：在封闭空间，氢气的使用有一定的安全隐患，但是在开放空间，即使发生泄漏，因为氢气的逃逸性非常好，所以并不会产生安全隐患。在未来，要进一步提升储氢瓶技术的可靠性。根据中国物理工程研究院的调研，[22] 中国主要采用来自国外 GFI 与 OMB 公司的 35 MPa III 型储氢瓶，70 MPa III 型瓶不太受待见，在国际上更为先进的 IV 型则尚未进入中国市场。燃料电池汽车相关的安全标准尚不齐全，尤其是针对各类氢车整车测试维保方法，不管是商用、乘用，还是特种氢车领域均接近空白，这为氢车的进一步推广增添了许多阻力。工业和信息化部已在 2021 年 3 月 16 日正式发布的《2021 年工业和信息化标准工作要点》中，重点提及要大力开展电动汽车和充换电系统、燃料电池汽车等标准的研究与制定。但标准的制定还较为落后，仍处于追踪产业发展、尚需实时调整的过程中。

电动汽车的安全主要在于动力电池的稳定性。其中，磷酸铁锂电池本身即具有稳定的特点，尤其是比亚迪 2020 年开发的二代刀片电池能够通过锂电池针刺测试；三元锂电池虽然安全性不及磷酸铁锂电池，却也能够满足使用要求。在 2020 全球智慧出行大会上，中国工程院院士孙逢春已经证实，2019 年中国电动汽车起火的概率只有万分之 0.49；2020 年这一概率进一步下降到万分之 0.26，是同期燃油汽车自燃率的 1/4。[23] 安全标准则日趋完善，同样在《2021 年工业和信息化标准工作要点》中，电动汽车的安全标准制定是其重中之重，标准数量达到燃料电池汽车的 3 倍以上，且对各类车辆应用都已经有较为详细的规定。但是值得注意的是，电动汽车的爆发式发展是近 2 年的事情，也就是说，现有的电动汽车还非常新。在未来，随着电池的老化，安全性可能会成为一个很大的挑战。所以要强化电池健康监测技术和网络的发展。

综合上面的分析，我们认为氢燃料电池汽车和电动汽车各有优缺点，完全不必纠结于谁能胜出。在不同的应用场景，可以采用不同的技术：在重卡领域，氢燃料电池汽车有很大的优势；在乘用车，尤其是二三线城市，电动汽车是个不错的选择；甚至传统的内燃机车，也并不一定非得退出市场。欧盟议会通过法案，2035 年之后禁售新燃油车。值得指出的是，禁售的是燃油车，不是内燃机车，如果内燃机车使用的是可再生燃料，如甲醇，完全是可以的。未来在交通领域，应该是个百花齐放的局面。

（二）在生产和生活领域的应用

1. 储能在电力系统的应用

如前所述，随着新能源的快速发展，新型储能在电力系统中的作用逐渐显现：通过调峰平抑新能源电力间歇性，减少弃风和弃光的现象。从整个电力系统的角度看，储能的应用场景可分为发电侧储能、输配电侧储能和用电侧储能三大场景。其中，发电侧对储能的需求场景类型较多，包括一次调频、减少弃电、平滑波动等；输配电侧储能主要用于缓解电网阻塞、调频辅助服务、削峰填谷等；用电侧储能主要用于节省扩容费用、峰谷电价套利、电力自发自用、峰谷价差套利等。

在发电侧，储能主要有两种情形：集中式新能源并网和电源侧调频。集中式新能源并网，主要解决的问题是调整新能源生产的峰谷，平滑新能源的供给曲线。当前，配置储能已然成为开发新能源发电项目的标配，如表 2 所示，截至 2022 年年底，24 个省区市明确了"十四五"新型储能规模总计 64.85 吉瓦的建设目标。

电化学储能电站累计装机主要分布在电源侧，截至 2022 年年底，电源侧储能总能量达 6.80 吉瓦时，占比 48.40%，同比增长 131.81%，2022 年新增 3.87 吉瓦时，占比 49.24%。电源侧储能以新能源配储为主，累计投运 5.50 吉瓦时，占比 80.80%，2022 年新增 3.30 吉瓦时，占比 85.29%。[24]

储能应用在电力系统用户侧，主要用于电力自发自用、峰谷价差套利、节省扩容费用和需求侧响应等多方面，使多方从中获益。对于光伏工商业用户，电力自发自用带来经济效益；对于家庭用户，通过安装光伏和储能，能够实现在电力自发自用的情况下，将多发的电销售给电网以获益;对于非光伏工商业企业,运用储能可以实现峰谷价差套利。国家发展改革委、国家能源局在《关于实施农村电网巩固提升工程的指导意见》中明确提出,到2050年,农村地区分布式可再生能源装机规模显著提升,消纳率保持在合理水平。在储能和分布式能源相结合下,将进一步增大分布式能源的消纳率,保障农村及偏远地区的用电供应。截至2022年年底,用户侧储能总能量约1.81吉瓦时,同比增长49.00%,占累计总装机规模的12.88%,2022年新增0.60吉瓦时,占新增装机规模的7.63%。用户侧储能以工商业配置储能为主,累计投运0.76吉瓦时,占比41.84%,2022年新增0.39吉瓦时,占比65.55%。[25]

表2　部分省区市新能源项目储能配置要求

省区市	新型储能装机目标	储能配置比例和时长
青海省	600万千瓦	10%,2小时
甘肃省	600万千瓦	5%～20%,2小时
河南省	220万千瓦	10%,2小时
河北省	400万千瓦	10%
广东省	200万千瓦	广东肇庆10%
内蒙古自治区	500万千瓦	15%,2～4小时
浙江省	300万千瓦	浙江永康、诸暨10%
安徽省	300万千瓦	不低于5%,2小时
广西壮族自治区	200万千瓦	5%～10%,2小时
山东省	500万千瓦	10%,2小时
湖南省	200万千瓦	10%～20%,2小时
江苏省	260万千瓦	长江以南8%及以上,长江以北10%及以上,2小时
辽宁省	100万千瓦	15%,3小时
福建省	\	试点项目不低于10%,其他不低于15%,2～4小时
宁夏回族自治区	\	10%,2小时
山西省	600万千瓦	10%～15%
吉林省	25万千瓦	10%,2小时
黑龙江省	\	首个项目10%,2小时
江西省	100万千瓦	15%,1小时
海南省	\	10%
陕西省	\	10%～20%
天津市	50万千瓦	

数据来源:国海证券研究所《新型储能:能源转型重要途径,技术路线百花齐放——新型电力系统专题六》,中国化学与物理电源行业协会储能应用分会产业政策研究中心,能源电力说,北极星储能网,江苏省发展和改革委员会,吉林省人民政府,江西省人民政府,天津市人民政府,国际能源网,中关村储能产业技术联盟。

2. 氢作为一种储能方式

氢储能本质上是与电化学储能并列的能源储存的另外一种路线。氢储能可看作是一种化学储能的延伸，其基本原理是将水电解得到氢气和氧气。以风电制氢储能技术为例，其核心思想是当风电充足但无法上网、需要弃风时，利用风电将水电解制成氢气和氧气，将氢气储存起来；当需要电能时，将储存的氢气通过不同方式（内燃机、燃料电池或其他方式）转换为电能使用。无论是氢燃料电池汽车，还是氢燃料电池热电联供，抑或是氢气混合天然气发电，都是把储存在氢气中的能源释放出来的过程。

通常所指的氢储能系统是电—氢—电的循环。其前端的电解水环节，多以功率计算容量，代表着氢储能系统的"充电"功率；后端的燃料电池环节，也以功率计算容量，代表着氢储能系统的"放电"功率；中间的储氢环节，多以氢气的体积（标准立方米，Nm³）计算容量，如换算成电能容量，1标准立方米氢气大约可产生1.25千瓦时电能，储氢环节的容量大小决定氢储能系统可持续"充电"或"放电"的时长。

氢作为一种储能手段，也得到了国家政策的关注。2022年3月23日，国家发展改革委发布的《氢能产业发展中长期规划（2021—2035年）》指出：在风光水电资源丰富地区，开展可再生能源制氢示范，逐步扩大示范规模，探索季节性储能和电网调峰……尤其是在储能的发展方向，强调要发挥氢能调节周期长、储能容量大的优势，开展氢储能在可再生能源消纳、电网调峰

等应用场景的示范，探索培育"风光发电+氢储能"一体化应用新模式，逐步形成抽水蓄能、电化学储能、氢储能等多种储能技术相互融合的电力系统储能体系。探索氢能跨能源网络协同优化潜力，促进电能、热能、燃料等异质能源之间的互联互通。国家在发布的"十四五"规划中，将氢储能纳入战略性新兴产业。同时在政策上，探索可再生能源发电制氢支持性电价政策，完善可再生能源制氢市场化机制，健全覆盖氢储能的储能价格机制，探索氢储能直接参与电力市场交易。

氢储能的优劣势均很明显，其优势在于储能规模大（可达到太瓦级）、生命周期长、可跨季节储能等。而劣势主要在于3个方面。首先，氢储能的效率还较低，成本比较高。电解水制氢的效率可达65%～75%，而燃料电池发电效率为50%～60%，单过程转换效率相对较高。但电—氢—电过程存在两次能量转换，整体能量转换效率偏低。其次，目前氢储能造价也较高。制氢设备的单位造价约2 000元/千瓦，储氢和辅助系统造价为2 000元/千瓦，燃料电池发电系统造价约9 000元/千瓦，燃料电池的投资在氢储能系统总投资中的占比接近70%。[26] 最后，存在氢气的安全性顾虑。目前，氢气仍被定义为危化品。根据规定，规模化制氢项目必须在化工产业园区开展，这限制了氢储能项目的选址，降低了氢储能利用的便利性。特别是对于储能需求大的东南部沿海经济快速发展地区，氢储能暂时难以成为其发展储能项目的优先选择。

3. 氢能运用在生产领域：高耗能领域的清洁转型

氢能作为一种清洁高效的能源，有潜力在高耗能企业向低碳方向进行技术改造的过程中，发挥多方面的作用。2020年欧盟制定的《欧盟氢能战略》明确提出，在第三阶段，也就是2030—2050年，欧盟氢能战略的重点是推动氢能在能源密集产业的大规模应用，典型代表是钢铁和物流行业。2020年德国的《国家氢能战略》也提出，在2020年至2023年期间，提供超过10亿欧元的资金用于技术和大型工业设施的投资，这些设施使用氢能来对其制造过程进行脱碳。

1）冶金行业

根据大概的估算，我国金属冶炼行业碳排放的规模超过15亿吨，约占中国碳排放总量的15%。在不远的将来，金属冶炼行业会被纳入碳排放交易体系中去，企业控制生产过程中碳排放的压力越来越大。中国宝武在国内钢铁行业率先发布实现碳达峰、碳中和目标的时间表：2023年力争实现碳达峰，2050年力争实现碳中和。为继续深化钢铁行业供给侧结构性改革，切实推动钢铁工业由大到强转变，工业和信息化部于2020年研究编制《关于推动钢铁工业高质量发展的指导意见（征求意见稿）》（以下简称《征求意见稿》）。该《征求意见稿》指出，在创新发展方面，将氢冶金等前沿技术取得突破进展列为重点；同时，也指出要加强对氢冶炼技术的研发应用力度。

氢冶炼是冶金行业实现碳中和的重要手段，发展"以氢代碳"的还原工艺是氢冶金的主要发展路

径。徐国迪院士指出，真正实现低碳钢铁冶金技术，就必须改变以碳为主要载体的铁冶金过程，可供选择的替代还原剂只有氢。于勇院士指出，21世纪是氢时代，氢冶金就是氢代替碳还原生成水，不但没有排放，而且反应速度极快。

目前，全球氢冶金已进入试验阶段。据香橙会研究院统计，海外主要氢冶金试验项目已有9处，其中，奥钢联H2FUTURE是目前全球规模最大的氢冶金试验项目。该项目于2018年4月启动，计划投资1 800万欧元，成员单位包括奥钢联、西门子、Verbund（欧洲最大的水电商）和奥地利电网公司（APG）等；西门子作为PEM水电解技术提供方，将为奥钢联林茨厂提供电解能力为6兆瓦的电解槽，氢气产量为1 200标准立方米／小时，项目已于2020年1月开始试验。

2）化工行业

氢气和化学工业的联系是天然的。传统的氢化工主要指的是煤制氢、天然气制氢、工业尾气分离提氢、工业尾气变换制氢、甲醇蒸汽催化裂解制氢、轻烃裂解副产氢等化学工业技术。但是随着利用可再生能源电解水制氢技术的成熟和发展，氢气不是作为产出品，而是作为投入品，为化学工业的低碳发展提供新的可能性。

国内部分企业在这方面做出了很好的探索。例如，宁夏宁东能源化工基地（以下简称"宁东基地"）是我国最大的现代煤化工产业示范区。时任宁东基地党工委副书记、管委会副主任陶少华（现任银川市委副书记、市长）在接受采访时说道："如果使用绿氢替代灰氢耦合煤化工，按现有产能核算，宁东基地煤化工产业可实现年压减煤炭消费1 700万吨，节约能源消耗1 200万吨标准煤，相应减排二氧化碳3 000万吨。"[27]

未来随着"双碳"工作的发展，把化工行业纳入碳排放交易体系是大势所趋。煤化工行业的碳减排迫在眉睫。化学工业补氢会创造出巨大的氢气需求。这反过来要求可再生能源制氢技术有更大的发展。

可再生能源制氢的技术成熟之后，配合碳捕捉技术，可能会更彻底地颠覆现有的煤化工行业。中国科学院院士、有机化学家丁奎岭院士在评论液态阳光产业发展时，提出"通过太阳能发电和电解水制氢技术，使氢气跟二氧化碳结合变成甲醇，有甲醇以后，就可以有现代石油化学工业里面的乙烯、丙烯、醋酸、醋干等，几乎我们现在衣食住行所用的材料、医药工业所用的原材料都可以依靠它实现"。也就是说，可再生能源制氢，配合碳捕捉技术，可能会满足我们所有的在化工行业中的需求，把化工行业变为一个低碳或者零碳的行业。中国工程院院士黄震所主张的可再生燃料的技术路线，也是这样一个思路：利用可再生能源制氢产生的氢气和碳捕捉技术得来的二氧化碳，通过化学过程生成碳氢燃料和醇醚燃料。

四　新型电力系统

从能源视角来看，传统电力系统具有供需瞬时平衡、集中式生产、长距离运输等特点，这要求供需具有确定性。而新型电力系统以新能源为主体，呈现出分布式和多利益主体的特征，这导致供需双方的预测变得越来越困难。从供给侧看，由于风电、光伏固有的间歇、波动的特性，且依靠天气的变化，所以电力供给方的预测较为困难。从需求侧看，分布式能源的发展，自发自用用户的增多，使得需求侧用能也呈现出较大的波动性。这些变化客观上要求电力系统的转型。新型电力系统的核心就是把能源数字化，形成所谓的虚拟电厂。虚拟电厂通过先进信息通信技术和软件系统，将分布式发电、可控负荷和储能（包括电动汽车通过V2G技术的接入）等资源统一协调控制，协助电力市场上的供需用自动化的方式实现瞬时平衡。虚拟电厂发挥越来越大的作用，是新型电力系统成功的关键。当前支持智慧化的虚拟电厂发展的趋势非常明显。

首先，各个省陆续出台新的制度，为新型电力系统的形成扫清制度障碍。例如，2023年3月，广东省发布《广东省新型储能参与电力市场交易实施方案》，以直接接入公用电网的独立储能项目作为独立主体，在发电企业计量关口内并网的电源侧储能，保持与发电企业作为整体的运营模式，联合参与电力市场交易。贵州省能源局印发关于公开征求《贵州省电力需求响应实施方案（征求意见稿）》意见建议的函，提出售电公司可注册为负荷聚集商，聚合需求响应资源为虚拟电厂，以虚拟电厂为单元参与需求响应。4月14日，深圳市发展和改革委员会发布关于公开征求《深圳市支持虚拟电厂加快发展的若干措施（征求意见稿）》意见的通告。

其次，电力现货市场的发展，

为虚拟电厂的商业化运营提供了条件。2022年2月，国家发展改革委、国家能源局印发的《关于加快建设全国统一电力市场体系的指导意见》在总体目标中明确：到2030年，新能源全面参与市场交易。2022年11月，国家能源局发布的《电力现货市场基本规则（征求意见稿）》再次提道：稳妥有序推动新能源参与电力市场，并与现有新能源保障性政策做好衔接。在新能源占比越来越高的新型电力系统中，电力市场上的价格波动可能会很大。在新能源发电出力大量富余时段，出清电价基本持续维持在地板价；反之，在新能源发电出力小、需要火电顶峰运行时段，往往会出现价格尖峰。

山东电力交易中心数据显示，2023年"五一"假期间，山东电力现货市场实时交易电价波动剧烈，据统计，4月29日—5月3日，山东电力现货实时交易累计出现46次的负电价。其中，从5月1日20时至5月2日17时，连续实时现货交易负电价时段长达22个小时。这也使得5月1日全天山东实时现货交易电价均价成为负数，为−13.02元/兆瓦时。在电力现货市场上，有负电价，也有高电价。4月20日凌晨，山东电力现货市场的价格也摸到了1 300元/兆瓦时的天花板。

电力现货市场上的价格波动，为虚拟电厂提供了更多的赢利空间。例如，当电力市场上的现货价格非常低的时候，链接在主干网上的虚拟电厂就像一个一个的湖泊，把电储存起来；当电力市场上的现货价格高涨的时候，这些虚拟电厂再把电力释放出来，从而实现套利。这不仅能解决新能源发电不稳定的问题，同时也通过灵活地调整电力市场上的供给和需求，平抑电力市场上价格的波动。因此，在未来的新型电力系统中，虚拟电厂必然成为不可或缺的重要组成部分，是未来新型电力系统实现"柔性灵活、智慧融合"特征的重要保障。而虚拟电厂的发展，为能源数字化和系统优化方面的行业，提供了重要的产业机遇。◇

【参考文献】

［1］《中共中央　国务院关于完整准确全面贯彻新发展理念做好碳达峰碳中和工作的意见》发布［EB/OL］.（2021-10-24）［2023-02-15］.https://baijiahao.baidu.com/s?id=1714511514530250316&wfr=spider&for=pc.

［2］仝宗莉,付龙.人民财评：让更多人参与绿色电力消费［EB/OL］.（2021-04-22）［2023-02-15］.http://opinion.people.com.cn/n1/2021/0422/c434885-32085275.html.

［3］经济观察报.新型电力系统构筑零碳未来［EB/OL］.（2022-05-20）［2023-02-15］.https://baijiahao.baidu.com/s?id=1733324461405745177&wfr=spider&for=pc.

［4］Lenton T M, Rockström J, Gaffney O, et al. Climate tipping points-too risky to bet against［J］. Nature, 2019, 575: 592-595 .

［5］IPCC. Special report: Global warming of 1.5℃［EB/OL］.（2018-10-08）［2021-02-19］. https://www.ipcc.ch/sr15/.

［6］中国气象局.WMO发布《2022年全球气候状况》临时报告过去八年或为有记录以来最热八年［EB/OL］.（2022-11-15）［2023-03-15］.https://www.cma.gov.cn/2011xwzx/2011xqxxw/2011xqxyw/202211/t20221115_5179780.html.

［7］IPCC. IPCC special report on the ocean and cryosphere in a changing climate［R］. IPCC, 2019.

［8］秦海岩.气候危机加剧，推进能源转型刻不容缓［J］.风能,2023（3）: 1.

［9］联合国报告.气候灾害在过去20年间频度加剧　中国受灾数量居全球之首［EB/OL］.（2020-10-12）［2023-03-15］. https://news.un.org/zh/story/2020/10/1068912.

［10］BP. Statistical review of world energy 2022［R］. London: BP, 2022.

［11］董秀成.中国油气对外依存度首降有何信号意义？［EB/OL］.（2023-02-09）［2023-03-15］. https://gas.in-en.com/html/gas-3668862.shtml.

［12］新华网.央视网评丨能源的饭碗必须端在自己手里［EB/OL］.（2021-10-22）［2023-02-15］.https://baijiahao.baidu.com/s?id=1714327496431498290&wfr=spider&for=pc.

［13］习近平.习近平在气候雄心峰会上的讲话（全文）［EB/OL］.（2020-12-12）［2023-02-15］.https://m.gmw.cn/baijia/2020-12/12/34457685.html.

［14］国家能源局.国家能源局发布2022年可再生能源发展情况并介绍完善可再生能源绿色电力证书制度有关工作进展等情况［EB/OL］.（2023-02-14）［2023-04-15］. http://www.gov.cn/xinwen/2023-02/14/content_5741481.htm.

［15］国家能源局.国家能源局关于印发《2023年能源工作指导意见》的通知［EB/OL］.（2023-04-06）［2023-04-15］. http://zfxxgk.nea.gov.cn/2023-04/06/c_1310710616.htm.

［16］樊桐杰.德国部署15万个家庭储能系统，容量约为1 GWh［EB/OL］.（2019-12-23）［2023-04-15］. http://paper.people.com.cn/zgnyb/html/2019-12/23content_1963291.htm.

［17］新华网.《储能产业研究白皮书2023》发布：新型储能累计装机13.1 GW/27.1 GWh［EB/OL］.（2023-04-08）［2023-04-15］.

http://www.news.cn/energy/20230408/a2eca24e8bdc42ff8f9aaf36463956dc/c.html.

［18］Huo H, Zhang Q, Wang M Q, et al. Environmental implication of electric vehicles in China［J］. Environmental Science & Technology, 2010, 44(13): 4856-4861.

［19］Jacobson M Z. Evaluation of nuclear power as a proposed solution to global warming, a pollution, and energy security［EB/OL］. (2019-12-22)［2023-04-15］. https://web.stanford.edu/group/efmh/jacobson/Articles/I/NuclearVsWWs.

［20］Paster M D, Ahluwalia R K, Berry G, et al. Hydrogen storage technology options for fuel cell vehicles: well-to-wheel costs, energy efficiencies, and greenhouse gas emissions［J］. Fuel and Energy Abstracts, 2011, 36(22): 14534-14551.

［21］驱动之家.百公里耗氢1 kg续航510公里！长安最火SUV氢燃料版来了［EB/OL］.(2020-12-09)［2023-04-15］. https://pad.mydrivers.com/1/728/728481.html.

［22］古纯霖,赵保顿,张波,等.我国车载高压储氢气瓶阀门发展现状［J］.中国特种设备安全,2019,35（12）：5-8.

［23］腾三毛.用数据说话！中国工程院院士：新能源汽车起火概率不到有车一半［EB/OL］.(2020-10-10)［2023-04-15］.https://www.163.com/dy/article/FOJ61SJO052783HD.html.

［24］国家能源局.国家能源局关于印发《2023年能源工作指导意见》的通知［EB/OL］.(2023-04-06)［2023-04-15］.http://zfxxgk.nea.gov.cn/2023-04/06/c_1310710616.htm.

［25］中国电力企业联合会.2022电化学储能电站数据：电源侧新能源配储占比81%［EB/OL］.(2023-04-06)［2023-04-15］.https://guangfu.bjx.com.cn/news/20230406/1299279.shtml.

［26］李娜,李志远,王楠,等.氢储能调峰站发展路径探索研究［J］.中国能源,2021,43（1）：55-59.

［27］于瑶,刘海.现代煤化工基地向氢能"领跑者"转型［EB/OL］.(2020-12-14)［2023-04-15］.http://energy.people.com.cn/n1/2020/1214/c71661-31965114.html.

中国人口老龄化态势与养老行业发展的前景[*]

罗守贵 廖 辉 罗 津

摘要

随着第二波"婴儿潮"人口进入老年，中国人口老龄化呈现加速态势，"老龄高龄"特征愈发凸显，老龄人口规模巨大，老年抚养比不断上升，2023年至2050年每年平均新增老年人口预计超过2 000万人。未来我国要不断优化养老行业供给体系，以适应多元化养老需求，不断挖掘银发经济市场潜力，打造旅居养老特色产业，优化智慧养老产业供应链，扩大中端养老产品供给，做强社区嵌入式居家养老服务，打造若干连锁养老品牌，实现养老行业的高质量发展。

关键词

人口老龄化；养老行业；银发经济

【作者简介】

罗守贵 上海交通大学安泰经济与管理学院特聘教授，上海交通大学行业研究院养老团队首席专家。

廖 辉 上海交通大学安泰经济与管理学院博士后，上海交通大学行业研究院研究员。

罗 津 上海交通大学国际与公共事务学院副研究员，上海交通大学健康长三角研究院研究员，上海交通大学行业研究院研究员。

* 基金项目：本文为国家社科基金青年项目"城市社区居家养老的多元要素协同与多维主体联动研究"（项目编号：22CGL032）成果之一，同时获得上海交通大学行业研究院支持。

自2013年《国务院关于加快发展养老服务业的若干意见》（国发〔2013〕35号）发布以来，我国的养老行业发展迅猛，整体规模不断扩大，服务体系不断完善，老年群体享受到了越来越值得称道的多层次、多元化、个性化的养老服务。回顾过往10年，为解决"养老服务和产品供给不足、市场发育不健全、城乡区域发展不平衡"等问题，国家和地方政府高度重视并付出了艰苦的努力。可以说，这是夯实中国养老行业高质量发展基础，中国养老行业发展成果丰硕、成绩斐然的10年。

第七次全国人口普查结果告诉我们，近10年来中国的老龄化进程非常快：从2010年到2020年仅仅10年时间，60岁及以上人口占比已经从13.3%上升到18.7%，其中，65岁及以上人口占比从8.9%上升到13.5%；老年人口抚养比从11.9%上升到19.7%。但必须认识到，老龄化真正的加速期才刚刚开始，因为三年困难时期结束后婴儿潮及其以后出生的人口在2022年才陆续进入老年行列（见图1）。

1962年中国出生人口数迅速从1961年的1 141万人大幅跳跃至2 092万人，1963年更是达到2 787万人。此后十几年基本在每年2 000万人以上的高位持续（1977—1981年略低），直到1991年以后，随着计划生育政策趋严，出生人口才出现较快下降。这30年平均每年出生的2 282万人口将在未来30年陆续进入退休年龄。因此，未来30年，尤其是未来15年，将是中国老龄化的迅猛加速时期。

对于人口老龄化的研究，许多学者指出，我国人口老龄化呈现加速态势，"老龄高龄"特点突出，要积极应对人口老龄化，而不仅仅是单纯地把它当作问题来对待。[1][2][3]其中，刘厚莲分析了世界和中国人口老龄化发展态势，指出发达国家总体上迈入重度老龄化社会，韩国、日本将成为老龄化最严重的两个国家，高龄少子化日益严重，中国的老龄化、高龄化、少子化快速发展，到2050年甚至将超过英美等部分发达国家。[3]陈明华等分析了人口老龄化的区域差异大小及来源、极化程度与演进趋势，发现我国人口老龄化水平总体提升，但呈现非均衡分布态势。[4]周海旺和寿莉莉分析了上海人口老龄化的加速态势及应对的多元策略，指出上海要积极应对人口老龄化带来的挑战，完善社会保障体系、社区养老服务体系和丰富老年人精神生活等。[5]

在此基础上，许多学者延伸出对养老行业前景的分析，他们大多认为养老行业供给和需求存在不匹配的现状，未来养老行业发展前景巨大，尤其是智慧养老、居家养老、社区养老和医养结合等。薛冰分析了人口老龄化态势下养老服务业的发展路径，指出当前我国养老服务面临着家庭养老承载逐步降低、政府投入与监管不足，以及养老服务供给与社会需求差距大等现实问题与困境。[6]罗守贵指出，我国养老

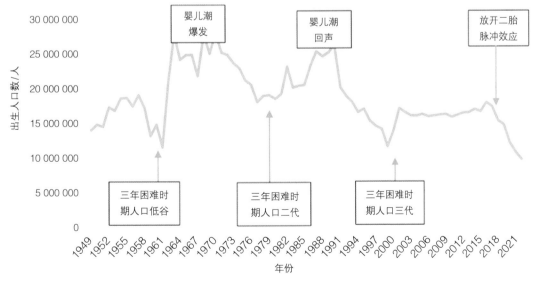

图1　新中国成立以来我国人口出生数变化

（数据来源：根据历年《中国统计年鉴》、历年中国人口普查数据整理）

供给与需求存在很大的总量缺口和许多结构性问题，这既是挑战也是机会，养老服务既是消费也是财富创造。[7]钱培鑫分析了我国智慧养老行业发展中存在的问题，并提出了相应的发展策略，指出智慧养老将是解决养老问题的新途径。[8]刘照函详细分析了中国城市居家型养老模式的行业和市场需求。[9]欧阳丹尼和张广济从社会资源层面出发，分析了社区养老行业的巨大潜力。[10]张硕等详细分析了健康管理的优势与创新，侧重分析了其在养老行业中的应用现状及发展前景。[11]

面对未来人口老龄化加速发展的态势，能否有效应对其给中国经济发展带来的巨大挑战，化被动为主动，是影响中国经济社会高质量发展的关键。提前预测和深入分析中国人口老龄化的特征，把脉中国未来养老行业发展中供给和需求的特征，能够为应对人口老龄化带来的挑战提供有效策略。如果能够科学应对，不

仅能使中国平稳度过老龄化的高峰，而且可以通过合理的人力资源开发，收获银发经济的红利。

本文首先分析中国人口老龄化的整体进程、区域特征，并与发达国家进行比较，同时对2023—2050年中国新增和净增老年人口进行预测和详细分析，进一步分析了中国养老行业的供给特征及变化、养老服务的需求特征及变化，把脉供需错位的原因，最后对中国养老行业的发展前景进行展望。

一　中国人口老龄化的态势

（一）人口老龄化整体进程

1. 老龄人口结构变迁

从1953年至2020年，中国先后进行了7次全国人口普查，图2显示的是7次全国人口普查中我国人口年龄结构的变化情况。截至2020年，我国已经从1953年非常年轻的人口结构进入老龄化社会，并且快

速接近中度老龄化。60岁及以上人口占全部人口的比重从1953年的7.32%上升到2020年的18.70%，65岁及以上人口占全部人口的比重从1953年的4.41%上升到2020年的13.50%。尤其近10年来，老龄人口在全国总人口中的占比迅速增加。2020年60岁及以上人口占全部人口的比重相比于2010年的13.26%提高了5.44个百分点，65岁及以上人口占全部人口的比重相比于2010年的8.87%提高了4.63个百分点。这表明从2010年开始，中国老龄化进入了快速发展期。横向上对比，中国占世界人口的比重不断下降，但是中国老龄人口占世界人口的比重不断上升。

从60周岁及以上老年人口的具体结构来看，1964年，我国60周岁及以上老年人口中，60～69周岁的低龄老年人口为2 523万人，占比为66.09%；70～79周岁老年人口为1 113万人，占比为29.16%；80周岁及以上老年人口为181万

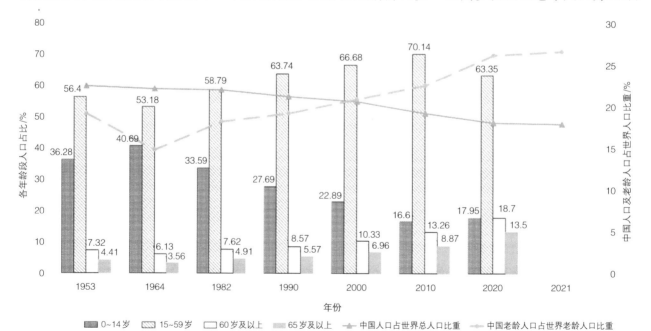

图2　中国历次人口普查中人口年龄结构的变迁[12]
（数据来源：《中国人口普查年鉴2020》，中国统计出版社）

人，占比为4.75%。但到2020年，我国60周岁及以上老年人口中，60～69周岁的低龄老年人口已达14 740万人，占比为55.83%；70～79周岁老年人口已达8 082万人，占比为30.61%；80周岁及以上老年人口已达3 580万人，占比为13.56%。与1964年相比，2020年我国60～69周岁的低龄老年人口占比降低了10.26个百分点，70～79周岁老年人口占比提高了1.45个百分点，80周岁及以上老年人口占比提高了8.81个百分点。这表明在中国人口老龄化加速的进程中，"老龄高龄"的特点进一步突出。

2. 老年抚养比变化

老年抚养比[①]反映了一个国家或地区的社会总体养老负担。图3给出了中国2011—2020年老年抚养比的变化情况。可以看到，近10年来，我国老年人口规模不断扩大，老年抚养比加速上升，这进一步说明我国人口老龄化呈现加速态势。具体而言，我国老年人口从2011年的1.2亿人左右增长到2020年的1.9亿人左右，老年人口数量迅速增长。这主要是由于1949—1957年第一波婴儿潮出生的人全部进入了老年。而老年抚养比则从2011年的12%左右上升到2020年的接近20%，也就是说，将15～64周岁的人口记作劳动年龄人口，则每5个人需要赡养1位老人。出现这一现象的主要原因是20世纪70年代开始的计划生育政策较快速地降低了年轻人口的增

速，相应地加速了老年人口的比重和老年抚养比的上升。

3. 城镇化与老龄人口结构

在城镇化进程中，人口是从乡村向城镇迁移，从小城市向大城市迁移，而其中迁移的人口主要是年轻人，这就造成了城市、城镇、农村户籍人口中老龄人口占比的显著差异。表1给出了第七次全国人口普查中我国城镇、乡村老龄人口占比的对比情况。从中可以看到，农村老龄人口占比远高于城市和城镇，小城镇老龄人口占比比城市略高。具体而言，2020年我国农村60岁及以上人口占比达23.8%，比城市和小城镇分别高了8.25和7.38个百分点，65岁及以上人口占比达17.72%，比城市和小城镇分别高了6.94和5.90个百分点。

而从城市来看，不同城市的经济结构特点和人口流动规律各有差异，因此，各类城市[②]老龄化程度也

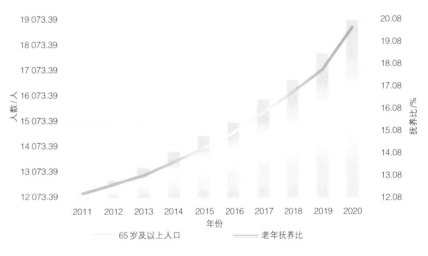

图3　2011—2020年中国老年抚养比的变化
（数据来源：根据历年《中国统计年鉴》数据整理绘制）

表1　2020年中国城镇、乡村老龄人口占比的对比情况

	总人口（万人）	60岁及以上人口占比（%）	65岁及以上人口占比（%）
城市	57 517.09	15.55	10.78
城镇	32 482.03	16.42	11.82
农村	50 978.76	23.80	17.72
合计	140 977.88	18.74	13.53

数据来源：《中国人口普查年鉴2020》，中国统计出版社。

---

① 老年抚养比（ODR）=（65岁及以上人口数/劳动年龄人口数）×100%，其中，劳动年龄人口为15～64周岁人口。
② 城市规模分类标准按城区常住人口划分：① 超大城市1 000万人以上；② 特大城市500至1 000万人；③ 大城市100万至500万人，其中300万人以上500万人以下的为Ⅰ型大城市，100万人以上300万人以下的为Ⅱ型大城市；④ 中等城市50万至100万人；⑤ 小城市50万人以下，其中，20万人以上50万人以下的为Ⅰ型小城市，20万人以下的为Ⅱ型小城市。

存在较大差异。如图4所示，大城市和中等城市老龄化程度最高，超大城市和特大城市次之，小城市老龄化程度最低。小城市老龄化程度最低与这类城市的工作节奏相对较慢、生活压力相对较小、生育率相对较高有关；而超大城市和特大城市老龄化程度比大城市和中等城市低是因为超大城市和特大城市的经济发展水平通常更高，尤其是产业结构更加多样，就业机会更多，从而对年轻人的吸引力更大。

各类城市人口年龄结构的分布也佐证了上述现象，超大城市与特大城市的突出特点是劳动力人口（15～59岁）所占比例较高，而儿童（0～14岁）所占比例较低。而小城市劳动力人口与前四类城市相比处于中等水平，儿童所占比例相对较高，老年人口所占比例相对较低，这是由于小城市与农村有密切联系，农村劳动力流入小城市，而老年人口留在农村，且小城市生活压力较小，生育意愿较高。

（二）人口老龄化区域特征

1. 各省份老龄人口特征

各省份老龄人口的变化也说明了中国老年人口规模庞大且老龄化进程明显加快。表2给出了2020年我国人口普查中，31个省份的老龄人口情况及相较于2010年的变动情况。

一般认为，一个社会65岁及以上老人占比超过7%则进入轻度老龄化社会，占比为14%～21%则进入中度老龄化社会，占比超过21%为重度老龄化社会。31个省（自治区、直辖市）中，除西藏自治区外，其他30个省份65岁及以上老年人口比重均超过了7%的门槛，其中，12个省份65岁及以上老年人口比重超过14%，即进入中度老龄化社会。老龄化程度前五的省份为辽宁、重庆、四川、上海、江苏，65岁及以上老年人口比重均超过16%。而从老龄人口数量来看，有11个省份60岁及以上人口数超过1 000万人，16个省份65岁及以上人口数超过500万人，6个省份65岁及以上人口数超过1 000万人。

从区域来看，北方省份老龄化程度显著高于南方，其中以东北三省老龄化最为严重，上海、天津、重庆和北京4个直辖市的人口老龄化程度也较为严重，以上海为最，而华

南地区和新疆、西藏等地的人口老龄化程度较轻。其中，广东60岁及以上人口占比为12.4%，65岁及以上人口占比仅8.6%。从60岁及以上人口占比变动可以发现，由于人口加速流出，东北三省10年来老年人口占比增加最多；而由于人口整体是从北方向南方迁移，因此，长江以北的省份10年来老年人口占比增加幅度显著高于长江以南的省份；天津、上海和北京这3个直辖市经济较发达，生育率低，因此，10年来它们的老年人口占比也快速增加。

从人口老龄化与经济发展的关系来看，北京、天津、内蒙古、上海、江苏、浙江、福建、广东、青海、宁夏等地区生产总值占全国GDP的比重高于其老龄人口占全国老龄人口之比，表明这些地区对老龄化的经济应对能力较强。尤其是广东、江苏、浙江、福建等地区经济增长强劲，人口老龄化进展相对较慢，这为全面高质量应对老龄化提供了坚实的保障。上海、北京、天津等城市经济增长相对较快，亦具有应对老龄化的雄厚经济基础。山西、辽宁、吉林、黑龙江、湖北、湖南、广西、四川、贵州、云南、甘肃等省区地区生产总值占全国GDP的比重有下降趋势，而老龄化进展较快，表明这些省份应对老龄化的经济基础相对薄弱。新疆、云南、西藏等省区的老龄化程度在持续下降，而地区生产总值占全国的比重在上升，表明其具备很好的动态解决老龄化的经济基础。河北老龄化程度在下降，但其地区生产总值在全国的比重也在下降，安徽等省老龄化程度大致在上升，而地区生产总值

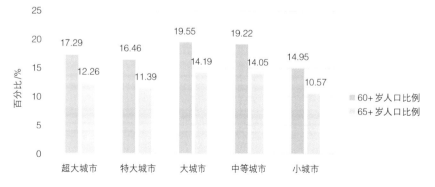

图4 2020年中国各类城市老年人口占比
（数据来源：《中国人口普查年鉴2020》，中国统计出版社）

表2　"六普"到"七普"各省份老龄人口及变动情况

地区	人口数/万人	60岁以上人数/万人	65岁以上人数/万人	60岁以上占比/%	65岁以上占比/%	60岁以上占比/%（2010年）	60岁以上占比变动/%
全国	141 178	26 400	19 059	18.7	13.5	13.3	5.4
辽宁	4 259	1 095	742	25.7	17.4	15.4	10.3
黑龙江	3 185	740	497	23.2	15.6	13.0	10.2
吉林	2 407	555	376	23.1	15.6	13.2	9.9
天津	1 387	300	205	21.7	14.8	13.0	8.7
内蒙古	2 405	476	314	19.8	13.1	11.5	8.3
上海	2 487	581	405	23.4	16.3	15.1	8.3
山西	3 492	661	450	18.9	12.9	11.5	7.4
北京	2 189	430	291	19.6	13.3	12.5	7.1
河北	7 461	1 481	1 039	19.9	13.9	13.0	6.9
湖北	5 775	1 179	843	20.4	14.6	13.9	6.5
陕西	3 953	759	527	19.2	13.3	12.9	6.3
山东	10 153	2 122	1 536	20.9	15.1	14.8	6.1
江苏	8 475	1 851	1 373	21.8	16.2	16.0	5.8
江西	4 519	762	537	16.9	11.9	11.4	5.5
四川	8 367	1 816	1 417	21.7	16.9	16.3	5.4
河南	9 937	1 797	1 341	18.1	13.5	12.7	5.4
湖南	6 644	1 321	984	19.9	14.8	14.5	5.4
浙江	6 457	1 207	857	18.7	13.3	13.9	4.8
甘肃	2 502	426	315	17.0	12.6	12.4	4.6
福建	4 154	664	461	16.0	11.1	11.4	4.6
重庆	3 205	701	547	21.9	17.1	17.4	4.5
宁夏	720	97	69	13.5	9.6	9.7	3.8
云南	4 721	704	508	14.9	10.8	11.1	3.8
安徽	6 103	1 147	916	18.8	15.0	15.0	3.8
广西	5 013	837	612	16.7	12.2	13.1	3.6
海南	1 008	148	105	14.7	10.4	11.3	3.4
广东	12 601	1 556	1 081	12.4	8.6	9.7	2.7
青海	592	72	51	12.1	8.7	9.5	2.6
贵州	3 856	593	446	15.4	11.6	12.8	2.6
新疆	2 585	292	201	11.3	7.8	9.7	1.6
西藏	365	31	21	8.5	5.7	7.7	0.8

数据来源：《中国人口普查年鉴2020》，中国统计出版社。

在全国的比重提升较慢,表明老龄人口增加对这些省份的经济压力较大。

2. 主要城市老龄人口分析

表3给出了2020年37个主要城市的老年人口占比情况,表中数据按60岁及以上人口占比降序排列。可以发现,从城市来看,北方的城市人口老龄化程度高于南方的城市,其中,东北城市和4个直辖市的老龄化程度最为严重。由于省内人口加速向省会城市转移的情况普遍存在,因此,北方许多老龄化程度较严重的省份,其省会城市的老龄化程度相对较低,如哈尔滨、西安、银川等城市。由于大量外来人口的迁入,广州、厦门和深圳的老龄人口占比较小,其中,深圳60岁及以上人口占比仅5.4%,65岁及以上人口占比仅3.2%,广州和深圳的养老压力比上海和北京小。

（三）人口老龄化的国际比较

第二次世界大战以后,随着战争的结束和医疗卫生条件的改善,全球老年人口增长迅速,老龄化程度也在加速。据联合国统计,全球65岁及以上老年人口总量从1950年的1.28亿人升至2000年的

表3　2020年主要城市老龄人口占比

城市	60岁及以上占比/%	65岁及以上占比/%	城市	60岁及以上占比/%	65岁及以上占比/%
大连	24.7	16.9	兰州	16.6	11.7
上海	23.4	16.3	太原	16.1	10.6
沈阳	23.2	15.5	西安	16	10.9
重庆	21.9	17.1	长沙	15.3	11.1
天津	21.7	14.8	合肥	15.3	12
长春	20.9	14.2	南昌	15	10.5
青岛	20.3	14.2	昆明	14.4	10.5
济南	20	14.1	南宁	14.4	10.1
无锡	19.8	14.7	西宁	14.4	10.1
北京	19.6	13.3	贵阳	13.3	9.5
南京	19	13.7	呼和浩特	13.3	9.1
宁波	18.1	12.6	乌鲁木齐	13.3	9.1
石家庄	18	12.5	郑州	12.8	9
成都	18	13.6	银川	12.8	8.8
武汉	17.2	11.8	海口	12.4	8.7
苏州	17	12.4	广州	11.4	7.8
杭州	16.9	11.7	厦门	9.6	6.2
福州	16.8	11.7	深圳	5.4	3.2
哈尔滨	16.8	11.7			

数据来源：根据各相关城市第七次人口普查数据整理。主要城市包括4个直辖市、26个省会城市（除拉萨之外）、5个计划单列市及苏州和无锡,共计37个城市。

4.2亿人；相应的老年人口占比从5.1%升至6.9%，标志着全球人口基本进入老龄化阶段（接近7%的门槛）。2020年，全球65岁及以上的老年人口总数达7.2亿人，占总人口的9.32%。根据联合国的预测，到2050年，全球65岁及以上人口占比将达到16%左右。

世界各国老龄化水平总体上与国民经济发展水平呈正相关，即国民经济越发达，社会老龄化水平越高。不难理解，高收入国家一定程度上意味着健全的社会保障体系、先进的医疗技术、高昂的生育成本，这些因素交织叠加，促使了高收入国家老年群体人均寿命的提高及婴儿出生率的降低，使得人口结构持续老化。而我国尽管还处于中等收入水平，但由于持续40多年的计划生育政策较早地人为降低了出生率，加上改革开放以来医疗水平的显著提高，使得我国与其他收入水平相当国家相比，较早地进入了老龄化社会。

从表4可以看出，我国65岁及以上人口占比为13.50%，不仅大幅超过了8.08%的中等收入国家的平均水平，也超过了11.07%的中高等收入国家的平均水平，是与我国经济发展水平相当的人均GDP 8 000～12 000美元国家平均水平的1.37倍，更是世界平均水平的1.45倍，并已经相当于印度的2.05倍。而与发达国家的老龄化情况相比，虽然我国老龄化程度比少数几个发达国家还低不少，但随着未来十几年婴儿潮一代出生人口进入老

年行列，我国老龄化程度将快速接近乃至超过不少发达国家，更为重要的是，我国的老龄人口规模是世界上任何国家都难以相比的。

具体而言，世界上老龄化程度最严重的前5个国家分别是日本、意大利、葡萄牙、芬兰和希腊，均超过了22%，尤其日本达到了28%的超高比例。随着医疗水平的提升，人民生活水平和质量的提高，政府相关福利政策的不断改善，发达国家人口的寿命延长，死亡率降低，老年人口数量显著增长，使北欧、南欧及亚洲的日本等发达国家率先进入深度老龄化社会。尽管越来越多的国家老年人口比例呈加速上升的态势，但部分国家老龄化水平在近几

十年中保持了比较稳定的水平。例如，美国在过去30年间，65岁及以上老年人口占总人口比重仅上涨了4个百分点，相比之下，中国上升了近8个百分点，日本则上升了近17个百分点。

（四）未来人口老龄化预测

1. 中国新增老年人口预测

为了进一步分析中国人口老龄化的未来态势，我们使用第七次全国人口普查中各年龄段的人口及对应的死亡率预测未来老龄人口的新增数量。图5给出了2023年至2050年每年新增60岁及以上老年人口的预测结果①。从图中可以看到，未来28年我国平均每

表4　2020年中国人口老龄化与世界的对比

分　类	65岁及以上人口占总人口比重（%）
中国	13.50
印度	6.57
日本	28.40
意大利	23.30
葡萄牙	22.77
芬兰	22.55
希腊	22.28
美国	16.63
中等收入国家平均	8.08
中高等收入国家平均	11.07
人均GDP 8 000～12 000美元国家平均	9.87
全世界平均	9.32

数据来源：世界银行数据库和《中国人口普查年鉴2020》。

---

① 本结果根据《中国人口普查年鉴2020》中表0604的分年龄段人口和死亡率数据预测得到，图6同理。

年新增老年人口超过2 000万人,平均每年2 111万人,其中,2029年新增老年人口达到顶峰2 546万人。具体而言,未来新增老年人口的变化可以分为3个时段:第一个时段是2023—2035年,这一时期新增老年人口最多,平均每年达到2 281万人,这是由于1962—1972年第二波婴儿潮出生的人都在这一时段进入老年;第二个时段是2036—2045年,这一时段新增的老年人口最少,平均仅1 807万人,这是由于这一时间段进入老年的人口正好出生在计划生育政策开始的时期,且其中许多人又是三年困难时期出生人口的后代,人口基数较小;第三个时段是2046—2050年,这一时段新增老年人口开始增加,平均达2 277万人,这是由于这一时段进入老年的人口多为第二波婴儿潮人口的后代,即婴儿潮回声。

2. 中国净增老年人口预测

将上述预测的每年新增老年人口剔除预测的未来每年60岁及以上老年人口死亡数量,可得2023—2050年每年净增老年人口数,结果如图6所示。从图中可以看到,整体上我国每年净增老年人口呈下降态势,其中2041年左右净增老年人口数量将出现转折点,由快速下降变为缓慢上升。2023—2033年,中国每年净增老年人口超过1 000万人,每年平均达1 484万人。2034—2050年,中国每年净增老年人口在快速下降后缓慢上升,每年平均为642万人,其中最低点在2041年,仅净增老年人口75万人。虽然在2036年以后,我国每年净增老年人口数都会较低,但是由

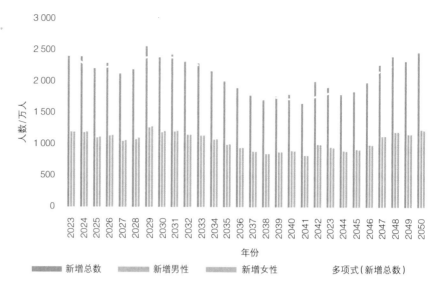

图5　2023—2050年新增60岁及以上老年人口预测结果

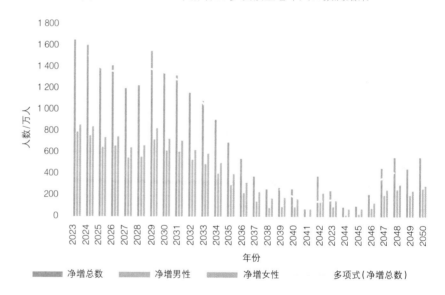

图6　2023—2050年净增60岁及以上老年人口预测结果

于我国当下的出生率较低,在2036年以后的老年抚养比依然会较高,直至第二波婴儿潮的后代大幅离世后,这一比例才有可能明显下降。

(五)小结

虽然过去10年我国老龄化进展较快,但未来的老龄化进程将更快。新中国成立后第二波婴儿潮出生人口在2022年开始达到60岁,这意味着2022年是我国老龄化加速

的元年。由于过去几十年计划生育对人口结构的人为影响,中国在未来几十年将是全球老龄化进程最迅猛的国家之一。

无论是从自身的人口演进规律分析还是从与其他国家的横向对比看,我国人口老龄化已经达到较高水平,并进入加速阶段。不仅如此,由于人口基数大,我国老年人口的规模巨大。目前人口老龄化程度超过我国的所有54个国家和地

区的总人口仅相当于我国总人口的96%。这意味着当我国的人口老龄化程度超过这些国家的平均水平时，我国的老年人口总量也将超过这些国家的老年人口总量，而这包括了几乎全球所有的发达国家和地区。

老龄化及其带来的养老问题是我国当前及未来较长时间内必须要着力应对的重大社会经济问题。有效解决愈益凸显的养老问题是保障社会经济可持续发展，保障民生和增进国民福利的重要举措。从当前老龄人口的地域结构出发，要解决养老问题还需要加强区域老龄事业和老龄产业规划，加强养老产业开发，更好地满足老龄人群日益增加的养老数量与质量需求。

二 未来养老行业的供给与需求特征

（一）养老行业的供给特征及其变化

2019年11月，中共中央、国务院印发《国家积极应对人口老龄化中长期规划》，提出要打造高质量的养老服务和产品供给体系，健全以居家为基础、社区为依托、机构充分发展、医养有机结合的多层次养老服务体系。在此基础上，国家在2021年11月和2022年2月分别发布了《中共中央　国务院关于加强新时代老龄工作的意见》和《"十四五"国家老龄事业发展和养老服务体系规划》，进一步强调要完善养老服务和产品供给体系。根据"十四五"养老规划，我国的养老体系依然以政府主导为主，在确保基本养老服务保障到位的基础上，

鼓励社会参与，发展普惠型养老，引导相关产业规范发展，进一步实现多层次、多样化养老服务，包括完全市场化的高端养老。以上海为代表的"9073"模式为例，90%为居家养老，7%为社区养老，其余3%为机构养老。

这些政策的推出都表明，随着我国老龄人口的快速增长，我国养老行业的供给逐渐多元化。一是从养老事业逐渐转变成养老产业。养老服务围绕为老年人提供物质和精神服务的所有领域，涉及从迈入老年直至终老的全过程，涉及的产业极其广泛。除了部分为政府提供的公共产品或准公共产品性质的领域以外，其他均可归入养老产业。这说明养老产业不仅包括传统养老机构，还包括满足老年人身体需求的健康管理、康复护理、医养结合的健康养老等供给产业，满足老年人精神需求的老年用品、文娱产业、旅居需求、社区服务等产业，以及为这些产业提供资金支持的金融行业。此外，随着数字化和智能化的不断推进，养老产品和服务也呈现多元化和智能化的趋势，智慧养老不断兴起。

二是从养老服务供给的构成主体来看，养老供给结构也逐渐多元化。从单一的政府兜底的养老院逐渐转变为多元主体参与，这些主体包括金融、地产和科技公司等，其中既有国有企业也有民营企业。政府兜底养老保障人民的基本养老需求，包括社会保障制度、公办养老机构，但是随着各级政府的财政压力加大，政府也在不断引导社会资本、各种产业基金参与其中，通过公建民营，探索"社区+物业+养老"模

式，提高公共养老供给质量和供给效率。

而企业参与的养老供给则更加多元化，其中包括房地产企业、金融企业、医疗机构、互联网企业等。首先是房地产企业通过下属物业公司不断渗透到社区养老之中，其服务涵盖健康、饮食管理、娱乐、生活照料、医疗护理和专业管家等。其次是金融机构涉足养老，主要是保险公司和商业银行，推出相应的养老理财产品及"保险+养老+医疗"的综合养老计划。最后是专业的医疗、养老企业，这些企业提供专业养护服务、健康管理产品、养老人才培养等，通过结合智能科技和互联网服务，为老年人提供智能医疗器械等，这进一步促进了智慧养老的快速发展。

（二）养老服务的需求特征及其变化

随着我国老龄化进程的不断加快，老龄群体的需求也在动态变化当中。2020年起，60后开始陆续步入老年。与传统老人相比，他们的成长伴随着国民经济情况的好转，又经历和参与了互联网带来的巨大变革，思维更加灵活和开阔，更愿意尝试和接受新鲜事物，同时有着更强的购买力和消费意愿。《2021年中国式养老真相洞察健康个护报告》显示，作为新时代老年人，中国60岁以上的老年人表现出明显的代际变化。在养老问题上，他们倾向于主动准备养老，而不是靠儿女养老；在生活方面，他们主动拥抱互联网带来的变化，积极通过网络进行社交、购物，也更舍得为自己花钱；在健康方面，他们关注

健康养生，大多数人能接受使用护理产品来辅助身体老化后的生活。

值得注意的是，居家养老仍将占绝对地位，但养老服务规模、密度和强度将持续提升，高质量的社区居家养老是最大的需求。从老龄人口不同年龄段的结构特征来看，不同的年龄对应不同的身体状况和人生阶段，55～70岁的老人刚退休，身体和精神都尚存活力；70～80岁的老人，身体机能进一步下降，同时更需要陪伴；80岁以上的高龄老人，则更多出现无法自理、卧病在床等情况。2021年，江苏省消保委发布的《江苏省养老方式及服务需求研究报告》显示：50～59岁的人群整体的养老需求相对较少，迫切的需求主要集中在日常餐饮提供和清洁上；进入60～69岁，医疗/看病就医/买药及出行的需求开始凸显；进入70～79岁，医疗/看病就医/买药，以及康复护理的需求进一步提升，代办的需求也明显增长，情感陪伴/支持、节日问候或探访、聊天解闷的需求提升；到了80岁及以上，老年人外出成问题，宅家成为常态，对生活照料、情感陪伴的需求更为突出。这些差异化的需求要求高质量的社区居家养老服务来匹配，从而产生了对各种智能化、高端化养老产品和服务的需求。

此外，由于"新老人"养老需求的变化，以及不同年龄段所需要的养老服务的差异化，线上养老服务需求会持续增加，但线上线下紧密结合才是养老服务的方向。一是在家庭少子化的情况下，结合"新老人"的新特征，许多老人都不是和子女生活在一起的，这就需要相应的线上养老产品来应对老人的突发医疗养护需求，以及满足其与子女或其他亲属随时沟通的需要。二是满足老人的精神需求，除了旅居及与朋友沟通之外，许多老人的经济条件可能无法支持其旅游需求，并且许多老人大多数时间待在家中，这些都需要线上养老服务来满足其精神需求。三是对于一些高龄老人，其更需要一些智能化的线上设备来监测身体情况。但是智能化的设备始终是无法完全替代线下服务的，打造高效高质的线上线下相结合的社区居家养老模式才是未来的发展重点。

（三）供需错位及其原因

随着老龄人口的快速增加，养老需求呈现多元化的发展态势，虽然我国的养老供给体系也在不断丰富，高端养老供给不断发展，但是现有的养老服务供给还是以单一低端的养老供给为主。这一方面并不能满足中端养老多元化的需求，另一方面也与老年人口橄榄型的收入结构并不匹配，此外，重线上、轻线下的养老服务特点突出，这使得老年人真正的养老需求得不到满足。

具体而言，一方面，现有养老供给多为低端服务，不论是兜底性养老还是普惠型养老，面临的最大问题就是盈利性问题，这就决定了在这些养老服务供给上无论质量还是效率都很欠缺，其中，公建公营的模式由于体制原因往往服务质量不高，而公建民营的招投标周期过短，不利于企业长期稳定发展，自然无法提供高质量的养老供给服务，这些问题造成了现有养老市场中以低端养老供给为主的特点，无法满足老人多元化的养老需求。

另一方面，老人除了退休金收入之外，其可能还有房产租金收入，其收入结构往往是橄榄形的。但是与高端养老产品有一大笔入门费的融资优势和低端养老产品有政府托底不同，中端养老产品在模式创新方面还比较缺乏。由于缺少融资优势和政策支持，中端养老发展很不理想。据调查，也有不少机构想进入中端养老领域，但拿了财政补贴后被政府限价，最后又只能转而提供低端服务，造成了中端供给不足的矛盾。

此外，现有的社区居家养老模式中，机构以"互联网+养老院"的服务模式涵盖了助医、助洁、助餐、助浴、助购、助行、助乐等与老年人生活相关的各个方面，初步实现了所谓"线上线下实时联动，需求供给无缝对接"的居家养老服务目标，但实际运营中仍然存在诸多问题。比如，在线下响应强度和速度与人力资源配置成本之间的矛盾难以解决。

三 养老行业的发展前景

（一）银发经济市场潜力巨大

按照一般的定义，银发经济又称老年产业、老龄产业，指的是随着老龄化社会的到来而产生的专门为老年人消费服务的产业，但事实上它的内涵和外延应当更加丰富。随着老年人口占比上升到30%乃至更高，未来整个经济体系中从研发创意到生产、分配再到消费，都有越来越大的部分会围绕老年人口，并由老年人的需求所决定。从产业经济学的角度看，它横跨第一、第二、第三产业，从而构成一个庞大的银发经济体系。这个经济体系既包括满足老年人衣食住行的物质生产，又包括满足他们文化娱乐和身心健康等精神需求的服务。

在物质产品的生产和提供方面，包括老年用品、老年食品、老年药品、老年居所等。例如，虽然人的寿命逐渐延长，但身体的各项机能还是在不断退化，于是代偿功能的产品需求迅速增加。除了传统的拐杖、轮椅、老花镜、助听器、义齿等以外，随着技术的快速发展，已经产生了大量的新型老年用品。在家庭养老服务方面，包括老人日常生活服务和精神服务。传统的老人日常生活服务包括大家熟悉的饮食起居等，但老年文化娱乐、老年情感慰藉等精神服务往往被忽略。在少子化时代，高龄老人的空巢比例越来越高，他们在精神心理方面的代偿需求也日益迫切。这些物质需求和精神需求产品的供给产业链上下游构成了银发经济广阔的前景。

（二）旅居养老方兴未艾

随着经济发展和社会进步，人们愈加追求健康和精神享受，而旅游作为新时期老年人的一种旅居生活方式，正在越来越广泛的老年群体中兴起。早在2015年，全国老龄办的调查数据就显示，中国老年人每年旅游人数占全国旅游总人数的20%以上，中国老年人旅游消费金额逐年递增，2019年已超过5 000亿元，中国老年旅游市场规模正在进一步壮大。未来，60～75岁的健康活力老年群体对老年旅游服务的需求只会越来越强烈，度假住宅、康体疗养等旅游产品有望成为未来中国老年旅游消费的重要组成部分，其中，"候鸟式养老"将是未来中国老年旅游新形式的代表。与传统的旅游、养老概念有所不同，"候鸟式养老"是指老年人根据季节变化，选择合适的养老地点，在异地进行养老，老年人在"南飞北漂"的候鸟式养老生活中，能体验到"慢旅游"的生活乐趣。

就一国内部而言，只有大国且南北跨度大的国家，候鸟式养老才会比较盛行。全世界这样的国家并不多。比如，俄罗斯和加拿大这两个国家国土面积都很大，但它们的纬度都较高，夏季不用避暑，冬季全国普遍寒冷。而中国幅员辽阔，南北跨度非常大，海拔高差也大。即使不算遥远的南海诸岛，从黑龙江漠河到海南三亚的直线距离就超过4 000公里。冬季，东北零下40℃，但华南许多地区仍然温暖如春。夏季，南方出现35℃以上的高温，而东北和云贵高原通常只有20℃左右。根据本团队的研究，全国夏季有70多个城市、冬季有50多个城市适合候鸟式养老。

（三）智慧养老将得到极大的发展

智慧养老是面向居家老人、社区及养老机构的传感网系统与信息平台，并在此基础上提供实时、快捷、高效、低成本、物联化、互联化、智能化的养老服务。智慧养老应用较多的主要有三类场景：一是社区综合为老服务中心的社区智慧养老服务平台，具体功能设施应包括为老年人提供日托或全托服务（如长者照护之家）的场所设施，拥有具备医疗服务资质的机构，为居家老年人提供助餐或助浴服务的场所设施，以及为家庭照料者提供支持服务的场所设施等；二是养老机构内部的综合监测与响应系统，具体包括对老人房间的远程检测，尤其是夜间安全监测等；三是居家老人的智慧养老服务产品，例如家属远程监测与交互系统、老人定位的手表或手机，以及其他大量终端产品等。

目前发达城市大都已经或正在建设社区智慧养老服务平台，欠发达地区或中小城市也在规划建设，但目前的覆盖面还不够，尤其是其智慧程度还比较低。越来越多的养老机构，尤其是大型养老机构开始建设院内的综合监测与响应系统，但与社区综合为老服务中心公共服务信息平台类似，目前还停留在初级阶段。未来，这些智慧养老系统将不仅体现在信息交互的智能化上，更加普遍和具有实际意义的是，为应对青年服务人员短缺和人力成本上升的情况，通过人工智能手段将大量针对老人的日常服务分解为服务机器人能够完成的工作。从长远来看，养老机构内的智能机器人服务工作量将远超人工服务。

（四）中端养老市场极其广阔

由于老人的收入除了养老金外，还可能包括房产租金等投资性投入，其收入结构呈现橄榄形结构，因此，未来中端养老市场极其广阔。针对现有中端养老供给不足的问题，未来可以采取以下切实措施，较大幅度地增加中端养老服务的供给，以适应中端养老市场发展前景的需要。一是允许利用农村集体经营性建设用地或宅基地建设面向城镇居民的养老房产并长期出租（可大于20年），切实增加养老土地供给。在农村地区，可选择公共服务良好、交通便利、自然和人文景观俱佳的社区，通过适度集中的方式实现规模经济,集中的方式是按宅基地和农村集体经营性建设用地指标,以乡镇为单位集中起来使用,而不是零星的小规模地块。二是理顺市场秩序,引导社会资本进入中端养老市场。面向未来,中端养老市场在整个机构养老中应成为规模最大、增长潜力最大、发展最快的部分。为此,要着力改变目前中端养老市场发育不足的尴尬局面,营造信息透明、公平竞争的市场环境。例如,在完善资金监管的基础上,允许中端养老机构像高端养老机构那样收取一笔适中的押金,通过补贴需求方的方式使部分处于收入临界点附近的老人进入中端养老市场等。

(五)社区居家养老高质量发展

未来在整个养老供给体系中,最需要重点加强的是针对97%左右的老人的社区居家养老服务,通过增加密度,提升强度,保证温度,拓展宽度,向居家老人提供全方位、多层次、快响应的养老服务。目前社区内能直接享受到嵌入式养老服务的老人较少,而随着受长达40年独生子女政策影响的父母人群陆续进入老年,未来绝大部分甚至百分

之百的居家老人需要不同程度的社会化养老服务。增加密度就是指社区嵌入式养老服务站点或响应网点能够大幅度增加,提升强度就是使居家老人能够逐渐像居住在养老机构那样随时受到监护,保证温度就是通过满足精神层面的需求让居家老人感受到养老服务的温暖和安全,拓展宽度就是改变目前仅仅是住在社区为老服务中心的老人才能享受到养老服务的状况,让绝大多数甚至全部居家老人都能够享受到良好的社区嵌入式养老服务。随着社区嵌入式居家养老的密度、强度、温度和宽度不断提升,社区居家养老将迎来高质量发展。

(六)品牌连锁养老机构脱颖而出

随着老年人口规模的加速扩大,老年人的养老需求也呈现出多元化的趋势,满足这巨大的养老需求市场自然需要若干品牌连锁养老机构。面对日益庞大的老年群体和巨大的养老市场需求,众多企业和各类投资者纷纷加入康养赛道,养老相关产品和服务层出不穷。目前,中国养老产业发展中已经形成了一批具有特色的品牌养老企业。

未来,随着养老产业链的不断完善,养老中端供给的不断丰富,将有越来越多的养老机构和企业形成品牌连锁而脱颖而出。

四　结语

第七次全国人口普查结果显示,我国已经进入中度老龄化社会,人口老龄化呈现加速态势,"老龄高龄"特征突出,老年抚养比不断上升,全社会养老负担不断增加。从2023年到2050年,我国每年平均新增老年人口预计超过2 000万人。与发达国家相比,我国人口老龄化水平还较低,但随着婴儿潮出生的人口步入老年,我国人口老龄化水平会迅速上升,并且我国老年人口规模是任何一个发达国家都无法相比的。因此,未来我国要不断优化养老行业的供给体系,提高养老产品供给质量和供给效率,以适应养老需求的多元化。同时挖掘银发经济市场潜力,打造旅居养老特色产业,优化智慧养老产业供应链,扩大中端养老产品供给,做强社区嵌入式居家养老服务,打造若干连锁养老品牌,实现养老行业的高质量发展。◆

【参考文献】

[1] 贺丹,刘厚莲.中国人口老龄化发展态势、影响及应对策略[J].中共中央党校(国家行政学院)学报,2019,23(4):84-90.

[2] 陈泰昌,尤帅.新时代我国人口老龄化的发展态势和战略研究[J].老龄科学研究,2019,7(4):11-20.

[3] 刘厚莲.世界和中国人口老龄化发展态势[J].老龄科学研究,2021,9(12):1-16.

[4] 陈明华,仲崇阳,张晓萌.中国人口老龄化的区域差异与极化趋势:1995～2014[J].数量经济技术经济研究,2018,35(10):111-125.

[5] 周海旺,寿莉莉.上海人口老龄化的加速态势与应对的多元策略[J].上海城市管理职业技术学院学报,2009,18(2):3-8.

[6] 薛冰.人口老龄化态势下养老服务业发展路径[J].新疆职业大学学报,2017,25(2):1-4+22.

[7] 罗守贵.前行在养老行业的"信风"带上[J].中国社会保障,2022(2):74-75.

[8] 钱培鑫.智慧养老行业发展的问题及发展策略研究[J].经济师,2019(6):292-293.

[9] 刘照函.中国城市居家型养老模式需求研究[J].现代营销(下旬刊),2020(6):116-117.

[10] 欧阳丹妮,张广济.中国社区养老行业的发展研究[J].智库时代,2019(29):5-6.

[11] 张硕,董昌武,高松,等.中医健康管理在我国养老行业应用现状及前景展望[J].科教文汇(上旬刊),2019(7):156-158.

[12] 罗守贵,谈义良.中国养老行业发展报告2022[M].上海:上海交通大学出版社,2022.

药品创新、上市、定价与竞争
——以格列卫为例

陈志洪　管锡展

摘要

药品从研发到上市是一个长周期过程。本文回顾了第一个小分子肿瘤靶向药——格列卫的研发、上市，一代药与二代药的竞争，仿制药替代等整个产品生命周期。格列卫的问世充分反映了药物创新和上市的偶然性和不确定性。药品上市后企业的竞争策略、产品定价与销售收入变化，表明研发激励和药物可及性的难以兼容。本文指出，中国药品集中带量采购政策实施对提高药物可及性效果显著。

关键词

格列卫；药品创新；药物可及性；仿制药替代

【作者简介】

陈志洪　上海交通大学安泰经济与管理学院副教授，行业研究院医药行业团队负责人。研究方向为产业组织理论与企业竞争策略。

管锡展　复旦大学管理学院讲师，行业研究院医药行业团队成员。研究方向为产业经济、并购与反垄断规制。

格列卫(Gleevec/Glivec,通用名为伊马替尼Imatinib)——史上第一个小分子肿瘤靶向药,被*Science*杂志评为里程碑式的发现。该药是全球第一个酪氨酸激酶抑制剂(tyrosine kinase inhibitor, TKI),由瑞士制药企业诺华(Novartis)生产,于2001年上市,用于治疗慢粒白血病(全称慢性粒细胞白血病或慢性髓性细胞白血病,chronic myelogenous leukemia, CML)。用药后慢粒白血病患者的5年期存活率由31%提高到89%[①],平均生存时间由3～4年增加到30年[②],这意味着原本的绝症在用药后转变成为慢性病!这一神奇疗效震惊了医学界,保罗·埃尔利希(Paul Ehrlich)所希冀的"神奇魔弹"(magic bullets)第一次经由理性药物设计(rational drug design)[③]在肿瘤治疗领域出现。

伴随着神奇疗效的是格列卫高价格所带来的巨大争议。对患者来说,包括药费在内的高昂的诊疗费用是一个沉重负担。在生命价值应该如何衡量这个实际上无解的伦理问题之外,两个经济问题不容忽略。一是应该如何保护制药企业

(和科学家)的研发激励。现行的解决方案是赋予研发成功的企业专利权和市场独占权,使得企业可以在一定时期内在市场上进行独家销售。这就带来了第二个问题,即专利和市场独占带来垄断,制药企业垄断势力的行使(通常体现为高昂的药价和专利侵权诉讼)可能会严重制约药品可及性[④],使得低收入患者无法获得药品以救治生命或提高生命质量,降低了患者的消费者福利。创新激励与药物可及性这两个互不兼容的问题,不仅是诺华等药企在进行创新药物定价时需要考虑的,也是政策制定者所面对的棘手问题,到目前为止没有完美的解决方案。

一 药物研发[⑤]

慢粒白血病是一种恶性白细胞肿瘤,每10万人中约有1～3人患病,属于罕见病(也称孤儿病)的一种。正常人血液中的白细胞数量为4 000～11 000个/立方毫米,而慢粒患者血液中的白细胞数量却高达10万～50万/立方毫米,这些白细胞并不是正常生长的白细胞,不

仅不具有白细胞的功能,还会抑制骨髓的正常造血。预计到2020年,全世界将有超过41.2万人被诊断为白血病(所有类型)。在发达国家,慢粒患者在成年人白血病人中的比例为15%～25%,在所有白血病人中所占的比例为14%。美国大约有4.8万人患有慢粒白血病。2017年,美国约有9 000例新的慢粒白血病病例被确诊。

慢粒白血病起病缓慢,且表现为明显的分期性。其中,一期为慢性期(chronic phase, CP),一般持续1～4年。这一阶段病情相对稳定,部分慢性期患者会出现乏力、低热、消瘦、左上腹坠胀感等症状;也有些患者平时并没有显著不舒服的症状,甚至体能状态比其他人还好,但白细胞明显增高。二期为加速期(accelerated phase, AP),约为3～18个月,此时表现出免疫系统功能下降,长期发烧、贫血、虚弱、出血,脾持续或进行性增大等。三期即急变期(blast crisis, BC),这一期病人仅有3～6个月的生存期,治疗效果极差。慢粒白血病的发展是一个持续过程,在慢性期如不加以控制,则不可避免会走向加速期和

---

① 见Brian J Druker, et al, "Five-Year Follow-up of Patients Receiving Imatinib for Chronic Myeloid Leukemia," *New England Journal of Medicine*, 2006, 355(23): 2408–2417. 后续研究发现5年期存活率达到95%,见Brian J Druker, "Targeted Therapy for Chronic Myeloid Leukemia," in *50 Years in Hematology: Research That Revolutionized Patient Care*, American Society of Hematology, https://www.hematology.org/About-ASH/50-Years.aspx。

② 见悉达多·穆克吉《众病之王:癌症传》,李虎译,中信出版社2013年版,第471页。

③ 理性药物设计或药物设计,是指根据生物标靶有关的知识来发现相应新药品的一整套发明方法和流程,见Wikipedia, "Drug design",https://en.wikipedia.org/wiki/Drug_design。

④ 药品可及性(access to medicines)是指患者以可接受的价格,安全、实际地获得适当的、高质量的文化上可接受的药品及药品合理使用的相关信息。药品的研发、定价、生产与分销、专利授权、捐赠、共付机制等都涉及可及性问题,低收入患者和罕见病患者的药品可及性问题历来是争议的焦点。

⑤ 本节部分内容参考自① 悉达多·穆克吉《众病之王:癌症传》,李虎译,中信出版社2013年版。② 魏思乐、罗伯特·史莱特《神奇的抗癌药丸:一颗橘色小药丸如何改写医药史》,禹谷译,中信出版社2005年版。对于双方观点不一致的地方,在科学研究方面我们更偏重科学家的观点,在商业决策上我们更偏重企业的观点。③ 郭晓强《靶向治疗的典范,精准医学的楷模 从费城染色体到格列卫》,载于《生命世界》,2016年3月。

急变期。

慢粒白血病是第一个被证实为由基因突变导致的癌症。自1845年第一例慢粒白血病被报告以来，科学家花费了100多年的时间才找到致病原因，而研发用于治疗的药物又花费了约20年的时间。

1960年，宾夕法尼亚大学的彼得·诺威尔（Peter Nowell）和福克斯·蔡司癌症中心（Fox Chase Cancer Center）的戴维·亨格福德（David Hungerford）研究发现，慢粒患者的第22号染色体变短了，这彻底颠覆了之前癌症由病毒引起的观点，轰动了整个癌症研究领域，这条异常染色体被命名为"费城染色体"（Philadelphia chromosome）。1973年，芝加哥大学的珍妮特·罗利（Janet Rowley）发现，费城染色体变短的原因是其与9号染色体发生了基因易位（translocation）和融合（fusion），即22号和9号染色体上各有一部分与对方进行了交换并与其他基因重新融合到了一起[1][2]。此后，直到1982—1990年其他科学家才研究确认，易位后9号染色体的Abl基因与22号染色体的Bcr基因重新融合为Bcr-Abl基因（见图1），该基因编码了一种酪氨酸激酶（tyrosine kinase），该激酶始终处于活跃状态，使得白细胞的分裂完全不受控制。至此，慢粒白血病的病因才被正式找到。

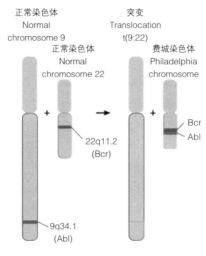

图1　费城染色体示意图
（图片来自网络）

寻找酪氨酸激酶抑制剂的理性药物设计进程也几乎同步开始。20世纪80年代中期开始，瑞士汽巴－嘉基制药公司（Ciba-Geigy）以亚历克斯·马特尔（Alex Matter）为首的科学家团队开始搜寻激酶抑制剂。1986年，马特尔和尼克·莱登（Nick Lydon）首先发现了一种化学分子可以结合激酶蛋白的一个裂隙从而抑制其功能。于尔格·齐默曼（Jürg Zimmermann）合成了该化学分子的数千个变体，交由伊丽莎白·布奇丹格（Elisabeth Buchdunger）进行测试。团队最终合成了几十种新分子，其中有一部分可以抑制Abl基因。

1988年，莱登在美国达纳-法伯癌症研究所（Dana-Farber Cancer Institute）见到了布莱恩·德鲁克（Brian Druker），双方达成了在慢粒患者身上测试这些激酶抑制剂的协议，但由于法律团队未能达成一致而搁浅。1993年，转到俄勒冈健康与科学大学（Oregon Health and Science University）的德鲁克与莱登重新开始合作，此后，加州大学洛杉矶分校年轻的肿瘤学家查尔斯·索耶（Charles Sawyers）也加入临床研究[3]。在莱登研究小组合成的多种抑制剂中，有一种实验代号为"STI571"（也称为"CGP 57148"）的对Bcr-Abl基因有高度结合力的分子，该分子的自由基形式后来被世界卫生组织命名为"伊马替尼"。德鲁克使用该分子药物进行的实验结果令人震惊——用药后慢性粒白细胞全部死亡而正常血细胞却安然无恙！

此时，汽巴－嘉基与同城竞争对手山德士（Sandoz）开始了合并，1996年合并完成，新公司命名为诺华。诺华担心的问题是，要将STI571开发为供人使用的临床药物还需要进一步的动物试验和临床试验，预计耗资1亿至2亿美元，而美国每年10岁以上人口中只有5 000多名慢粒患者确诊，据此预测，市场峰值也仅为1亿美元/年的销售额。然而，STI571的神奇效果让科学家不愿放弃。在德鲁克等人的强力推动下，诺华于1998年合成了少量药物交由德鲁克进行人体试验。1998年6月22日，I期临床试验正式开始，试验结果惊人得好。

---

① 9月22日被定为国际慢粒日。
② 诺威尔和罗利由于在慢性髓性白血病费城染色体发现和机制阐明方面的贡献而分享1998年拉斯克临床医学奖（亨格福德由于早逝而无法分享这一荣誉）。
③ 莱登、德鲁克和索耶这3位在格列卫筛选、验证和临床试验等方面做出卓越贡献的科学家分享了2009年拉斯克临床医学奖。

1999年4月，诺华开始准备生产。1999年6月，Ⅱ期临床试验提前开始①。鉴于STI571在临床试验上的优异表现，美国食品和药品监督管理局（FDA）于2000年7月同意对其进行"快速审查"。2001年2月27日，诺华的新药申请正式提交给FDA，3月26日进入优先审查程序，5月10日获得上市批准，商品名在美国经FDA建议改为Gleevec，在其他地区使用Glivec，通过上市批准之后Ⅲ期临床试验同时进行。2002年秋天，全球主要国家的监管机构均已通过格列卫的上市申请，格列卫正式成为全球治疗慢粒白血病的一线药品。

格列卫的上市审批在医药史上创下了新纪录。鉴于药效和安全性等方面的不确定性和信息不对称问题，药品上市需要经过专业监管机构的审批。研究显示，一款新药从基础研究到上市申请通过，平均耗时128个月，其中，新药申请的审查阶段需要16个月②，而格列卫从新药申请到获批上市仅为3个月！

需要说明的是，格列卫的研发在之后类似的重磅药物开发过程中不具有典型性。由于缺乏历史记录，我们无从计算格列卫的研发成本，这些研发成本只有小部分由诺华承担。早期致病靶点的寻找完全由学术界的科学家进行，其成本主要由美国联邦政府及科学家所在的大学和研究机构承担。诺华从寻找化合物开始才正式进行投入，在此过程中，美国联邦政府和大学同样有所付出，譬如在由德鲁克主导的动物试验和Ⅰ期临床试验中，所在实验室的资金来源主要是美国国家癌症研究所（50%）和白血病与淋巴瘤协会（30%），诺华和俄勒冈健康与科学大学各占10%。结合Ⅱ期临床试验、孤儿药资格认定（带来税收减免）、失败的风险和资本的机会成本等各方面因素，参考学者对Ⅰ到Ⅲ期临床试验每个病人试验费用的估计和当时百时美施贵宝（Bristol-Myers Squibb，BMS）负责肿瘤药开发的副总裁罗伯特·克雷默（Robert Kramer）的分析，非政府组织知识生态学国际组织（Knowledge Ecology International）的詹姆斯·拉弗（James Love）估计的结果是，诺华在Ⅱ期临床试验中所付出的直接成本在3800万美元到9600万美元之间③。

从某种程度上来说，格列卫是癌症治疗中的特例。它之所以能成功，除了科学家的努力以外，还在于慢粒白血病的特殊：它只由染色体易位相关的单一异常蛋白引起，所以科学家能够将所有的精力集中在单一的目标上。大多数癌症由大量复杂的遗传或环境因素引起，因此，想要复制格列卫的成功并不容易。而只要研发关键节点缺一环，都有可能导致这种救命药消失或是推迟送到患者手上。

研究表明，一款新药从Ⅰ期临床试验到批准上市，成功的概率只有10.3%（可以近似认为每10个能进入临床试验的研发项目最终只能成功1个）④。即使新药成功上市，还可能由于副作用大或其他原因被迫退出市场。上市后能够收回前期研发成本的药品比重同样很低。参考失败风险、资本的时间成本和审批的其他成本等因素，一款新药的研发成本约为26亿美元⑤。德勤对生物制药企业药品研发的估算表明，一款新药的研发成本在2010年为11.88亿美元，到2018年则提高到创纪录的21.68亿美元⑥。

二 新药上市

定价，是格列卫上市伊始面临的核心问题。正如医药圈所流行的一种说法：靶向创新药之所以动辄几万元甚至几十万元的价格，是因为患者买到的已经是第二颗药，而第一颗药的价格往往是几十亿美元。第一颗药的价格实际上是指沉

① 在肿瘤领域，Ⅰ期试验通常耗时2年，Ⅱ期试验耗时1～2年，合计3～4年。
② 见 Schweitzer S O, Lu Z J, *Pharmaceutical Economics and Policy, 3rd Edition*, Oxford University Press, 2018。
③ 见 James Love, "R&D Costs for Gleevec," https://www.keionline.org/22170。
④ 见 Schweitzer Stuart O, Lu Z J, *Pharmaceutical Economics and Policy, 3rd Edition*, Oxford University Press, 2018 Table 12.1。这里的概率还不包括寻找药物分子的基础研究过程，研究人员需要合成成千上万甚至更多的分子，从中筛选出所需要的药物分子。
⑤ 见 DiMasi J A, Grabowski H G, Hansen R W, "Innovation in the Pharmaceutical Industry: New Estimates of R&D Costs," *Journal of Health Economics*, 2016, 47（1）: 20-33。
⑥ 见 Deloitte, *Unlocking R&D Productivity: Measuring the Return from Pharmaceutical Innovation 2018*, https://www2.deloitte.com/us/en/pages/life-sciences-and-health-care/articles/measuring-return-from-pharmaceutical-innovation.html。

没性的药品研发费用。研发费用之外，药品上市之后通常还需要辅以大量的学术推广，并产生不菲的销售费用。

针对格列卫的定价，时任诺华CEO魏思乐在2001年股东大会上指出："虽然有点老生常谈，但我还是要说：为了达到目标，我们必须持续投资于研究与发展，以及专注于营销工作。如果将新药上市前置作业的各个阶段列入考虑，估计每一个新药的计划项目须耗费10亿瑞士法郎，也就是6亿美元（到了2001年12月此经费则膨胀至8.8亿美元）。新药上架之前，所需时程则平均费时10～14年。鉴于专利保护期限仅为20年，因此只剩下6～10年的盈利期。在该盈利期当中，我们必须赚足利润来支付先前的资金与风险投入，以及进行企业再投资所需的经费。如果失去了专利权之保障，则产品价格将无法取得盈利之优势。无法获得预期的利润，就无法再投资后续的研究开发。此事无关道德，也无关是非，纯粹是企业生存的逻辑问题。换言之，在市场主导下的资本主义营运机制中，惟有依赖实在的获利机会，公司才有可能进行长期与高风险投资。[1][2]"

行医出身的魏思乐在给格列卫定价时，综合了潜在市场需求、医疗需求、替代疗法和竞争态势等影响因素。当时的考虑是，潜在市场需求有限，譬如，美国10岁以上人口中每年有5 000多名患者确诊。全球平均患病率是每10万人中约1.3例。原有的治疗方案中，异基因造血干细胞移植（allo-HSCT）费用为19.3万美元，但供者有无、患者年龄、移植相关风险等多种因素限制了其应用，并且术后并发概率高。化疗的费用每年约2.8万至3.8万美元，有效率只有40%～50%；干扰素治疗的费用每月为1 700～3 300美元不等；格列卫治疗效果显著高于化疗、干扰素等治疗方案。基于这些比较，并且为了防止走私，诺华最终决定在全球统一定价，400毫克规格每瓶（30片，1个月用量）2 200美元，每年26 400美元[3]。

鉴于其神奇疗效，格列卫在全球多个国家先后获批上市后快速被市场所接受。上市当年，格列卫即实现了超过1.5亿美元的全球销售收入，2005年达到21.7亿美元，快速成为诺华产品线中的重磅药品。此外，在格列卫Ⅰ期临床试验中，索耶等人已经发现一小部分患者对格列卫产生了耐药性，并找到了原因——Abl酶的关键位置氨基酸发生突变。在此基础上，由百时美施贵宝主导研发的施达赛（Sprycel，通用名为达沙替尼Dasatinib）于2006年6月获得了FDA的上市批准，同年11月获得欧洲药品管理局（EMA）批准。此后，2007年第四季度，诺华的二代药达希纳（Tasigna，通用名为尼洛替尼Nilotinib）分别在美国和欧盟获批上市。两款二代TKI药物均于2010年获批为CML的一线药品，与格列卫同台竞技，2015年合计全球销售收入近80亿美元。格列卫在医学和商业上的巨大成功刺激了全球的制药企业，癌症患者也强烈期盼着更多新药的到来。研发推动下，包括厄洛替尼、埃罗替尼、舒尼替尼、奥希替尼、拉帕替尼等一批小分子靶向药物相继上市。

作为孤儿药，格列卫、达希纳和施达赛3款TKI药物能取得如此意料之外且惊人的销售额（见表1），是几个因素共同作用的结果。第一，虽然慢粒白血病患者人数占比并不高，但3款TKI药物大大延长了患者的生存期。生存期内患者需要持续用药，这意味着非常稳定且长期的需求。也就是说，TKI药物的神奇疗效放大了自身市场规模。据业内估测，2010年美国慢粒白血病患者治疗人数大约为2.5万人，2015年已经超过9.2万人。第二，不断开拓的新地域市场。除美国外，欧盟、日本、中国等100多个国家和地区陆续批准上市，地域市场的不断开拓增加了3款药物的全球销售额。2015年，美国以外3款药物的销售额已经占了一半以上的份额。第三，销售额的增长还来自新适应证的开发和获批。例如，2002年格列卫即获美国FDA批准治疗慢粒白血病一线用药。2002年，FDA通过加速批准途径批准格

---

① 见魏思乐、罗伯特·史莱特，《神奇的抗癌药丸：一颗橘色小药丸如何改写医药史》，禹谷译，中信出版社2005年版，第140页。
② 据统计，从1997年至2011年，诺华的总研发花费约836亿美元。其中，只有21种新药获批，平均每种新药花费为40亿美元。
③ 见魏思乐、罗伯特·史莱特，《神奇的抗癌药丸：一颗橘色小药丸如何改写医药史》，禹谷译，中信出版社2005年版，第141—143页。

列卫治疗晚期或转移胃肠道间质细胞肿瘤（GIST）病人，同期也很快被欧盟专利药品评审委员会（CPMP）批准。2008年，FDA又通过加速批准途径批准格列卫用于治疗有可能根治性切除，但复发危险增加的GIST肿瘤病人。2011年格列卫获

得美国和欧盟批准其治疗急性淋巴细胞白血病儿科患者等。

价格亦是刺激销售额增长的重要因素。2001年上市之初格列卫的月费用为2 200美元，此后到2005年前相对保持稳定。2005年之后，价格则以每年超过通胀率5%

的速度攀升，2010年之后更是"一路狂奔"。根据2016年3月《华盛顿邮报》报道，格列卫、达希纳、施达赛3款药物的价格，分别从2007年的3 757美元/月、6 929美元/月和5 477美元/月，上涨到8 156美元/月、8 806美元/月和9 300美元/月

表1　TKI药品销售额　　　　　　　　　　　　　　　　　单位：百万美元

年份	格 列 卫		达 希 纳		施 达 赛	
	全 球	美 国	全 球	美 国	全 球	美 国
2001	152[*]	104[*]	/	/	/	/
2002	613	212	/	/	/	/
2003	1 128	299	/	/	/	/
2004	1 634	368	/	/	/	/
2005	2 170	524	/	/	/	/
2006	2 554	630	/	/	25	22
2007	3 050	714	/	/	158	58
2008	3 670	902	89	26[++]	310	92
2009	3 944	1 088	212	62	421	123
2010	4 265	1 285	399	134	576	188
2011	4 659	1 459	716	255	803	294
2012	4 675	1 698	998	351	1 019	404
2013	4 693	1 939	1 266	428	1 280	541
2014	4 746	2 170	1 529	540	1 493	671
2015	4 658	2 533	1 632	661	1 620	829
2016	3 323	1 214	1 739	722	1 824	969
2017	1 943	627	1 841	810	2 005	1 105
2018	1 561	440	1 874	806	2 000	1 091
合计	53 438	18 206	12 295	4 795	13 534	6 387

数据来源：诺华和百时美施贵宝历年年报（部分数据来自表格20-F）。

[*] 2001年格列卫销售额为257百万瑞士法郎，其中美国销售额为176百万瑞士法郎，按1.688瑞士法郎：1美元的平均汇率进行换算，汇率数据来自 *Organization for Economic Cooperation and Development, Exchange rates*, https://www.oecd-ilibrary.org/finance-and-investment/ exchange-rates/indicator/english_037ed317-en。

[++] 达希纳2008年在美国的销售额未公开，按2009年美国收入占全球收入的比例估算。

（见图2），3款TKI药物平均年费用约为10万美元，高昂的药价成为患者沉重的经济负担[①]。传统经济理论认为，竞争是产品价格下降的核心驱动因素。但TKI产品市场上，达希纳、施达赛2款二代药的加入，反而"推高"了相关产品价格，这和TKI药品的需求特征有关，我们将在下一节中对此做进一步解释。

格列卫价格上涨趋势在美国创新药物市场并非个案。根据霍华德等人（Howard et al.）对1995—2013年期间美国上市的58款肿瘤药物研究发现，肿瘤新药上市价格每年上升10%～12%，肿瘤新药价格如此之高，以至于2013年美国约370亿美元肿瘤疾病治疗费用的1/3都花在10款专利保护创新药上[②]。肿瘤药物的平均价格已经从2000年不到1万美元/年上涨到2017年的17万美元/年，IQVIA更是预测未来7年，美国肿瘤药物价格仍可能相对再翻一番！[③]

事实上，包括肿瘤药在内的诸多处方药的市场特征与传统经济理论有巨大的差异。如果药品是患者无需处方直接通过零售部门购买的，并且患者全额支付价款，那么这种非处方药（over-the-counter drugs, OTC药品）的需求可以直接应用传统理论来分析。但是抗癌药和其他处方药的购买与支付与上述OTC药品不同。首先，鉴于抗癌药物对生命延续的重大意义，患者对此类重症药物的需求高度缺乏价格弹性。其次，在药品及治疗方案选择上，患者与医生形成了委托—代理关系。医生作为患者的代理人，代替患者决定是否用药及用什么药。作为代位支付者，医生的决策在药品需求中扮演了关键性作用，而医生首要关注的是药效问题。此外，在支付方面，处方药的支出往往有很大一部分通过医疗保险、商业保险和其他第三方机构（如慈善组织和其他医疗中介组织）来支付。这种共付机制（co-payment）通常会规定可以在患者和支付机构之间进行费用分担（cost-sharing）的药品类型和费用分担的具体方式。患者自付费用（out-of-pocket expense）在处方药支出中所占的比重取决于病种、医疗保险制度、商业保险和其他第三方组织的参与等因素[④]。缺乏需求价格弹性、代位支付及共付机制的存在，使得制药企业通常不以价格竞争为主要手段。表面的公开标价（list price）只是制药企业和共付方进行价格谈判的一个基准。制

公司： ● 诺华　　　 百时美施贵宝

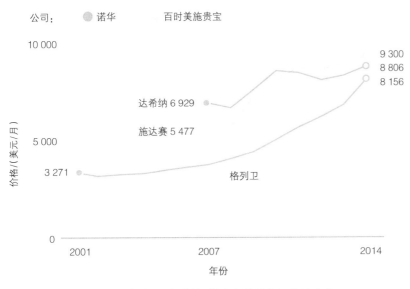

图2　格列卫、达希纳、施达赛美国市场价格变化

[资料来源：转自《华盛顿邮报》，根据斯塔西·杜塞茨娜（Stacie Dusetzina）等取患者和保险计划的实际支出的平均水平计算。药物价格已根据通胀调整到2014年水平，但不考虑患者赠药和保险公司折扣]

---

① 见Carolyn Y J, *This drug is defying a rare form of leukemia—and it keeps getting pricier*, https://www.washingtonpost.com/business/this-drug-is-defying-a-rare-form-of-leukemia--and-it-keeps-getting-pricier/2016/03/09/4fff8102-c571-11e5-a4aa-f25866ba0dc6_story.html?noredirect=on&utm_term=.ddeb4d37cb49。
② 见Conti R M, Peter B B, "Cost Consequences of the 340B Drug Discount Program," *Journal of the American Medical Association*, 2013, 309(19): 1995-1996。
③ 见https://www.ascopost.com/issues/december-25-2018/will-the-trump-administration-s-plan-to-reduce-cancer-drug-prices-work/。
④ 美国的这一比重已经由1990年的56.8%下降为2016年的13.7%，见NCHS (National Center for Health Statistics), 2018, *Health, United States, 2017*, Hyattsville, MD: NCHS, table 95, https://www.cdc.gov/nchs/data/hus/2017/095.pdf。中国的这一比重近年来也在下降，尤其体现在两个方面：一是由于施行了新型农村合作医疗，农民的自付费用占比显著下降；二是由于医保目录的调整（如抗癌药进医保），癌症等重症病人自付费用的占比也在显著下降。

药企业往往会深度介入整个医疗过程的各个环节，环节中的每一个方面都影响着制药企业的定价和竞争行为。

传统的经济理论充分解释了格列卫在不同国家市场的价格差异——根据地域市场的（三级）价格歧视。由于药品生产和销售的专业性，以及上市审批、生产监管、进出口等制度方面的差异性，每个国家都可以被认为是一个独立的地域市场（譬如中国市场）。欧洲经济区可能会构成一个大的地域市场，也不排除某些欧盟成员国同时构成一个独立的地域市场。因此，诺华也能够在每个地域市场进行差异性定价。

从实际情况来看，格列卫的批发价格在不同国家之间的差异确实很大。2016年美国的年批发价格为84 408.78美元，英国为20 980英镑（26 898美元）[①]。在发展中国家，批发价格的差异化更加显著。根据世界卫生组织的《国际药品价格指数（2014版）》[②]，2014年400毫克规格格列卫在发展中国家的批发价格最低是每片3.796 6美元（一年1 386.49美元），最高价格是每片52.50美元（一年19 162.50美元），中位数为每片28.149 3美元（每年10 274.50美元），最高价格是最低价格的13.82倍。到2015年，400毫克规格格列卫的最低批发价格为每片3.419 6美元（一年1 248.15美元），最高价格是每片47.00美元（一

年17 155.00美元），中位数为每片25.209 8美元（一年9 201.58美元），最高价格是最低价格的13.74倍[③]。对比可以看出，随着专利期即将结束，批发价格已经表现出明显的下降趋势。

零售价格也同样表现出了国家间的价格歧视。表2列出了全球100多位慢粒病专家所报告的2012年格列卫（伊马替尼）、达希纳（尼洛替尼）和施达赛（达沙替尼）在不同国家的价格。对比可知，除了少数例外，达希纳和施达赛的价格高于格列卫。格列卫在美国的价格远高于其他国家，中国价格只有美国价格的一半。

为了提高格列卫的可及性，诺华在全球开展了患者援助项目。根据该项目，在美国和拉丁美洲地区，年收入低于4.3万美元的患者（净

表2　各国TKI产品价格比较（2012年）　单位：千美元/年

国　家	伊马替尼	尼洛替尼	达沙替尼
美　国	92.0	115.5	123.5
德　国	54.0	60.0	90.0
英　国	33.5	33.5	48.5
加拿大	46.5	48.0	62.5
挪　威	50.5	61.0	82.5
法　国	40.0	51.5	71.0
意大利	31.0	43.0	54.0
韩　国	28.5	26.0	22.0
墨西哥	29.0	39.0	49.5
阿根廷	52.0	73.5	80.0
澳大利亚	46.5	53.5	60.0
日　本	43.0	55.0	72.0
中　国	46.5	75.0	61.5
俄罗斯	24.0	48.5	56.5
南　非	43.0	28.0	54.5

数据来源：Experts in Chronic Myeloid Leukemia, 2013, The price of drugs for chronic myeloid leukemia (CML) is a reflection of the unsustainable prices of cancer drugs: from the perspective of a large group of CML experts, *Blood*, 121(22): 4439–4442.

---

① 见Wikipedia, "Imatinib", https://en.wikipedia.org/wiki/Imatinib。

② 见http://apps.who.int/medicinedocs/documents/s21982en/s21982en.pdf。

③ 见http://mshpriceguide.org/wp-content/uploads/2017/04/MSH–2015–International-Medical-Products-Price-Guide.pdf。

资产超过25万美元除外）可以免费获得药品，年收入在4.3万～10万美元之间的患者自付费用不超过其收入的20%，年收入10万美元以上的患者全额付费[①]。这种援助项目本身构成了一种（二级）价格歧视，但这种歧视性定价实际上提高了消费者福利。

格列卫于美国上市之后的次年即获批进入中国，此后，施贵宝的施达赛和诺华的达希纳也相继在国内获批上市。一盒格列卫原研药（100克×120片，患者每月用量）2002年当年价格为2.35万～2.5万元，年费用为28.2万～30万元，这还不包括每年5000～10000元的诊断费和其他相关支出。此外，米内网数据查阅到最早的两款二代TKI药品国内采购招标价为：2010年北京达希纳招标价为36550元/盒（100克×115

片，约2个月用量），2012年上海施达赛招标价为31575元/盒（50克×60片，约1个月用量）。考虑到慢粒白血病患者需要长期服用，如此高昂的药费是绝大多数国内家庭所无法（长期）承受的。

数据显示，格列卫2005年中国市场销售收入约为3576万元，2011年增长到2.22亿元，2012年后受医保政策影响，销售额快速增长。2018年，格列卫、达希纳、施达赛3款原研药物国内销售额分别为9.44亿元、1.74亿元和0.18亿元（见图3）。

按销售额和价格换算的数字远远低估了这几款药物在中国实际患者中的覆盖率。其中有两个因素不容忽视：一个是原研药企通过慈善机构的援助计划，二是海外市场（印度）仿制药代购。

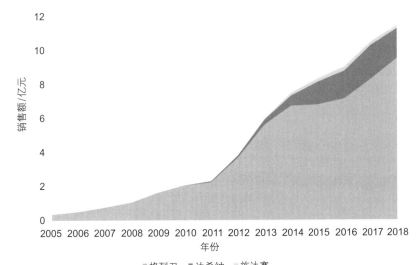

图3　3款原研药物在中国市场的销售额
（数据来源：IMS）

在中国，格列卫的患者援助项目（PAP）由中华慈善总会实施。2003年，格列卫一期计划启动，对于符合条件的低保患者经审核批准后可以得到全额免费援助。2006年推出了帮助低收入工薪阶层的共助计划，即每个治疗年，患者自己承担3个月的格列卫治疗费用后，经审核无力支付后续费用，可接受项目免费援助后续9个月的格列卫药品。二期计划主要面向格列卫可报销的省市，由当地医保报销6个月，中华慈善总会格列卫项目援助6个月。截至2018年年底，这些援助计划在全国设立了107个发药点，参与项目的注册医生达到3697位，累计在中国援助患者64040人（2019年该数字已超过6.5万人）[②]。与此类似，截至2018年12月31日，达希纳项目累计救助患者11165人，在全国设立了107个发药点，参与项目的注册医生达到1830位[③]。施达赛患者援助项目由中国癌症基金会项目办公室负责。[④]

PAP项目远不能完全解决药物可及性问题，高昂的药价下患者不得不"另辟蹊径"——通过非正式渠道购买印度仿制药。这一医药圈里公开的"秘密"一直到2015年陆勇代购印度仿制药案爆发后才为公众所熟知，2018年影片《我不是药神》的热映则再度引发社会对类似格列卫这个天价抗癌药的广泛关注。海外代购药品不仅存在合规性问题和法律风险，药品质量、疗效

① 见魏思乐、罗伯特·史莱特《神奇的抗癌药丸：一颗橘色小药丸如何改写医药史》，禹谷译，中信出版社2005年版，第143—144页。
② 见格列卫患者援助计划：http://www.chinacharityfederation.org/ProjectShow/0/13.html#。
③ 见达希纳患者援助计划：http://www.chinacharityfederation.org/ProjectShow/29/28.html。
④ 见施达赛患者援助计划：http://www.cfchina.org.cn/list.php?catid=264。

也存在巨大的不确定性。真的"假药"与假的"真药"始终困扰着患者、医生与监管当局，所引发的争议此后在山东聊城"假药"事件中也再次上演[1]。

三 仿制药替代

创新药品在"享受"专利保护下垄断定价的同时，终究面临着"专利悬崖"问题——专利到期后仿制药的进入会大幅度降低市场价格。制药企业也会尽可能延迟这一时刻的到来，相应的策略包括产品跳跃（product hopping）、专利组合或专利墙（patent wall）保护、授权仿制药（authorized generic, AG Product）、反向给付（reverse payment，或者"有偿延迟"），以及游说议员反对跨境进口个人使用药

物，做广告，收买对手，垄断潜在未开发市场等。

产品跳跃，是制药企业维持专利垄断保护的常用策略。改换形式、添加或移除某些化合物、将单独出售的2种或以上药物以组合形式重新包装等产品跳跃策略，是原研药企阻击竞争对手仿制药企的有效手段。其中，二代药的开发是一种更为有力的市场保护。例如，达希纳上市后的销售额增长，在一定程度上缓解了诺华格列卫销售额在2016年仿制药进入后的大幅度下滑（见图4）。

需要说明的是，TKI一代、二代药品并非是同质性产品，不同药品个体服用效果差异性也很大。因此，除非产生耐药性，（慢粒白血病）患者服用一种（TKI）药物后不会轻易更换。施达赛和达希纳2款二代

药最初是针对患者对格列卫产生耐药性的二线用药，鉴于患者选择二线用药的显示性偏好已经代表了更低的需求价格弹性或者更高的保留价格，因此2款二代药品上市之初的定价均高于格列卫。而2010年之后，二代药作为一线用药与格列卫同台竞技，3款TKI药品价格仍在持续上升，也不排除诺华和施贵宝在产品价格上达成了一种隐性合谋。

此外，在筛选出有效活性化合物之后，制药企业往往会通过构建专利组合（专利墙）对未来的创新药进行全面保护，即除申请核心化合物专利保护之外，制药企业还会对相应的晶型、制剂、制备方法、中间体、特定杂质、立体异构体、溶剂合物，以及新适应证、联合用药等申请专利保护，并利用优先权制度、专利诉讼等手段遏制竞争对手的市场

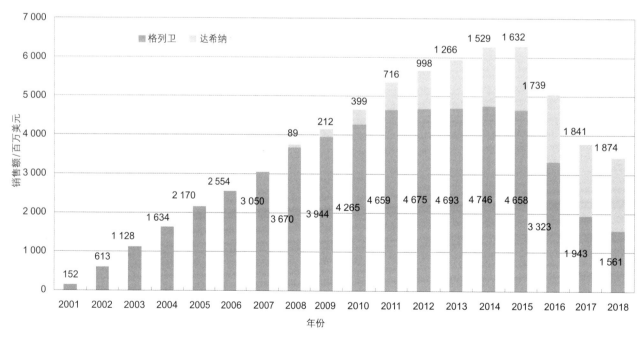

图4　格列卫和达希纳历年的销售额
（数据来源：诺华2001—2018年历年年报）

---

① 见《山东警方通报聊城假药事件：对陈宗祥、王清伟终止侦查》，http://www.bjnews.com.cn/news/2019/03/24/559627.html。

进入[①]。

以诺华的格列卫为例,1992年、1993年申请的专利是伊马替尼的通式化合物N-苯基-2-嘧啶胺(N-phenyl-2-pyrimidineamine)类衍生物及其药物组合物和制备方法。1997年、1998年诺华又申请了伊马替尼的一种特殊晶型——晶型甲磺酸伊马替尼[②]的专利,这是格列卫最终所采用的晶型。基于专利保护期限,伊马替尼主成分在我国的专利保护是2013年4月到期;而晶型专利则是2018年7月到期。在晶型专利到期之前,仿制药企业只能以其他未受专利保护的晶型,或自主研发晶型制备药品申请上市。

目前全球存在10多种晶型的伊马替尼,不同晶型的伊马替尼的药效和其他特征存在差异,药效也可能存在潜在差异性。

在美国,诺华与印度太阳制药(Sun Pharma)在格列卫的专利诉讼中达成和解,使得原定仿制药上市日期由2015年7月上市推迟至2016年2月1日,为诺华公司创造了额外180天的市场独占期。2016年仿制药上市后的价格也远低于市场预期:有研究表明,即便2016年先后有3种仿制药进入市场,但仿制药进入后的第一年价格仅比原研药低8%,第二年比原研药低10%;原研药价格虽略有松动,但仍维持

高位(见图5)。在加拿大,格列卫的价格是3.8万美元一年,仿制药的价格大约为8 800美元一年。

市场份额的数据从另一个角度解释了价格刚性的背后逻辑:2016年仿制药已经占据美国约58%的伊马替尼市场,2017年这一市场份额更是上升到74%。诺华的达希纳和施贵宝的施达赛成为慢粒白血病一线用药以来,在整个TKI市场中,选择2款二代药品的患者比重已经从2010年的24%上升到60%(见图6)。借助二代药产品跳跃策略,诺华和施贵宝成功地锁定了市场,降低了格列卫及其仿制药的降价激励。

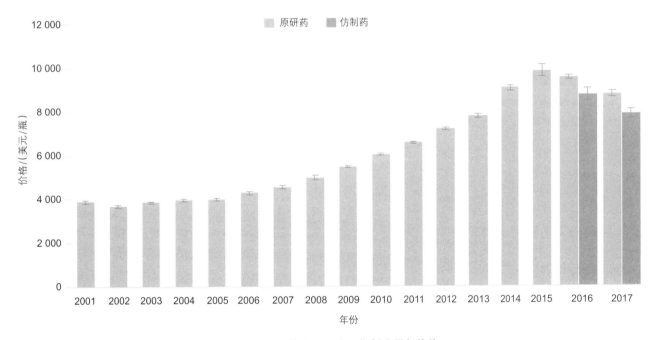

图5　伊马替尼原研药及仿制药历年价格

[资料来源: Cole A L, Stacie B D, "Generic Price Competition For Specialty Drugs: Too Little, Too Late?" *Health Affairs*, 2018, 37(5): 738-742. 图中价格数据按照美国历年的CPI指数调整为2017年价格]

---

① 2001年10月26日,诺华在国内主张了格列卫在胃肠基质肿瘤适应证上的专利保护。2013年,当豪森和正大天晴仿制药上市时,诺华即以胃肠基质肿瘤适应证专利为由对2家公司提起专利诉讼。最终正大天晴与诺华达成和解,而豪森与诺华的专利纠纷直到2017年12月20日由北京高院终审判决诺华涉案专利无效才结束。

② 1993年的基础专利是自由基形式的伊马替尼,并未明确指明化合物晶型。甲磺酸伊马替尼是由伊马替尼与甲磺酸按照1:1比例进行反应得到的加成盐。晶型是这种化合物分子形成的固体的一种特殊晶型。

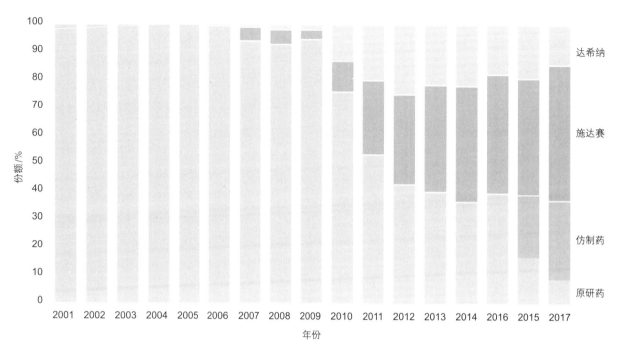

图6　美国CML患者TKI产品选择份额变化
（数据来源：同图5）

在中国，伊马替尼主成分化合物专利于2013年4月到期。豪森的"昕维"和正大天晴的"格尼可"作为国内仿制药相继于当年6月获批上市，2014年，石药欧意的"诺列宁"也获批上市。因为彼时原研药的β晶型尚处于专利保护期，正大天晴的"格尼可"采用了未受专利保护的α晶型（胶囊）上市，豪森的"昕维"和石药欧意的"诺列宁"采用自主研发的晶型上市。3款国产仿制药上市价格均仅为原研药的1/10，大大降低了患者的经济负担，提高了药物的可及性。

国产仿制药的进入，使得甲磺酸伊马替尼的价格逐年下降。根据各省公布的药品招标价格测算，2018年"4+7"带量采购落地前，原研药（格列卫）和仿制药（昕维、格尼可、诺列宁等）价格较2014年下降30%左右。上海阳光医药采购网2018年12月7日发布的"4+7城市药品集中采购拟中选结果公示"中，江苏豪森的"昕维"的中标价为623.82元，平均每片（100毫克）价格为10.40元（见表3），较集采前又下降了25%～30%。此后，诺华、正大天晴、豪森也分别下调协议采购价。2019年9月24日，全国扩面集采"格尼可"和"昕维"投标价格为8.93元/片和10.40元/片。

巨大的价格优势下，国产仿制药快速实现了原研替代。根据IMS数据，以用量为度量的国产伊马替尼市场占比在2013年、2014年、2015年、2018年分别为5%、32%、63%和80%。达沙替尼的国产仿制药——正大天晴的"依尼舒"也凭借价格优势在市场中占据主导地位。

纳入医保目录，是药物可及性问题的关键环节。2013年，江苏省以谈判的方式将诺华的格列卫和达希纳等特殊常用高价药纳入省医保基金支付范围①。豪森的"昕维"和正大天晴的"格尼可"也于2015年纳入江苏省医保乙类药物②。在随后的各地医保目录中，这些药亦被列入地方医保目录内，每个省份报销比例略有不同，平均报销比例

① 见《江苏省人力资源和社会保障厅关于将甲磺酸伊马替尼和尼洛替尼胶囊纳入医保基金支付范围的通知》（苏人社发〔2013〕127号），2013年4月11日，索引号：550232674/2013-00020。

② 见《江苏省人力资源和社会保障厅关于将甲磺酸伊马替尼片（昕维）等特殊药品纳入医保基金支付范围的通知》（苏人社发〔2014〕418号），2014年12月16日，索引号：550232674/2014-00235。

表3　甲磺酸伊马替尼医保采购价　　单位：元/片（100毫升）

药品	年　份					集采价格
	2014	2015	2016	2017	2018	
格列卫	201.07	194.33	180.00	175.00	172.00	119.70
昕　维	20.97	20.35	19.33	18.64	14.05	10.40
格尼可	21.58	20.87	14.54	14.54	14.54	9.77
诺列宁	26.92	20.15	17.27	15.82	13.99	10.40

数据来源：根据各省药品采购招标价格测算，上海阳光医药采购网。

达70%，个别省市报销比例达85%。2017年7月1日，格列卫被列为国家基本医保目录中的乙类药品。在《我不是药神》影片结尾处，身为警察的妻弟对程勇说："现在没人弄假药了，正版药进医保了。"

值得一提的是，"4+7"集采之后，诺华在下调格列卫集采协议价的同时，也将相应的援助计划由之前"自费3个月援助9个月"，更改为"自费4个月援助8个月"①，这一政策调整在很大程度上抵消了价格的下调效应。类似现象之前在达希纳调价后也曾发生。2018年10月10日，国家医疗保障局发布了2018年抗肿瘤药物国家医保专项谈判结果，达希纳200毫克型号，原价每粒300元，降价到94.7元；150毫克型号，原价每粒241元，降价到76元，降幅达68.46%，力度不可谓不大。2018年11月5日，中华慈善总会发出《关于达希纳患者援助项目调整的通知》。根据测算：按照以往赠药方案，达希纳200毫克型号原价34 000元，买3个月送12个月，5年花费408 000元，以报销70%计算，个人支付122 400元，政府支付285 600元。降价之后，达希纳200毫克型号价格为11 364元，买8个月送4个月，5年花费454 560元，1年多出9 312元，同样的报销比例下，个人1年多支付2 793元，政府1年多支出6 518元。可见，纳入医保后可能出现实际支付增加，这些降价后的赠药调整方案，可能会使得部分低收入患者并没有成为有效的"受益群体"②。

四　展望与思考

格列卫开创了抗癌药的新时代，其神奇疗效震惊了医学界，成为当年十大科技突破之一。2001年5月28日的《时代》杂志在封面上写道："在针对癌症的战争中，我们有了新的弹药。"格列卫的研发成功，让人类第一次看到了人类战胜癌症的曙光。在研发上，格列卫代表着理性药物设计的新纪元，自此之后靶向抗癌药不断涌现。

格列卫、施达赛、尼洛替尼之后，辉瑞的博舒替尼（Bosutinib）于2012年获批用于慢粒白血病，2017年获批一线用药。2018年7月20日，江苏豪森历时超过10年研制、具有自主知识产权的氟马替尼（Flumatinib）获得CDE受理，并进入优先审评通道，临床结果显示，氟马替尼对肝肾功能、胰腺等器官的功能损伤明显下降。

格列卫及相关TKI药物的成功上市远非慢粒白血病患者治疗的终点。TKI药物的成功使得慢粒白血病逐渐变为一种慢性可控性的疾病，但是患者绝大多数仍然需要长期甚至终身服药。此外，每种TKI都有其独特的安全谱和特征性的不良反应，例如，伊马替尼最常见的不良反应有周围水肿、恶心、肌肉痉挛和肌肉骨骼疼痛，尼洛替尼会引起糖脂代谢紊乱和心脑血管问题，达沙替尼会引起胸腔积液等。药物的不良反应会引起患者用药依从性及导致健康相关生活质量的下降。诸多临床未被满足的需求依然依赖于药物创新与新的治疗手段研发。◆

---

① 见中华慈善总会，2019年3月18日，《关于格列卫患者援助项目调整的通知》，https://www.gipap.org.cn/html/lookpdf.html?list=3&item=190318。
② 见《二代格列卫纳入全国医保后有患者药费反升？中华慈善总会回应》，https://www.thepaper.cn/newsDetail_forward_2717563http://www.or123.top/?p=36949。

第三篇

百舸争流·共创行研新生态

科学开展行业研究 为建设中国式现代化贡献智慧力量

凌 文

习近平总书记指出：科学研究既要追求知识和真理，也要服务于经济社会发展和广大人民群众。广大科技工作者要把论文写在祖国的大地上，把科技成果应用在实现现代化的伟大事业中。上海交通大学安泰经管学院认真践行习近平总书记关于研究工作价值和意义的具体要求，致力于行业深度研究，坚持以"纵横交错，知行合一"的核心战略推动学术理论与行业实践的良性互动。学院出版《安泰行业评论》系列读物，积极探索学院派行业研究新范式，以多方面、多类型、多维度的研究成果构建全球产学研协同发展的商学生态圈，为探索解决我国重点行业发展中的难点和痛点问题贡献了交大人的智慧和力量。这种以学术理论赋能行业研究、扎根行业难题、提供破解良方的担当与实践，正是对百年交大史的生动诠释。

上海交通大学创办于甲午战败、民族危难之际，办学伊始即确立了"求实学、务实业"的宗旨，后期发展壮大中逐渐形成了"雏既壮而能飞兮，乃衔食而反哺"的"思源校训"。可以说，上海交通大学的历史就是一部将学术殿堂研究与经济社会现实需求紧密结合的历史。上海交通大学是我的母校，我本科阶段在此求学，后来又到上海交通大学系统工程研究所开展博士后研究。参加工作以来，我先后在中国工商银行、神华集团、山东省政府等部门和单位从事管理与研究工作，深切体会到研究工作特别是行业研究工作，对找准行业发展方向、增强核心竞争力、提高科技水平、打造现代产业体系等具有重要价值。下面，我结合过往工作经历的沉淀和总结，谈一谈对开展行业研究的思考与展望。

行业研究需要前瞻性的思维和布局。当前，我国正处于全面建设社会主义现代化国家开局起步的关键时期，在加快构建新发展格局和推动高质量发展的总要求下，建设现代化产业体系成为推动实现中国式现代化的重要路径之一。开展前瞻性的行业研究，充分发挥智慧要素的支撑作用，更好地服务于政府、服务于社会、服务于企业、服务于教学科研和人才培养，对促进产业结构优化升级、培育壮大发展新

【作者简介】

凌 文 中国工程院院士、上海交通大学讲席教授。

动能、构建符合中国式现代化要求的现代产业体系具有十分重要的现实意义。

一　行业研究在服务经济管理工作中要发挥"刻度尺"的作用

党的二十大报告指出，高质量发展是全面建设社会主义现代化国家的首要任务。推动高质量发展，是保持经济持续健康发展的必然要求，是适应我国社会主要矛盾变化的必然要求，更是遵循经济规律发展的必然要求。在经济管理工作中，我们要坚持系统观念，科学把握经济社会各领域、各层次、各环节发展的关联性和耦合性，加快形成全要素发力、多领域联动、全方位集成发展的整体合力，努力实现发展质量、结构、规模、速度、效益、安全相统一。既要统筹兼顾、科学布局现代化经济体系，畅通生产、分配、流通、消费等各个环节，加强全域创新链、产业链、价值链的衔接融合，又要在动态中把握平衡、综合施策，协调好发展的速度、力度和进度，推动各区域在生产要素、技术创新、人才资源等方面优势互补、均衡发展。

我国经济已由高速增长阶段转向高质量发展阶段，正处于转变发展方式、优化经济结构、转换增长动力的攻关期。行业作为国民经济的重要基本组成单元，是推动经济高质量发展的先行与引领。深入开展行业研究，不仅有助于把握市场动态，了解竞争环境，应对市场挑战，还有助于掌握发展中存在的瓶颈问题和制约因素。在针对

发展问题制定应对决策措施时，需要充分发挥行业研究的"刻度尺"作用，锚定行业发展实际，坚持求真务实、科学决策，才能使政策措施做到目标明确、路径清晰、有的放矢。

我在山东工作期间，针对山东"两高"行业生产规模大、转型升级任务重的问题，组织人员深入相关行业开展调查研究，在全面排查摸底的基础上研究制定政策方案，既要坚决遏制"两高"行业项目盲目发展，也要坚决杜绝"一刀切"和"运动式"减碳。坚持一业一策、一企一策，强化政策支持和协同配合，对"两高"行业严控增量、优化存量；对"非两高"行业，强化要素资源保障，加大招商引资力度，推动加快发展。统筹兼顾节能降碳、经济发展与民生保障，确保产业链供应链安全、能源安全和经济社会平稳运行。开展行业研究及制定相关行业发展政策，只有坚持实事求是不动摇，用"刻度尺"丈量清楚实际情况，才能使各项工作做到深、实、细、准、效，制定的行业发展政策真正符合实际，做到精准施策。

二　行业研究在构建新发展格局实践中要发挥"导向仪"的作用

习近平总书记指出，加快构建以国内大循环为主体、国内国际双循环相互促进的新发展格局，是把握未来发展主动权的战略性布局和先手棋。只有加快构建新发展格局，持续增强国内大循环内生动力和可靠性，不断提升国际循环质量

和水平，才能夯实我国经济发展的根基，有效应对前进道路上的各种风险挑战，确保中国式现代化建设行稳致远。

产业链、供应链的安全稳定是构建新发展格局的重要基础。受百年变局和疫情的叠加冲击，全球产业链、供应链的分工格局、运行逻辑、规则体系、竞争范式发生了深刻变革，各国纷纷通过加强资源整合和"保护性措施"减少对外依赖，产业链、供应链呈现出"本地化、区域化、分散化"趋势，产业链发展面临的不稳定、不确定性因素明显增多。行业研究在打造安全稳定的产业链、供应链方面具有不可替代的规划作用，不仅有助于更加准确地把握产业链、供应链的风险点和薄弱环节，研究制定应对措施，还可以发挥"导向仪"功能，为企业优化产品结构和提升产业层次提供指导，帮助企业把握市场机会，提升国内国际双循环内生动力。

同样以山东为例。近年来，山东围绕重点产业链深入开展调查研究与分析研判，力求找准关键核心技术和零部件"卡脖子"薄弱环节，精准制定和实施有效的产业链政策。在摸清行业底数的基础上，重点聚焦新一代信息技术、高端装备等九大产业领域中的43条产业链，精准绘制覆盖产业链上下游关键环节的"1张图谱"；深入梳理领航龙头企业、重点配套企业、主要特色优势、急需突破短板、协同攻关技术、区域布局优化等"N张清单"，基本厘清了重点产业链的"四梁八柱"，明确了固根基、扬优势、补短板、强弱项的主攻方向。对具体企业而

言,其发展方向和目标任务更加清晰,优化产品结构和提升产业层次的路径更加明确。由此可见,行业研究有厘清发展方向、聚焦发展目标的导向作用。在通过建立起安全稳定的产业链、供应链来夯实新发展格局基础的过程中,我们开展行业研究工作,需要进一步坚持问题导向,研判环境形势,明确目标任务,实施精准定位。

三　行业研究在建设现代化产业体系规划中要发挥"融合剂"的作用

党的二十大报告提出,要建设现代化产业体系,坚持把发展经济的着力点放在实体经济上,推进新型工业化,加快建设制造强国、质量强国、航天强国、交通强国、网络强国、数字中国。现代化产业体系是现代化国家的物质技术基础,建设现代化产业体系作为优化供给结构、带动需求扩大的重要途径,是我国应对国内外复杂局面、抢抓发展新机遇和实现我国长远战略目标的重要举措。

当前,以新一代信息技术、"人工智能+"为代表的新一轮科技革命和产业变革方兴未艾,产业融合特别是先进制造业和现代服务业的深度融合,已成为全球经济增长和现代产业发展的重要趋势。数字化条件下的不同产业、行业之间相互渗透、交叉融合的趋势更加明显。推进现代化产业体系建设,离不开对产业融合机制的分析与构思,开展相关研究能够以先进制造业为支撑的现代产业体系的发展壮大贡献"金点子",也将在推动产业融合

发展方面发挥出重要作用。

开展行业研究特别是产业融合研究,要坚持系统观念,时刻保持高质量发展的全局视野,把握好当前与长远、宏观与微观、主要矛盾与次要矛盾、特殊与一般的关系。深入分析传统产业边界,研究不同产业通过彼此相互嵌入、衍生、转化、合成、赋能等方式,形成更高效率、更高价值新产品、新模式、新业态的内在逻辑和现实路径。研究过程中,既要重视传统产业的转型升级,也要着力推动新一代信息技术、人工智能、生物技术、新能源、新材料、高端装备、绿色环保等新兴产业的成长与发展;既要推进制造业与高技术产业,尤其是数字技术产业、绿色技术产业的融合创新,又要重视构建优质高效的服务业新体系,推动现代服务业同先进制造业、现代农业深度融合。行业研究只有坚持系统观念、全局谋划、统筹思考,才能在现代化产业体系的构建过程中抓住真问题,拿出好点子,提出新对策。

四　行业研究在激发创新主体活力行动中要发挥"点火器"的作用

党的二十大报告提出,必须坚持"创新是第一动力",坚持创新在我国现代化建设全局中的核心地位。当前全球科技创新进入空前密集活跃期,各主要国家纷纷把科技创新作为国际战略博弈的主战场,科技创新已经成为推动全球价值链重构的关键力量。实现中国式现代化迫切需要发挥创新激励经济增长的乘数效应,把高水平科技自立自

强作为国家发展的战略支撑,增强原始创新能力,全面塑造发展新优势,不断开创我国社会主义现代化建设的新局面。

科技创新是一项由创新链、产业链、资金链、人才链、政策链等相互交织、相互支撑的系统工程。企业是科技创新的主体,也是科技与经济紧密结合的实体,需要持续通过技术、管理和商业模式的创新与变革来打造核心竞争力。开展行业研究,可以帮助企业更加全面深入地了解技术研发路线和市场趋势,明确创新目标,"点火式"地激发企业科技创新的动力和热情,更加有效地推动产品和服务的创新提升,增强企业应对风险和完善链条的本领和能力。

"星星之火,可以燎原。"要充分发挥好行业研究在激发创新主体活力行动中的"点火器"作用,首先要把握好发展的整体性和协调性,注重事物间的密切联系,找准创新链、产业链、资金链、人才链、政策链及它们融合过程中的薄弱环节;加深对各个系统的基本内涵、涉及主体、构成要素、利益关系等的理解,增进对关键环节和内生动力的认识。要深入研究以市场为导向,以企业为主体,产学研深度融合的产业技术创新体系,积极为营造包括人才生态、金融生态和空间生态等在内的产业创新生态出谋划策。要突破固有思维,创新性地构思设计产学研深度融合全新范式,推动校企、院企由松耦合向高密度互动的紧耦合转变。努力破解产学研协同创新难题,加速推动解决科技成果转化的"最后一公里"问题。

开展行业研究，需要拿出"好的答案"，但更要紧抓"好的问题"。马克思指出，"主要的困难不是答案，而是问题""问题就是时代的口号，是它表现自己精神状态的最实际的呼声"。当今世界百年未有之大变局加速演进，不确定、难预料因素增多，各种风险挑战、困难问题比以往更加严峻复杂。以习近平同志为核心的党中央高瞻远瞩、审时度势，做出在全党大兴调查研究的重要工作部署，这对推动全面建设社会主义现代化国家开好局、起好步具有重要的历史意义。我们开展行业研究，必须站稳人民立场，坚持实事求是，突出问题导向，不断总结经验，确保调查研究取得经得起历史和人民检验的实效。

"路漫漫其修远兮，吾将上下而求索"，研究之路永无止境。以上是我多年来工作过程中对行业研究价值和未来发展的一些思考与感悟，借《安泰行业评论》与广大的研究工作者共勉。最后，衷心祝愿母校上海交通大学再谱华章，《安泰行业评论》越来越好。◈

商学院急需供给侧结构性改革*

陈宏民

从20世纪50年代到改革开放初期，我国的高等教育领域是没有商科的。我国的商学院及管理学科正是乘着改革开放的东风，一日千里，突飞猛进。如今我国几乎所有的高等院校都有管理学院或者商学院，每年毕业的MBA学生数以万计，学术成果铺天盖地，学科排名节节攀升。但与此同时，也出现了一些让人担忧和需要反思的情况。

1. 相当部分学者热衷于发表国际论文，却对解决现实问题不感兴趣

管理学科与法律、医学一样，是高等教育众多学科中最具实践性的学科之一。然而，医学专家不会看病，法律专家不会断案，管理学专家不懂管理，是如今社会公众对于相当一部分学者的负面评价。当然，术业有专攻，未必每个医学专家都应该会看病，每个管理学专家都应该懂管理。但是如果相当部分学者仅仅热衷于发表SCI论文，而对解决中国现实问题不感兴趣，如果学术界的价值评判和价值趋向越来越远离现实需求，这就成了大问题。

管理学科所有理论的出发点和落脚点应该是社会的管理实践，这应该是一条社会共识。虽然理论自有其体系，不是每个结论都能直接为管理实践服务，但是如果大家一窝蜂地都埋头于理论推演之中，而不在意管理实践对管理理论的源泉意义和应用价值，那么这个学者群的价值取向就存在问题。

欧美国家一个成熟的专利药，如果要在中国本土使用，都还需要做进一步的临床试验，因为中国人与欧美人在体质上会有某些系统差异。可是在欧美杂志上发表的理论成果，却能够在中国管理学界不经检验，直接被奉为圣典，甚至在应用中通行无阻；而在中国管理实践中提炼出来的成果，如果不能得到欧美学者的认同，就不能算作高水平成果。这岂非咄咄怪事？

冰冻三尺，非一日之寒。包括管理学科在内的我国高等教育乃至整个科技领域，供给与市场需求严重脱节，这已经成为大问题。在2018年的两院院士大会上，习近平总书记指出：人才评价制度不合理，唯论文、唯职称、唯学历等现象仍然严重。从这个角度说，对商学院进行一次"供给侧结构性改革"迫在眉睫。

【作者简介】

陈宏民 上海交通大学行业研究院副院长、数字化平台行研团队负责人、上海市政府参事。

* 原文发表于上观新闻《"欧美的天难以覆盖中国的地"，中国商学院急需来一次"供给侧结构性改革"》，2018-12-04。

2. 商学院紧盯着国际化排名，却忽视了经济社会的实际需求

需求为自己创造供给，是市场经济的一条重要法则。当需求意愿强烈，同时供给与需求之间的渠道畅通时，市场信号会有效激发和调整社会的供给，让供给去不断满足变化着的需求；供给侧不需要有意识地干预调整。然而在现实中，我国在管理需求和管理供给的两端都存在一定的问题。

首先，需求端信号发送不够强烈。我国的管理尤其是企业管理尚未形成对理论供给的依赖。如前所述，我国管理学科相比其他学科是年轻的，管理理论对管理实践从未形成全方位的有力支持。中国的民营企业大都是草根出身，在不甚规范的市场体制里摸爬滚打，从夹缝中顽强地生长出来，而国有企业行政色彩始终很浓，两者似乎都对基于市场经济的管理理论和思想缺乏需求。

其次，供给的基础并非扎根于需求。我国的管理学科不仅年轻，而且其基础理论并不是从本国管理实践中提炼出来的，而是一开始就引入西方管理理念和思想。西方的管理学尽管有其很强的科学性，并在西方经过了比较严格的实践检验，但是毕竟没有经过中国的本土化改进。

学界常说"顶天立地"，即希望学者的研究既在理论上领先，又在现实中有应用价值。可是，中国的社会主义市场经济体制是个新生事物，改革开放40年，市场化进程依然步履艰难，传统意识从观念到做法还有相当市场，管理实践中需要面对许多东西方文化和理念的矛盾与冲突。而这些年，学者们所研究和教授的却都是基于西方文化的经济管理理论，于是就出现了"欧美的天难以覆盖中国的地"，理论供给与现实需求在许多方面不匹配。

最后，政府干预人为地进一步减弱了供给对需求的响应。这些年中国经济的快速发展，使得来自政府的教育经费和研究经费大增。这本来是件天大的好事，可是也因此出现了我国管理学科乃至整个科研体系的"人造需求"。大量纵向教育资源往往是根据各学校的国际化程度，在学科排名（很大程度上是国际论文排名）中的地位等指标加以配置的，而不是根据他们培养的人才在社会上受欢迎的程度、其研究成果对经济社会的贡献度来配置的。这就导致商学院乃至整个高等教育的供给能力和水平，逐渐向着国际化排名的方向而不是中国经济社会的实际需求方向演变。

于是，包括管理学科在内的我国科技领域在一定程度上出现供给端自我封闭式地循环运行。一边是教育经费投入逐年增加，国际排名蒸蒸日上；另一边是家长们对于国内高等教育越来越失望，送孩子出国深造方兴未艾，而且趋于年轻化。一边是研究经费投入增长迅猛，国际成果洋洋洒洒；另一边是社会对于学者和成果越来越缺乏信心。

我国高校和科研机构的申请专利数是全球第一，可是科研成果产业化的推进却是步履维艰。究其原因，很大程度上是一些学者申请的专利压根儿就没打算用于实践，而是为了完成科研项目的考核。那些来自纵向即各级政府和国家基金的科研项目，都把专利申请作为重要的考核指标；至于那些获得的专利是否真正有应用价值，却很少有人关心。

3. 我国既不能坐等欧美商学院率先转型，也不能盲目推进

2018年，几个部委联合发布了"四唯"清理的通知，可以看作政府高层对于学术领域供给侧结构性改革的号令；而陈方若教授关于"全光谱贡献"的观点，则给出了极好的注解。

据陈方若教授介绍，他上任之前曾与几位欧美顶级商学院院长交流过。他们都认为，管理学者的关注点离管理实践越来越远，是个全球范围内的问题；他们都深感忧虑，却又表示无能为力。因为目前商学院的现状是内无动力，外无压力。

记得前几年我国台湾地区一所著名大学商学院的资深教授来应聘大陆一家商学院的院长职位。在介绍自己的研究成果时，这位在台湾管理学界耕耘了近30年的教授，其代表性成果竟然是一篇研究美国股市的论文。可见，商学院的理论偏离实践，是带有一定普遍性的情况。

我觉得商学院也要来一次"供给侧结构性改革"，在此过程中，应该遵循"考核引领，平台推进，重点突破，循序渐进"的原则。

第一，考核引领，就是牢牢抓住考核这根指挥棒。

应该说，商学院乃至整个高等教育的供给逐步偏离经济社会的需求，与对它们的评价体系和考核指标的演变密切相关。由于片面理解

国际化,把国际化当作外国化或者欧美化,各类考核指标不断向海外看齐。从考核论文到考核项目,从考核奖项到考核海外学者比例,愈演愈烈,范围也不断扩大;不仅科学院、名牌大学按这个标准,普通大学,甚至高职中专也向此看齐。由此引发教育的升级潮。

如今要将国内的管理供给引向管理需求,在供求渠道还不甚畅通的环境下,考核体系的引导依然是十分关键的。需要把对商学院及管理学科的学者们的考核激励指标,从唯论文、纯学术的单维度指标中解放出来,实行从理论到应用的"全光谱贡献"考核;让更多学者能够专注于从中国管理实践中发现问题,提炼理论;让更多学者致力于把理论成果应用于管理实践中。

一个优秀的商学院不仅应该得到学界同行的推崇,也需要得到业界乃至政府的认同,为企业和行业的发展,包括政府对行业的规划管理做出应有的贡献。

第二,平台推进,通过搭建和完善一系列平台,促进供给对需求的响应。

学术界的平台大致有三类:基金、杂志和学会。国家基金和地方政府基金是影响力最大的平台。基金项目的引导不仅决定着学者们的研究经费,也引导着他们的研究兴趣。能否获得高层次的基金项目如重大、重点、杰青等很大程度上标志着学者的身份和地位,也成为许多学者终身为之奋斗的目标。

近年来,高层次基金评审越来越强调国际化,强调重视海外学者的意见,这对于加强那些具有全球范围内共性的管理问题或许是有利的,但对于有效解决中国特色的管理问题则未必有利。近几年风向有所转变,高层强调"需求牵引",迈出了可喜的一步。但是这种牵引不仅要针对重大项目,还要全面铺开;不仅在目标上要求需求导向,在成果上也需要提升需求权重。因此在这方面依然任重道远。

学术杂志也是重要的引导平台。我国管理学科的供求失衡,与近年来过于推崇国外学术杂志而忽视国内学术杂志有很大关系。国外的学术水平是很高,可是不同学科的本土化要求是不同的。数学、物理或许无国界可分,可是经济管理是本土化成分很强的,尤其是我国的历史文化及意识形态都与西方有很大差别,在这些人文社会科学领域过于强调国际化标准,会造成许多难以估量的负面效应。

学会是学者自发组织的学术团体,对于学者的价值趋向有重要的引领作用。一些学会已经开始重视理论与实践的结合问题、西方理论的本土化问题,各自在开展非常可喜的探索。例如中国管理科学与工程学会成立了"管理实践与应用分会",设立了"优秀应用成果奖",这些都是可喜的探索。

除了上述这几类平台之外,一些大学和商学院自身也在积极行动,搭建连接学界与业界的平台。例如上海交通大学搭建的行业研究院,就试图联合业界,营造"纵横交错"的学术氛围,形成实践、学术和教学之间的良性互动。

第三,重点突破,为转型探索机制,打造样板。

推进我国管理理论与管理实践的对接,并不是说不要重视管理理论包括基础理论的研究,而是正本清源,让管理理论的出发点和落脚点回归到中国的管理实践中。究竟如何实现这一对于学科、对于国家有着长远利益的宏伟目标,需要大家做出非常艰苦的探索。

哪些细分领域具备率先探索的条件?怎样的学校和商学院适合并愿意去试水?是鼓励那些在理论上很有造诣的学者将他们的成果应用于实践,还是培育应用型学者和团队作为"二传手",把理论成果"孵化"为应用成果?所有这些都需要在探索中找到答案,形成突破,总结经验,加以推广。

第四,循序渐进,避免以运动的方式推进转型,防止从一个极端走向另一个极端。

50年前,欧美商学院的商科研究很接地气,可是该学科不断受到其他学科对其"科学性"的质疑。于是在各方面的推动下,管理学研究开始持续加强其科学性,运用大量模型和计量的方法,逐渐演变成今天"穷理"意义大于"务实"的局面。

今天,我们要促进我国管理理论与实践的对接,不能坐等欧美商学院率先转型,而是需要积极行动起来,发挥我们的后发优势;但也不能过于急躁,盲目推进。在现阶段需要认清方向,形成共识,积极探索;同时还要激发企业端的响应,让日益丰富的管理实践来引导管理理论,使我国商科理论和商学院的发展回归到正确的轨道上。◆

从一维世界走向二维世界

冯 芸

上海交通大学安泰经管学院努力践行"纵横交错,知行合一"的发展战略,在横向的以学科为导向的传统研究模式之上,建立纵向的以行业问题为导向的新型研究模式,打造学术研究与行业研究交错发展、相辅相成的新局面。我们也由此从一个一维的世界进入了一个二维的世界。

我在2020年开始组建金融科技行业研究团队,连续开展金融科技行业研究,至今已有4个年头。随着行业研究的深入,我愈发见识到二维世界的广阔空间和无限可能。

一 "四新"建设中学科融合动力与行业研究

为了顺应时代的变化,高等教育发出了"识变应变求变"的呼声。

2020年11月时任教育部高等教育司司长(现任教育部副部长)吴岩在山东威海发表题为"全面推进新文科建设"的讲话,明确提出全面推进"四新建设",即发展新工科、新医科、新农科、新文科。特别指出,"新文科"中的"新"并非"新老"的"新"、"新旧"的新,而是"创新"的新,即以文科教育的创新发展,培养新时代文科人才。同时要求新文科作为"四新"的引领,为新工科、新医科、新农科提供方向、标准、价值判断、综合素质,而后者为前者提出新命题、新方法、新技术、新手段。

由此我们看到"四新"建设的本质是推动学科交叉融合,从而获得创新发展,因此,相继产生了包括"互联网金融""金融科技"等具有鲜明学科交叉融合特征的新设专业。

而以行业问题为导向的行业研究,则为多学科交叉融合提供了天然的现实场景和来自现实需求的动力。

金融科技行业就具有鲜明的学科交叉融合的特征。由于金融行业的转型和变革,金融行业对信息技术类职能的需求持续旺盛,并且与互联网行业人才双向流动频繁。在行业需求的驱动下,学科交叉融合日益加深。

2018年至2022年间对金融行业人才专业背景的统计表明,除了金融学、会计学、经济学等传统专业之外,计算机科学与技术已悄然位列前十。以行业问题为导向的行业研究,以行业为主线条,将不同学科纳入研究视野中,无疑是对以往一维思维模式,即以学科为主线条,牵涉不同行业应用的传统研究模式的重大突破。

【作者简介】

冯 芸 金融科技行研团队负责人。

这种重大突破，带给了人们一个更广阔的空间，有望对现有的学科知识体系进行丰富和完善。安泰的行业研究进入了第5个年头，在开创商学院治学先河之后，也面临着如何构建行业研究方法论的挑战。

在金融投资领域，"行业分析""行业研究"等并不是新名词。金融机构中的买方（如基金管理公司等资产管理机构）和卖方（如证券公司）均设有行业分析师岗位。行业分析师以经济、产业、公司为研究对象展开分析。从这个角度上看，金融业界在行业研究中的探索并不算晚。

但是，由于服务对象上的区别，金融机构中行业分析师的研究视角，特别是知识共享程度，多少具有局限性。卖方分析师服务于买方客户，具有更强的销售属性，因而称为卖方。而买方分析师服务于所任职的基金管理公司。卖方分析师囿于短期考核压力，较难坚守独立且长期的行业研究，更不用说建立一系列业界公认且完备的行业研究方法论或知识体系。买方分析师因其对内提供投研服务的职能定位，所做的研究报告通常并不对外公开分享，所创造的知识体系也难以实现共享迭代。

高等院校，特别是上海交通大学这样一所具有综合性学科布局、多学科优势，同时又能保持相对客观独立的科研教育机构，在学科和行业二维铺展的格局下，对于行业研究知识体系的构建则具有明显得天独厚的优势。可以说，国民经济中任何一个重要的行业所涉及的学科，都能在这样的综合性、研究型、国际化大学中找到对应的学科支撑。同时，作为知识的创造者和传播者，高校教师的研究视野理应更加开阔，关注周期更加长远，在行业研究这一"第二维度"上可以真正实现跨学科的知识体系构建，而较少受制于特定雇主或服务对象的限制。

但是即使具备上述优势，行业研究方法论的形成仍然需要长期的摸索。安泰在近5年的行业研究探索中，目前暂未看到成熟的行业研究方法论的形成。如果说前5年的行业研究让教师进行自由选题、自由探索，往后则可能需要进一步梳理特定的行业边界，着力于针对行业，特别是重点行业或产业链的知识体系和研究方法论的构建，这更需要长期的投入、坚守和积累。

二　行业研究的初步探索：以金融科技行业为例

以金融科技行业为例，我粗略地绘制了金融科技产业生态圈示意图（见图1），展示近年来团队在行业研究上所做的探索和总结。

金融科技产业生态圈中不同的物种，即不同的参与主体，主要划分为金融科技企业、金融企业（如传统的银行、券商、基金、保险等金融机构），以及金融企业所服务的非金融企业和个体，再加上监督指导的监管主体（银保监、同业公会或协会等）。我们通常用从投入产出关系角度总结出来的产业链条关系来描述不同物种之间的关系。而生态圈除了含有食物链条关系以外，还包括环境与物种之间的关系，因此包含内容会更加宽泛。从这个角度上看，产业链条关系和生态圈概念既有联系，又有区别。

金融科技使金融业从一个单纯进行数字化的阶段进入了一个注重生态关系构建的阶段。

1. 上游基础设施

处在底层的上游基础设施，包括底层通用网络、通信、信息技术（软硬件提供商），金融要素市场（证券交易所、数据交易所、清算所等），以及征信系统。

2. 金融科技企业

中国金融科技市场主体主要有4个来源：① 由央行发起成立的金融科技公司，主要面向央行系下的金融基础设施机构；② 传统大中型银行成立的金融科技公司（银行系金融科技公司）；③ 互联网企业向金融行业扩张过程中形成的金融科技企业；④ 传统的信息企业在服务金融行业过程中形成的具有特定服务场景的金融科技企业。

3. 金融科技中的技术分类

金融科技行业研究面临的挑战，不仅是要理解相关科学技术发展前沿和潜在应用，还需要遵循金融自身的发展规律，分析科学技术的应用对产业形态的改变，预判未来监管的优化调整，这些无一不涉及跨学科视角。团队曾对金融科技中主要的技术进行分类（见图2）。这些技术日新月异的发展及其对金融行业运行规律的影响，更急需金融创新与监管理论的发展和指导。

4. 金融科技企业的下游客户

金融科技企业的下游客户包括企业（金融企业和非金融企业，称为B端客户）、自然人（称为C端客户）和政府部门（称为G端客户）。在

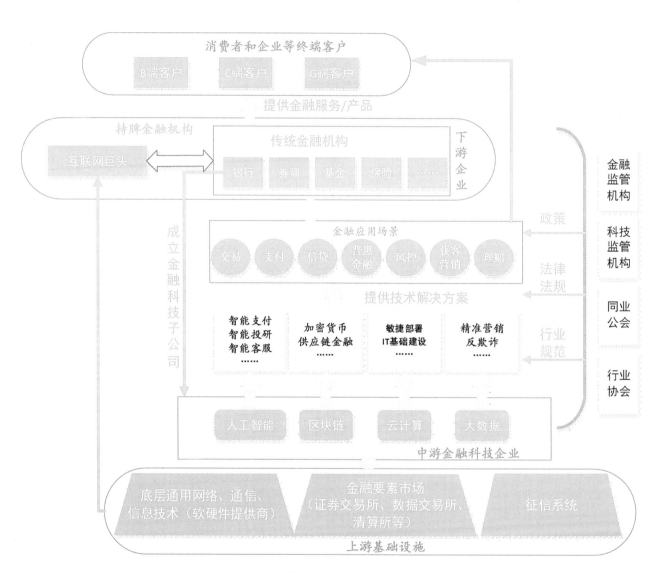

图1 金融科技产业生态圈示意图

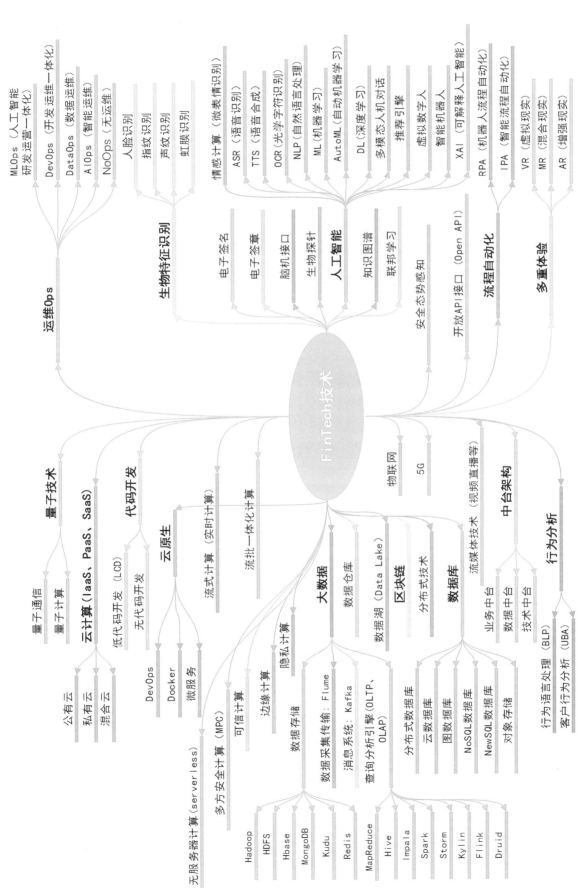

图2　金融科技行业的技术分类

传统的金融行业中，金融企业服务于非金融企业、自然人和政府部门。在金融科技的产业链条中，金融科技企业服务于金融企业，同时在打造生态圈的过程中，也会通过开发金融应用场景将客户群扩展至非金融企业、自然人和政府部门。典型的例子就是蚂蚁金服在支付宝的生态圈内为参与网络平台交易的主体提供交易、支付、信贷和征信服务。

近年来，国内对金融科技企业持牌经营的监管理念逐渐清晰，互联网企业积极布局金融牌照，日益发展为综合性的金融公司，从而跳过金融企业，直接触达金融行业的服务对象。

5. 监管部门和行业协会

客观事实表明，监管方向调整和行业协会在金融科技行业发展中起到了关键作用。监管趋势变化直接对行业产生重大影响，许多细分行业甚至面临重新洗牌，改变以往的行业竞争格局。

三　行业研究的若干体会

经过5年的初步探索，我认为能够做出知识贡献的行业研究，需要具备三大要素：第一，长期的投入和坚守；第二，行业研究知识体系的构建；第三，底层基础设施建设。

一个行业，是在科学技术发展、现实需求驱动、工程化落地、行业政策引导等多种因素的综合作用下逐步形成的。这也决定了我们对一个行业的研究，需要有一个跨学科和长周期的视角，没有长期的坚守，较难对一个行业有深刻的理解。

针对行业特点，寻找行业特色和行业规律，从而构建相应的知识体系和研究方法论，在第二个维度上获取知识增量，这个目标任重而道远，我们做得还远远不够，也许仍在门外。

底层基础设施，包括底层数据库的开发和维护，是支持行业研究的必要支撑。以金融科技行业为例，需要对金融科技涉及的学科、技术和专利等进行长期跟踪分析，对金融科技企业进行调查研究，使数据信息沉淀、累积，并进行有效的维护和管理。基于底层微观数据，可进一步衍生出金融科技产业图谱，编制产业发展指数，并基于此产生更多的应用性研究。

目前团队利用中国工商注册数据、专利数据等，筛选金融科技企业，以及与金融科技相关的技术专利、服务和产品，绘制金融科技产业图谱，取得了一些初步的成果。数据库可检索形成金融科技企业库列表及其基本情况、金融科技企业融资状况、金融科技专利分析详情、专

利技术分类等。随着数据库开发工作的推进，团队需要投入更多的资源用于数据库的开发和动态更新维护，这方面的工作或许需要更高层次的资源调配和投入方能全面实现。

最后，我想分享的是，行业研究让我看到了一维世界向二维世界的延展，以往许多零星散落的工作自然而然地有机联系在了一起。

在开展金融科技行业研究的过程中，团队主动调查了解金融科技产业生态圈中的各个市场主体和关键技术领域，在了解行业问题并试图寻找解决方案的同时，也提炼出许多值得研究的科学问题，从而形成了横向课题和纵向课题相辅相成、行业研究和学术研究双轮驱动的局面。

与此同时，在科研和教学相长上也看到了类似的趋势。由于行业研究，团队中聚集了志同道合的学者和实务工作者，他们从各自的角度贡献行业智慧和教学资源。鉴于上述基础，安泰在打造跨学科教学项目和培养方向时将会更有底气。

上述变化不得不说是行业研究这一"第二维度"带来的增量贡献，值得肯定。相信未来通过进一步整合优势资源、集中发力，将会看到行业研究更大的成果。◆

行研心路：回顾与展望[*]

蒋 炜

中国汽车行业正在经历前所未有的变化和挑战。2018年，新能源汽车热潮正式开启，一时间，不论国资、合资、民营，还是造车新势力，都加速冲向新能源汽车市场。紧随着新能源汽车而来的，是以智能网联技术为基础，结合新业态模式进化而成的"新物种"——智能网联汽车。

这一新物种的出现，打破了已经固化了的汽车行业格局。一大批中国民营车企和造车新势力顺势崛起，它们敏锐地捕捉市场需求，凭借快速创新的能力，不断超越老牌巨头，在高端市场和细分市场都占据了重要份额。以比亚迪为代表的民营车企快速上攻，销量一骑绝尘，把原本拥有巨大优势的众多合资品牌甩到了身后。以"蔚小理"为

代表的造车新势力，快速抢占原本只属于BBA（奔驰、宝马、奥迪）的高端品牌位置，把中国汽车品牌推向了新高度。在阔别3年的上海车展上，中国车企再次震惊世界。在创新体验、智能技术、用户运营等领域，自主品牌已经全面超越合资品牌。

但是，中国的汽车企业目前也面临着诸多挑战，其中有三个核心的挑战。

首先是技术创新能力的挑战。智能网联汽车拥有比传统汽车更加复杂的结构和系统，除了传统汽车本身的硬件、软件、传感器、控制器等以外，还会涉及汽车与云端、路网、用户等的连接和交互。这些技术都需要不断地创新和优化，以提升智能网联汽车生态整体的安全

性、便捷性和效率。这就需要车企既要加强研发投入和人才培养，又要加强与国内外科技企业的相互合作。

其次是激烈的市场竞争的挑战。目前已然是一个高度竞争的市场，并且进入了加速淘汰的时期。不论哪一种车企，投放一款产品都需要开展大量的研发工作，但是很多企业没有找准产品的定位，未能很好地挖掘和契合用户的需求。所以虽然现在新产品、新服务很多，可惜高度雷同，同质化严重，很难真正吸引和留住用户。

最后是政策法规不完善带来的挑战。智能网联汽车涉及的领域和利益相关方比传统汽车更多，相应的政策法规在产业发展的初级阶段很难马上到位。这些政策法规需

【作者简介】

蒋 炜 智能网联汽车行研团队负责人。

* 感谢智能网联研究团队成员陈洁教授、段成良教授、王鸿鹭博士、陈红军、王珩等。

要规范智能网联汽车的标准制定、测试认证、数据安全、隐私保护、责任划分等。这既需要政府和行业的协调和沟通，又需要与国际社会加强交流，将会是一个漫长且复杂的过程。

在中国汽车行业风云变化的时代背景下，2018年年底，智能网联汽车行业研究团队正式成立。这5年来，团队始终跟随着中国汽车行业的历史变迁，努力把握着行业脉搏的每一次跳动，时刻牢记着要从实际问题出发，寻找可能的突破口。

回首这5年的行研历程，很多想法和做法值得回顾和总结。

1. 行研成果

团队成立以来一直致力于提供高质量、高水平、高影响力的行业研究服务，多方位地开展行业前沿研究。

在政策梳理方面，我们通过政策研究、产业链调研等工作，梳理了9 852条与智能网联汽车相关的政策文件，分析了政策背景、政策内容和政策影响等方面，构建了扎实的研究基础。

在产学研合作方面，我们为在校生开设了MBA汽车行业研究前沿课程，为社会精英人士开设了汽车行业研修营，带领学员在上海、柳州、宁德、深圳等四地开展汽车生态的调研和学习活动。我们也与国内外知名的汽车企业和机构建立了合作关系，共同开展了多个课题项目和案例研究。我们还组建了汽车行业社群班，将校友力量吸引到行业研究队伍中来，搭建产学研合作的理论与实践交流分享平台。

在智库建设方面，我们启动了智能网联汽车行业洞察项目，并完成了《复杂网络视角下的智能网联汽车行业洞察》报告。该报告运用复杂网络理论和方法，对智能网联汽车行业的发展现状、关键因素、未来趋势等进行了系统性的分析和预测。

在校友社群方面，我们成立了智能网联汽车行业研究会，并通过咨政建言专报、媒体观点传播、行业高峰论坛等工作积极为政府建言献策，为行业提供观点。我们举办了多场行业专家前沿研讨会，邀请了国内外知名的智能网联技术专家、企业高管、政府官员等来进行客座讲座、案例分析、现场参观等活动，让大家能够直接接触到行业最前沿的动态，理解和捕捉智能网联技术发展趋势。

目前，我们正在进行两个系列的课题研究：研究系列一是新能源汽车产业链的可持续发展，着眼于从生态构建、技术创新和政策法规三个方面来解决问题；研究系列二是智能网联汽车产业链的变革，因为这是一个"新物种"，我们更多地着眼于从商业模式、产品定义和价值提升三个方面来解决问题。相关研究已经得到东方卫视等媒体的持续跟踪报道，我们计划将这2个系列的研究成果汇总成9万字以上的白皮书，在年底进行发布。

在过去这段时间里，我们的智能网联行业研究团队，取得了显著的成绩和影响力。我们的研究成果不仅得到了行业和政府的认可，也得到了多家媒体的报道。我们的研究活动不仅为在校生和社会精英人士提供了深入了解汽车生态的机会，也为疫情期间汽车产业的复工复产建言献策，助力产业复苏。

我们相信，在未来，我们将继续立足安泰、放眼全球，发挥我们在智能网联汽车领域的优势和特色，为商学院提供更加高质量、高水平、高影响力的行业研究服务。

2. 行研心得

我们的行业研究不同于券商和政府的行业研究机构，而是得益于安泰的优质资源，有教授的专业指导，有学生的热情参与和广大校友的丰富支持。大家在安泰这个开放、包容、互助的平台上，自由交流、分享与合作，形成了一个良好的研究氛围。在这样的平台上，最终我们有幸成长为一支高效的行业研究队伍，大家以兴趣为驱动力，孜孜不倦地开展行业研究。

"研究方向接地气，团队成员有实力"，这是团队成员的自我定位，也是研究过程中遇到的同伴对我们的评价。团队成员从最初以教授为主的5名人员（智能网联团队1.0），发展壮大成了包括教授、博士（后）研究员、MBA/EMBA在校生，以及校友、社会精英、媒体等在内的多方位、多层次的综合型研究团队/平台（智能网联团队2.0）。团队成员的行业经验，覆盖了整车、零部件、新能源、自动驾驶、智能座舱及汽车数字化咨询、汽车服务等多个领域，并在汽车领域驰骋多年。首先要感谢安泰提供的平台和资源，如果没有安泰，我们这支队伍也将不复存在。

作为行业的观察者，我们时刻关注行业动态和政策变化，努力把握行业发展中出现的新问题、新机遇、新趋势。然后迅速展开调研，访谈相关方，了解他们真实面临的情况。同时，作为知识的传播者，我们致力于将相关研究成果与行业专家、政府部门、新闻媒体、企业高管分享，咨询他们的意见，然后根据他们的反馈，不断打磨我们的研究成果。

学生是这个平台的中坚力量，培养学生也是商学院行业研究的使命之一。很多学生是抱着加深对行业的理解的目的而来，所以我们在选题的时候要尽量挑选一些具有时效性、针对性、实用性的话题，最好还要有趣，激发学生的好奇心和探索欲。要给予学生充分的自主权和发挥空间，让他们能够根据自己的兴趣和特长，选择合适的研究方法和工具，展示自己的创意和才华。并且建立有效的沟通和反馈机制，让学生能够及时地获得来自团队的指导和建议，迅速地调整和改进自己的研究方案。同时，创造良好的研究氛围，让学生能够互相学习、互相激励、互相切磋，形成一种良性的互动和协作。最后，及时给予学生适当的鼓励和认可，让他们能够看到自己的努力和进步，我们也发现这个认可并非必须由教授给出，当将学生阶段性的研究成果与行业专家分享的时候，如果能得到行业专家的认可，更能增强学生的自信心和成就感。

中国汽车行业的嬗变令人眼花缭乱，汽车行业正在从一个旧时代步入一个新时代。在这个过程中，不论是从技术革新到业态变迁，还是从管理理论到实践真知，都需要我们拨云见日，寻求突破。这种突破，需要政、产、学、研、资各方面的共同努力，为政府建言献策，为企业解决问题。而可以实现这一切的基础，正是一个开放、包容、互动的行研平台，可以吸引优秀人才的不断加入，让大家相互帮助、相互碰撞，共同构筑一个凝聚力越来越强的交大社区。◆

行业研究五年历程感触

——基于高端品牌/奢侈品行业研究视角

李 杰

作为行业研究院高端品牌首席专家和团队负责人，我提笔撰文前竟然思考了整整15天……思绪飘荡回2006年母校上海交通大学成立110周年时，不由要提及极具战略眼光的王方华老院长。早在2005年，他就在谋局安泰大、小学院体制，在长江商学院上海龙柏校区约谈彼时分别还在长江商学院访问和工作的方若和我，那时他强调的"点石成金"多少让人有些犹豫……这种犹豫在12周年一轮之后，伴随着交大学子彻底放弃哥伦比亚大学商学院讲席教授回归母校出任安泰经管学院院长，演绎得越来越清晰：纵横交错、中西贯通——上海交通大学行业研究院横空出世；立足本土实践，具有国际视野的行业、产业研究机构一夜之间在包括中欧国际工商学院、长

江商学院在内的全中国商学院圈子里引发了"涟漪效应"。2006年母校成立110周年之际，在方若出任安泰大学院旗下的管理学院院长，周林出任经济学院院长的同时，本人则担任大学院院长助理，分管高管教育，包括后期与MIT合作的CLGO（中国制造业全球领袖）项目。彼时的实践，匹配上以往在中欧国际工商学院、长江商学院分管学位教育的感受，我更加坚定地认识到学以致用、知行合一的重要性——"起点高、基础厚、要求严、重实践、求创新"的交大好传统在21世纪人类绿色低碳的新时代征程中，辅之以"好品位"必将会历久弥新。

回眸创立于1861年的MIT，在1938年得到了时任通用汽车集团董事长、MIT著名校友阿尔弗雷

德·斯隆（Alfred Sloan）的全资赞助，正式将工程管理研究项目命名为"MIT Sloan Fellowship Program for Executive Development"（即斯隆管理学院的前身），并随即与通用汽车公司联合形成了紧密的校企合作，针对通用汽车快速发展所面临的各种挑战，系统地研究、探索、分析并总结现代企业的经营管理体系，形成了过去数十年来全球商学院普遍使用的理论方法和人才培养模式。相比之下，哈佛商学院代表了相对传统的经营管理培训，更注重管理思想和理论，首创的案例教学是人才培养中的经典，培育了一大批"西装革履式"的大企业管理人才；而斯隆管理学院更与当下最新、最尖端的科学技术结合在一起，培养的是熟稔产业应用的杰出高科技管理人才。然而，进入21世

【作者简介】

李 杰　中欧国际工商学院、长江商学院创建者之一。现任上海交通大学行研究院高端品牌/奢侈品行研团队负责人；国家发改委指导的中国价格协会副会长、高端品牌暨奢侈品行业委员会主任，上海交通大学奢侈品品牌研究中心主任、密西根跨学科教育中心主任。

纪，世界在科技、市场、经济、政治、文化、社会等方面发生了根本性的变化，尤其近年来中美地缘政治带来了日益加剧的冲突。中国正处于党的二十大之后开局起步的关键时期，在加快构建新发展格局和推动高质量发展的总要求下，建设现代化产业体系成为推动实现中国式现代化的重要路径之一。

面向未来，顶尖商学院应该积极应对这些新挑战，深入研究数字化全覆盖的全新的行业发展态势，在跨国企业治理、商业模式、品牌战略、产品创新、供应链布局、市场策略、组织架构、人才培养、员工激励等方面探索有效的新理论和行业应用模式。把握当今数字经济时代下世界商学院的变革趋势，2018年年底成立的上海交通大学行业研究院自正式揭牌成立以来，坚定、坚决、坚持地扬起"纵横交错，知行合一"的风帆。5年来，国内外数百位教授、20个学科、数十个行业研究团队在以学科为主线的横向科研基础之上，建立了以细分行业为主线的纵向研究，形成了纵横交错、努力向上探索中国品牌高质量发展的路径，在中国学术界和产业界逐渐产生越来越重要的影响。而这一切，又与行研院较为完善的管理体制密不可分：安泰行政班子成员、富有经验的行业研究团队负责人跟随双院长陈方若慢而有节奏的步伐，稳步前行；行研院办公室协调支持工作日趋成熟，渐入佳境。

高端品牌/奢侈品行业研究团队创立的初衷和目的在于：与高端品牌及奢侈品行业及其代表性企业进行深度校企合作，在通晓这些行业在全球市场如何获得国际一流水准

的具象机制基础上，推动该行业和企业的发展，使中国高端品牌腾飞。

高端品牌和奢侈品领域涉及丰富的跨学科内容，涉猎社会学、心理学、营销学、神经科学、船舶工程学、计算机科学等，团队成立的另一个目的是：领先于全国其他高等院校，前瞻性地帮助搭建上海交通大学行业研究大平台框架下的各细分市场及行业研究平台，更有效地支持改革新时代中国商学院的战略行动。

我所在的高端品牌/奢侈品行研团队始终围绕我国"四个面向"中的两个（即"面向经济主战场"和"面向国家重大需求"，见图1），自2019年起主持了包括中船动力集团品牌战略建设工程、J L Power中国智能电动汽车新豪华度评价体系、周大福传承品牌可持续发展策略研究、上海市人民政府机关管理局两大品牌工程、华电电科院品牌建设、东方航空东航品牌战略研究、德国顶级家电嘉格纳品牌战略等在内的项目，并服务华为、茅台、中远海运、国投集团、中集集团及中集车辆集团、红星美凯龙、华谊兄弟传媒等国企和民企，中国价格协会、中国珠宝协会等国家级协会和机构，以及数十家奢侈品公司，涉及企业发展战略、高端品牌建设、全球及区域市场开拓，以及服务体系等世界与中国式现代化企业战略问题，将学术研究的"纵"和深入企业的"横"通过跨学科、跨领域"交错"在一起。行业研究院划时代的成立意义也蕴含于此：让行业研究的成果绽放在祖国的大地上。

从行业研究的成果中，不难发现：

一方面，中国国有企业、民营

企业、外资企业在中国市场贡献卓越。中国国内生产总值从1978年的0.37万亿元、加入WTO后2002年的12.17万亿元、2018年的91.93万亿元，发展至2022年的121.02万亿元，即便遇上新冠疫情突然暴发，世界经济陷入第二次世界大战结束以来最严重的衰退，中国仍然逆势突围，交出了一份世界瞩目的答卷。

另一方面，中国在过去数十年严重依赖"以市场换技术"的技术发展战略和"低租经济"的发展模式，至今仍未能掌握原创或高端技术。表现在高等教育和研究领域，不少学者"为发论文而写论文"，"产、学、研"一体化严重脱节，不少行业研究课题浮于表面。尤其在重要的高端制造业领域（包括船舶动力、汽车动力、飞机发动机）仍无法走出国外专利生产、贴牌经营的困境，即便收购了国外一流公司，也出现了"自主却不可控"的窘境。

一直以来，安泰人始终在思考关于行业研究与校企合作的成功经验与教训：

——做对了什么：行研院成为新时代中国商学院战略差异化发展的风向标。

——做偏了什么：与海内外高水平的专家、企业和机构仍联合不够。

——还要做什么：既要主动获取支持，也要主动贡献；既要长期发展，也要中期可持续，更要短期出成果；要向市场（尤其是高质量细分市场）进军，获得更高的学术界和商业界的认可度。

——该如何去做：关注若干个重点资助团队开展行研工作的艰苦不易，也许能找到些独特的视角。

我所在团队通过近5年的探索

与实践深切地感受到，行业研究院平台的指导性、微信群交流的充分性与行业专项研究的深入性，为本研究团队带来了不少变化：

——工作强度更大，知识密度更高：在持续学习、研究和思考行业的核心问题时，思路和视野逐渐变得开阔。

——行业资源整合：创造了科研教学与社会服务的大量机会。

——增加与政企之间的互动交流：一方面，我被国家发改委主管的中国价格协会任命为副会长，帮助各级政府维护市场和价格秩序，调整竞争环境，促进行业发展的公平性，维护国家的经济社会稳定；另一方面，与企业间合作更加广泛，帮助企业家了解高端品牌/奢侈品行业的商业模式，更有效地把握细分市场机遇。

——提升学术研究的成果转化：真正从可实施、可操作、可落地的角度为高端品牌/奢侈品行业提出建设性意见或建议，深入剖析该行业的发展历史和潜在风险，也帮助我国学术界促进行业研究领域的发展。

——为学生提供更丰富、更鲜活的教学内容，更具有针对性的就业指导：随着行业研究的深入探索，更有针对性地帮助本硕博学生了解高端品牌/奢侈品行业的发展趋势，合理安排他们的技能培训，有效提升个人在职场中的核心能力。

我们认为，行业研究的最终理想目标应是做到三大交汇，即：

——天地交：在行业研究与校企合作中凸显天人合一的崭新生活方式，起到引领作用，既要金山银山，也要绿水青山。

——上下交：基于大众市场进行高端B2C和B2B市场研究，助力中国品牌在"一带一路"倡议下的全球市场扩展和世界及中国式现代化企业战略的设计与实施。

——纵横交：跨学科和跨界的不同行业交叉研究，全面贯通，达到"古为今用，洋为中用"的战略前瞻目的。

为了达到上述目标，行业研究团队的负责人和首席专家必须具有广阔的国际视野，也需要具备极强的"多兵种、立体化"的实践经验和高集成能力，具有愿意付出并奉献给集体的母校情怀。研究团队负责人和主干成员也应互相了解、熟悉、彼此信任，成果共享，同时带动更多学者和学生一起开展行业研究——加强对交叉学科学生的培养，大力支持教师和学生开展不同层次的跨学科研究，创造一个广阔的学术空间，为学生提供实习、实践的平台，加强学科之间的相互联系，激励广大教师积极参与、联合开展项目合作。

在百年未有之大变局下，行业研究院5年来做出的最大贡献在于汇聚学者智慧，将理论与教学接轨，与企业实践接轨，与行业发展接轨。因此，未来安泰行研团队的研究必须深化"产、学、研"一体化发展，不仅应顶天——以理论为基础，为理论服务，也应立地——以实践为基础，为实践服务，弥合西方学术界普遍"知行分离"的巨大鸿沟，融合"德鲁克之路"与"马奇之路"，走出第三条道路，从实践上升，从理论落地，实现管理学术研究的"知行合一"之道。

在此基础上，行业研究院在乌卡（VUCA）时代需及时关注最新、最尖端的科学技术和最前沿、最有前瞻性的发展，包括当下工业3.5和4.0、人工智能+、脑机接口、量子科学、生物技术、新能源与智能电动汽车、新材料、高端装备、绿色环保等，致力于打造"产、学、研、转、创、用"六位一体的行业研究与校企合作模式，形成完善的纵向科研与横向咨询的融合体系。

我们有理由相信，在"纵横交错，知行合一"思想的指引下，基于高起点的前5年发展趋势，不落窠臼的上海交通大学行业研究院在下一个5年到来之际，必将产生世界性的影响。◢

图1 李杰行研团队围绕的"面向经济主战场"和"面向国家重大需求"主题

行研之路：青年教师的中观视角与多维探索

罗 俊

自2018年年底成立至今，上海交通大学行业研究院取得了丰硕的成果。值此行研院成立5周年之际，我回顾了一下自己参与行业研究的经历，将自己的心路历程和心得体会与各位同仁分享交流。

我参与行业研究的历程始于2019年加入尹海涛教授领导的新能源发电和储能行业研究团队。此前10年，与大多数青年教师相同，我主要关注理论研究和论文发表，对行业研究知之甚少。因而此时对于行业研究，我还处于"摸着石头过河"的阶段，在参与的过程中不断了解、思考行业研究的内涵并实践行业研究的方法，同时也与国家电网泰州供电公司形成了关于内部市场模拟的咨询项目。

2020年，在申请国家自然科学基金委重点项目申请的过程中，我开始接触陈宏民教授主持的行业研究工作，并于2020年起加入陈宏民教授领导的"互联网+"（即数字化平台）行研团队。在这个过程中，与陈宏民老师一系列的思想交流和研究实践使我对行业研究的范式有了全新的认识。传统研究强调"从文献到文献"，即通过发掘文献中研究的不足以提出研究问题，进而结合文献中的研究方法进行解决。一般的横向课题研究则强调"从文献到实践"，即将文献中的理论方法应用于解决企业特定的实际问题。与前两者不同，行业研究强调"从实践到文献"的研究范式。需要研究者从现实问题出发，通过归纳、总结提炼科学问题，进而结合文献研究提出一套具有一定普适意义的方法。基于此，我也开始尝试与相关企业进行科研合作，就行业内共同关注的重点问题开展研究。例如2021年主持的阿里巴巴创新研究计划，就关注了在电商环境下库存网络结构复杂、随机性强的特点。此类问题是伴随着中国互联网经济快速发展而诞生的，具有鲜明的中国特征，是过去文献中所不曾涉及的，具有很强的现实意义和研究价值。

随着对行业研究认识的不断深入，在亲身参与行业研究之余，我也在不断探索如何通过行业研究院的平台，将行业研究的理念与实践推广到更广泛的群体中去。在CLGO全日制MBA项目管理的过程中，与企业大量的接触和沟通使我认识到企业的多元化需求，且需要高校教师的专业知识支持，而行业研究院为我们这些教师提供了一个将企业需求与教师专业技能对接

【作者简介】

罗 俊 上海交通大学安泰经济与管理学院教授、行业研究院副院长、数字化平台行研团队成员、新能源发电和储能行研团队成员。

的平台。借由此平台，我们把企业的项目或课题推荐给合适的教师，进而形成一系列的研究合作。同时，上海交通大学主办的《系统管理学报》也开设了"行业研究与案例研究"专栏，以推动并配合行业研究的发展。

在参与行业研究、践行"纵横交错"理念的过程中，我从一名学习者、参与者逐渐成长为一名管理者、推动者，并在其中收获良多。

在现实层面，从事行业研究帮助我深入理解中国行业发展的现状及企业面临的最紧迫的问题，进而通过项目合作的形式，将理论成果用于解决实践问题。例如与国家电网泰州供电公司在内部模拟市场建设方面的合作研究，以及与阿里巴巴天猫数字供应链团队关于大规模仿真优化的合作研究，都体现了行业研究服务行业、服务社会的理念。

在科学研究层面，一方面，企业丰富多样的实际问题给了我全新的视角，促使我去发掘其背后的科学问题，从而产生了一系列的科研工作。在新能源发电和储能规划行业研究过程中，我们梳理了储能行业发展过程中的关键管理科学问题，并以光储微电网的容量规划问题为切入点进行了研究。在与阿里巴巴进行供应链管理合作研究的过程中，我们着眼于电商环境下复杂的供应链结构和随机性特征，创新地运用仿真优化的方法进行库存优化。另一方面，企业实际问题的复杂性促使我寻求与其他老师的合作，促进了研究中的学科交叉。例如，在国家电网泰州供电公司的研究项目中，由工商领域的李文老师

与我指导的博士生徐婉迪合作，对电网企业应对突发事件的企业社会责任实现机制进行了案例研究。目前，我的团队中有3名硕士生均从行业研究或企业合作项目中发掘出科学问题，并形成论文发表，可见行业研究对人才培养起到了助力。

同时，行业研究也反哺了教学工作。我们基于新能源发电和储能行业研究的成果，开发了"新能源微电网的经济评价和系统优化"虚拟仿真平台，目前已登记软件著作权并用于本科生课程教学中，相关课程"虚拟仿真实验教学课程"还获得了上海高等学校一流本科课程等教学奖励。部分行业数据和案例也进入了我负责的"商务统计学"本科课堂中，该课程获得了2022年上海高校市级重点课程的立项。

回顾我参与行业研究的经历，无论是在思想认识还是研究工作上，都经历了一番不断尝新、不断试错、不断成长的过程。在行业研究的定位、我们如何对待行业研究方面，我主要有以下心得。

行业研究是未来商学院发展的重要形态。在传统商学院的科系设置中，管理、金融等学科主要关注企业微观层面的研究，经济学科主要关注政府宏观层面的研究，而处于中观层面的行业是连接两类研究的重要桥梁。全面深化改革的浪潮推动着宏观经济增长从粗放走向精细化，伴随而来的是对行业深入研究的需求。随着时代的进步，未来企业的管理者们素质将越来越高，同时也希望从高校获得更多的价值提升。为了满足这一需求，商学院需要在传统的MBA、EMBA培训之外，提供更加具有深度的知识和教

学资源。行业研究可以帮助企业跳出自己的一亩三分地，从更加宏观的角度看待企业发展战略。

行业研究是一块土壤，可以从中培育出扎根中国管理实践的管理研究。随着中国经济的快速发展，相当一部分企业面临的现实问题是中国特有的，蕴藏着丰富的科学研究价值。行业研究为我们提供了一种渠道，使得我们能够立足于中国的发展实践，研究其背后的管理学问题，并通过文章或其他成果将中国故事传播出去。我主持的阿里巴巴创新研究计划，研究的问题正是在中国电商快速发展的背景下，库存网络高度复杂化所带来的库存管理问题。相比于国外以往的文献研究，我们所面对的系统在网络结构、特征、随机性等方面均更加复杂，是诞生于中国企业实践的问题。从研究的角度而言，把具有中国特色的问题介绍出去，讲好中国故事，为学界带来新的研究视角，是学术创新的重要一环。

作为一片孕育生命的土壤，对于行业研究我们应摈弃功利思想，而抱以宽容的态度为其添砖加瓦。行业研究需要持之以恒地投入精力，但失败率也较高。在"从文献到文献"的研究范式中，研究问题的定义、发展和研究方法的脉络往往是清晰可循的。但"从实践到文献"的研究需要研究者从纷繁复杂的现实中提炼出科学问题并设计研究思路，这对研究者的综合素质要求较高。同时，并非所有的行业研究问题都具有科学研究价值。当前，"从文献到文献"的研究是高校中科学研究的主流，"从文献到实践"的研究是企业与高校合作的主

要模式，而"从实践到文献"的研究方兴未艾。因此，我们应怀抱一种宽容的心态和视角来对待行业研究，允许在这片土壤上试错，允许在这片土壤上生长出的只是灌木丛。只要培育好了行业研究的土壤，终有一日会从中生长出参天大树。

对于青年教师而言，应该利用好行业研究院这个平台，在生存与发展之间找到平衡点。青年教师面临着考核的压力，首先考虑的应当是生存问题。行业研究需要高投入，存在高风险，如果过早参与行业研究却没有取得成果，则容易演变为夸夸其谈，对青年教师有很大的伤害。因此，在早期，青年教师可以以学习者的姿态，从企业参访、参加活动、指导学生等方面着手开始接触行业研究，在不断学习的过程中找到自己的兴趣点。行业研究院正是为青年教师们提供了这样一个平台，让大家由浅入深地接受行业研究的理念和研究方法，并为未来从事行业研究提供通道。

行业研究院成立5周年来，为教师们提供了一个广阔的舞台。商学院教师的价值应该在更多维度上有所体现，应该走出校园，走进企业和工厂，走向社会和政府，再回归课堂，把研究工作与商业实践有机结合起来。我们都应借由行业研究院这个舞台，做自己感兴趣的研究，并感受到自己的价值。我想这也是行业研究院"服务社会、服务企业、服务政府、服务教学与科研"的宗旨所在。◆

零售行研的点与面

荣　鹰

我对中国零售行业进行的研究始于2011年。我当时在上海交通大学第20期PRP项目中设立了一个课题，有来自安泰经管学院、数学科学学院、电信学院和软件学院的4位学生（分别是徐敏喆、殷洁蓉、顾阳、吴姜星）参加。这个课题的主要目标是通过获取淘宝网站上的信息，分析C2C商家的物流处理能力及其他因素对商家营收状况的影响。最初进行这个PRP项目的初衷是因为在和郑欢老师的一次交谈中，我们意识到在运营管理中，物流往往被视为成本考量因素，但实际生活中，物流对消费者选择购物平台有着重要影响。

因此，我们希望利用中国的数据来验证这个想法。由于当时我和郑欢老师在实证方面都是小白，后来邀请罗继锋老师加入了我们的项目。罗老师可谓是我在实证方面的启蒙老师之一。我还记得有一次与罗继锋老师在学术问题上争论，差点误伤到他的眼镜。尽管我们三位老师都很怀念在法华镇路校区一起吃麦当劳、一起写论文的时光，但这个研究项目非常具有挑战性，最终的发表时间是在2020年[①]。在此期间，我们看到运营和营销领域有几篇发表在顶级期刊上探讨物流对销售影响的论文。尽管我们的论文发表状况不如最初预期，但这个过程坚定了我们对选题并未落后于国际水平的信心。

另外，这个研究的一个小插曲是，当我们完成第一稿后，发现了一篇来自沃顿商学院的马歇尔·费希尔（Marshall Fisher）教授与他的学生合著的实证工作论文，验证了物流实际速度对营收的影响。于是我在2015年2月给马歇尔·费希尔写了一封邮件，向他介绍了我们的论文。在邮件交流中，我们了解到从2004年开始，马歇尔·费希尔与哈佛大学的安南思·拉曼（Ananth Raman）教授每年都会举办一次零售行业的研讨会。马歇尔·费希尔对在安泰举办类似的活动表示了兴趣。于是学院在2015年年底组织了由马歇尔·费希尔主持的中国地区零售行业活动。这次活动是我至今见过学术界和业界结合最为紧密的会议。会议持续了1天，除了学术界和业界的讲座外，还有马歇

【作者简介】

荣　鹰　零售行研团队负责人。

① 见 Luo J F, Rong Y, Zheng H, "Impacts of logistics information on sales: Evidence from Alibaba," *Naval Research Logistics*, 2020, 67(8): 646–669。

尔·费希尔与业界进行的互动式讨论，旨在为学术界提供研究课题。后来的一些学术讲座也源自之前会议与业界的互动主题。这次活动让我深刻了解了美国商学院如何促进组织和行业之间的交流与碰撞。

之前与罗继锋老师和郑欢老师的研究在审稿阶段费尽周折，其中一个重要原因是数据。当时学生所抓取的数据是横截面数据，尽管我们采用了一些计量经济学方法来处理内生性问题，但有些审稿人并不买账。随后我们尝试获取面板数据时，一方面受到网站爬虫限制的加大，另一方面网站的改版也导致一些原本构造的变量不再存在。为了解决实证研究中的数据问题，我一直在考虑利用企业的二手数据进行分析。因此，后续的实证研究模式与抓取淘宝数据所采用的方法有所不同。之前的项目是先确定要研究的问题，然后通过爬虫获取数据来验证先前的想法。而后续关于零售门店支付方式、传统电商退货等一系列已经发表或正在审稿阶段的论文[1][2][3][4]，都是先获得数据，然后不断挖掘数据中的规律，形成研究思路。这样就形成了从数据到想法的反向路径。这条路径并不容易，因为从数据中挖掘规律有时犹如大海捞针。

再后来，安泰经管学院推出了行业研究的战略，旨在通过行业和专业领域的交叉来解决商学院实践、研究和教学之间相对脱节的问题。但是，大家也讲不清大学里面的商学院做行业研究到底是什么一个景象。在这个过程中，摸着石头过河进行一些探索是必不可少的。基于之前一直在利用零售数据进行实证研究，并在零售行业实践的基础上进行算法研究，以及参加了马歇尔·费希尔教授主持的会议，我认为实践、研究和教学之间是可以实现互动的。因此，我希望通过参与学院的行业研究活动，亲身感受行业和专业领域交叉带来的效果。

为了实现交叉效果，我们零售研究团队的成员除了在运营管理系的我之外，还包括组织管理系的陈景秋老师、管理信息系统系的罗继锋老师、营销系的吕巍老师及管理科学系的郑欢老师。这5位成员来自5个不同的系，各自具备专业特长，彼此相互支持并共享资源。例如，在罗继锋老师的带领下，我们一起参观了阿里巴巴的本地生活项目。在吕巍老师的带领下，我们一起访问了苏州邻里和上海市商委。我们还与中欧国际工商学院合作，共同探讨案例撰写心得。通过资源共享和共同出访，我们能够有不同领域的思想碰撞，获得更多的启发。

除了团队成员之间的资源共享之外，行业研究院在行研启动的第一年还为我们的零售团队提供了一些与业界人士的对接机会。然而，很多情况下，双方坐下来交谈仅仅持续了10分钟，老师们就能够预期接下来的交流收获有限。有时候，感觉自己像是在做咨询公司的商务拓展（BD）工作。然而，不同之处在于，至少我知道我们零售研究团队中每个成员的专长。与其从顶层逐步了解整个行业，不如充分利用我们已有的人际关系网络，专注于做好零售行业的学术研究。希望每位老师通过自己研究的惯性能够在各自领域进行单点突破，然后通过单点间的有机结合，来实现对面的理解。毕竟，在n维空间中，n+1个点就能定义一个超平面。无论空间有多复杂，只要有足够多的点（当然需要具有足够的多样性），我们就能够对其进行描述。任何行业用数学语言描述，本质上就是一个空间。一个人数有限的行研团队能做的就是在不同的点上做更多的理解。

与点和面关系相呼应的一个例子发生在2021年。当时在全国供应链与运营管理学术年会（ISCOM）上，来自密西根大学的赵修利老师在他的大会报告中提到了亚马逊在其仓库网络中利用我在博士期间开始设计的一个算法来确定库存。这项工作经历了多轮审稿，历时大约10年才最终发表出来。这个例子向我展示了我们一直

① 见 Gao J, Rong Y, Tian X, et al, "Improving Convenience or Saving Face? An Empirical Analysis of the Use of Facial Recognition Payment Technology in Retail," *Information Systems Research*, 2023。

② 见 Ho C Y, Kim N, Rong Y, et al, "Promoting Mobile Payment with Price Incentives," *Management Science*, 2022, 68(10): 7614−7630。

③ 见 Wang M M, Shang G Z, Rong Y, et al, "Relationship between Package Delivery Speed and Product Returns Revisited: Endogeneity, Nonlinearity, and Heterogeneity," Available at SSRN 4175658 (2022)。

④ 见 Wang, M M, Shang G Z, Rong Y, et al, "Order Basket Contents and Consumer Returns," Available at SSRN 4283793 (2022)。

在探索的学术和业界融合的行研之路。10多年前的论文并没有成为过时的材料，也没有被封存在象牙塔中，而是真正地为企业解决问题。如果不是机缘巧合正好在听赵老师的线上报告，我都不知道我的研究成果被企业采用了。因此，我认为学术界和业界之间的关系可以看成由我们提供单点的突破，而业界则从这些点上创造出面。学术界离实践远的原因可能并不是学术界没有涉及面的研究，而是学术界在点的方向上的深入程度还不够。

当然，在过去几年的零售行研中，我也从事了一些纯粹出于实践目的的活动，最后却转化为学术研究。一个例子是在2020年，《每日经济新闻》邀请我参加一场直播活动，希望我分享对于直播电商的看法。实际上，我之前从未观看过任何一场直播带货，所以我只能通过网上收集的资料来了解直播的影响。在这个过程中，我注意到新闻中提到直播退货比例较高的原因。当时我意识到直播更能够说服顾客购买，但这种冲动性消费往往伴随着更高的退货率。然而，当时我并没有展开进一步的研究。幸运的是，在2021年9月，我和我的合作者冯晓静、田歆、王萌萌和姚余梁基于一份直播电商的数据开始进行分析。由于我们之前已经确定了研究方向，再加上数据的质量良好及合作者的支持，我们在2022年4月就将论文投稿了①。这是我目前为止从获取二手数据开始到投稿所花费时间最短的一篇论文。有时候，外界的一些活动会迫使我们进行更多的思考，而这些思考可能会在未来的某一天成为加速研究进展的关键支点。

另外一个例子是自2019年开始，安泰经管学院每年年底都会举办一次行研高峰论坛。在2020年年底的第二届行研高峰论坛上，学院邀请我就零售行业发表演讲。我的演讲内容涵盖了两个方面。首先，我与陈景秋老师带领的PRP项目一起指导安泰的本科生，分析了上市公司年报中涉及电子商务的词频与公司库存周转率之间的相关关系。我们发现，涉及电子商务词频较高的公司库存周转率较低。从某种角度上，这种相关关系揭示了在线竞争的激烈程度导致企业的线上需求波动可能大于线下波动的情况。另外一个独立的内容是我参与了郑欢老师在阿里的一个Air项目。该项目基于2014年两篇分别发表在 *Management Science* 和 *Operations Research* 上的论文②③，针对盒马生鲜商品在App上的推荐问题进行了一些调整。我们发现，基于库存的推荐算法可以实现不同商品库存消耗的均衡。虽然这两个内容点是完全独立的，但是在演讲中，通过前后的逻辑连接，我阐述了线上企业可以在流量分配上做文章，让实体商品的消耗更加均衡，从而在一定程度上降低线上需求的波动性。这也是如何将不同点串成一个面的例子。在演讲前一天，陈方若院长和陈宏民老师先听了我的预讲，并给予了宝贵的意见，帮助我更好地串联起了各个部分。当时，我进行这个演讲是为了完成学院布置的任务。令人意外的是，演讲后，雄伟科技的董佳尉董事长通过校友办联系我，表示听了我的演讲后想与我交流。最终，我们与雄伟科技达成了一个横向项目，涉及团餐智能化排菜的算法开发。而由此衍生出来与时间维度相关的产品组合的科学问题应该也有一些学术价值。通过学院这个行研平台，只需发出几声呼喊，可能就会得到回应。

上面唠唠叨叨讲了一些零售行研与我个人学术研究之间的关联。以前听人演讲或者教课，经常听到演讲者以我和某某公司交流开场，然后讲自己的观点。对此，自己往往抱有怀疑的态度。然而，行研做多了以后，自己也开始说这种话了。从积极的一面来看，与行业接触为我的教学提供了一些素材。2010年，我刚回国从事教职时，听说MBA学生需要写论文才能

① 见 Feng, X J, Rong Y, Tian X, et al, "When Persuasion is Too Persuasive: An Empirical Analysis of Product Returns in Livestream E-Commerce." Forthcoming in Production and Operations Management。

② 见 Agrawal S, Wang Z, Ye Y, "A dynamic near-optimal algorithm for online linear programming," *Operations Research*, 2014, 62(4): 876-890。

③ 见 Golrezaei N, Nazerzadeh H, Rusmevichientong P, "Real-time optimization of personalized assortments," *Management Science*, 2014, 60(6): 1532-1551。

毕业，当时我感到有些惊讶。但随后逐渐明白，这个制度对于大学教师来说有很多好处。当你自己与企业接触时，你是乙方；而当你坐在办公室里，MBA学生来找你写论文时，你就变成了甲方。在这个过程中，首先，你能更加方便地了解企业实践；其次，你有更多的选择。将这两者结合起来，教师可以通过指导MBA学生的毕业论文，更好地了解企业实践。其中，我在2016年指导了一位名叫张奇的MBA学生。他与其他人合伙创办了一家生产儿童智能手表的公司。在2015年，该公司突然面临代理商取消订单的问题。在与张奇的讨论过程中，我们发现这种现象是由牛鞭效应的两个因素所触发的：预测误差放大和缺货博弈。然而，初创企业无法像以往那样利用自身的市场地位来采用常用的克服牛鞭效应的方法来控制这种现象的发生。因此，我建议利用智能手表的数据来穿透整个供应链，获取终端用户的需求数据。通过这种方式，可以计算出与张奇公司直接发生交易关系的每个代理商及其对应网络中需要消耗库存的天数。我们发现其中有一个代理商的网络需要超过900天来消耗其库存。通过这种方法，企业可以监控每个代理商的库存健康状况，并对代理商的最终订货量能否落实作出更明确的判断。随后，我们将这个分析过程发表在毅伟案例库中。最近，香港城市大学的陈友华教授通过邮件与我交流了有关这个案例的教学内容。这也是我首次与一位资深教授进行教学方面的交流。将学术领域的研究与业界实践以案例的形式做一个结合，也是传播的一个重要途径。

总体而言，我这几年的行研体会就是实践—科研—教学这三环在研究型大学的落脚点在于科研。没有学术研究作为根基，所做的行研内容无法与券商、咨询企业或者企业自身对行业的研究产生差异。同时，为了和培训机构相区分，以科研为基础的教学也至关重要。最后，我要感谢行研院领导及办公室同事们对我们团队一直以来的支持。在未来的零售行业研究中，我们团队将努力开展那些2023年ChatGPT版本无法生成的研究。◈

未来已来，智能赋能，开启数字经济研究新征程

史占中

上海交通大学行业研究院自2018年12月8日成立以来，转眼已5年。回顾过去，我感慨良多。"纵横交错，知行合一"的学院战略旨在改变传统商学院的知识创造体系，在传统学科导向的"横向"研究基础之上，建立以行业为导向的"纵向"研究模式，积极打造"横向学科+纵向行业"交错研究的行业研究体系；并以这个体系架构作为依托，从中国管理实践这片沃土里汲取充足的养分，以发展及完善中国式管理体系，并逐步构建起一个健康、宽广、全新的商学生态。

目前，行研院所确立的行业研究"新模式"，正形成学术研究与行业研究相辅相成、相互促进的良性发展新格局，谱写高校深入社会、深入行业研究的新篇章。

"人工智能+"行业研究团队一直秉持着行研院"知行合一"的理念。5年前，我们把"人工智能"作为行业研究的切入点和突破口，紧跟人工智能行业前沿，深入开展"人工智能+"的行业研究。从关注人工智能赋能产业升级到探索数字经济形态的转变，我们研究团队也在不断提升认知维度，不断拓展交叉研究领域。随着研究的深入，对人工智能赋能现代社会经济的发展有了更多深刻的认识。

数字经济已成为继农业经济、工业经济之后的第三种经济社会形态，正在重组全球要素资源，重塑全球经济结构。而近些年人工智能技术不断取得的巨大突破，无疑为数字经济的发展插上了腾飞的翅膀，推动社会升级为"数智经济"时代。

人工智能技术已应用于经济社会的各个领域。在用户方面，手机、智能助理软件、社交媒体平台、服务机器人等人工智能产品设备，通过捕获数据，精准刻画用户画像，为用户提供了越来越个性化、智能化的应用体验。在行业领域，金融、医疗、教育、交通、制造、能源等各行各业都开始着手进行与人工智能技术应用之间的"打磨"，从设计到生产，从管理到营销，AI都发挥着降本增效的巨大作用。尤其是自从生成式AI工具ChatGPT 2022年年底问世，AI技术迭代日新月异，如同开启了阿拉丁神灯，不断给我们惊喜，并在全世界范围内掀起了巨大的"冲击波"。如今人工智能表现出了超强的学习能力，超广的连接能力，超能的逻辑推演能力，预示着人类社会强AI时代的到来，并将开启数字经济新时代，也使得数字经济呈现出数据驱动化、服务智能化、生产自动化、市场平台化、产业生态化、合作多元化、决策协同化的特征与趋势。人工智能驱动下的数字经济已然成为中国式现代化经济发展

【作者简介】
史占中 "人工智能+"行研团队负责人。

的新引擎、新动能，赋予了中国式现代化新内涵。

5年来，通过行业研究这个"平台"，我们除了对人工智能赋能数字经济产业的创新发展有了深刻认知以外，也在带领团队开展学术研究、教学创新及工作实践的过程中，逐渐总结出一套行之有效的工作思路。

在学术研究方面，坚持"问题导向+扎根调研+理论提炼"。选择新的切入点和研究视角，跟踪前沿进展；提供预判依据或判断结论，总结现状趋势；直击紧迫问题、关键环节和本质特征；找准瓶颈问题，探讨切实可行的解决办法和思路，提出对策建议。

在应用研究方面，坚持"引进来+走出去"相结合。一方面，积极"引进来"，引进业界专家共同合作研究，组建多元化的研究团队；通过专题研讨和闭门对话的方式，在头脑风暴中汲取业界智慧。另一方面，积极"走出去"，多到政府主管部门沟通汇报，把握政府的产业政策动态；多到相关企业考察调研，了解行业发展的瓶颈问题及行业未来发展的机会和风口。

在社会实践领域，"政府""智库""企业"三管齐下。一方面，与科委、经信委等政府主管部门紧密合作，积极承担政府的人工智能行业规划研究课题，把握政策动态；另一方面，与普华永道、国泰君安等智库合作开展人工智能领域独角兽企业的研究，并举办行业研究论坛；再一方面，与商汤科技、百度、平安科技等人工智能行业龙头企业建立密切的合作关系，定期走访、跟踪，研究相关企业的成长和行业的

进展。

改革开放的纵深推进与中国社会经济的高质量发展，为"产、学、研"一体化提供了发展机遇。5年来，团队成员秉持"立足本土，放眼全球，知行一体"的实践精神，深深扎根中国社会经济的"沃土"，积极探索"学术—教学—实践"之良性循环发展思路，并在学术、企业、政府、社会等多个层面多方发力，为行研院扩大在行业社会的影响贡献自身的力量。

一 "人工智能+"行研团队研究成果

5年来，在团队成员的精诚合作与不懈努力下，"人工智能+"行业研究在服务教学科研、政府决策与企业社会等方面也取得了阶段性的研究成果。

（1）多项专报等重要研究成果获政府部门采用、相关领导批示。团队撰写的多篇专报呈送相关部门。2021年9月专报《全球变局下中国人工智能产业发展趋势与对策》呈报科技部；2022年2月专报《上海数字经济发展应不断开辟"新赛道"》呈报上海市发改委；2022年2月专报《上海市进一步推进数字化转型的对策建议》呈送上海市委办公厅；2022年3月专报《疫情后多措并举助企复工复产的对策建议》呈送上海市委办公厅。

部分咨政专报获上级有关决策部门录用。2019年撰写的《关于进一步推动上海人工智能发展的对策和建议》获上海市委领导批示；2019年撰写的《人工智能热潮中的"冷思考"与"强监管"》被教育

部采纳；2021年撰写的《疫情背景下***的相关研究》获中央有关决策部门综合录用，上海市委领导批示；2022年撰写的《深圳对标经验做法值得关注》获上海市有关决策部门录用，并获中央领导直接批示。

《上海加快推进人工智能服务实体经济发展研究》获第十三届上海市决策咨询研究成果奖（二等奖）。

（2）多篇研究报告、专访被主流媒体报道、发布。我们的"人工智能+"团队研究成果获得越来越多社会媒体公众的关注。2020年4月2日，《中国经济时报》发表《危中有机：把握好"智能+"发展的时间窗口》；2020年3月31日，"安泰声音"发表《"智能+"行业成为经济增长的"新动能"》；2020年3月20日，上观新闻报道《疫情倒逼下，这一行业不仅"危中有机"，还可能迎来"逆势上扬"》；2022年4月，"安泰研值"刊发《研之有理丨疫情封控与复工复产：科学把握和应对供应链企业外迁的挑战》；2022年7月25日，《科技金融时报》报道《稳经济大盘·金融专家说丨史占中：提升匹配度，减少小微融资焦虑》；2022年4月22日，第一财经推出专访《准备好了吗？人工智能新浪潮来袭丨醇享人生》等。

（3）发表了多篇学术论文，出版了多部行业专著与教材。在研究团队的努力下，我们撰写发表了多篇贴近行业、具有较高应用价值的学术论文。例如：《数字技术对制造业转型升级的异质性影响》，《上海管理科学》2021年4期；"Enterprise Digital Transformation and Production Efficiency: Mechanism Analysis and

Empirical Research", *Economic Research-Ekonomska Istraživanja*, 2022.01; "How does CEO demission threat affect corporate risk-taking?" *Journal of Business Research*, 2022.02; "Peer Effects on Corporate R&D Investment Policies: A Spatial Panel Model Approach", *Journal of Business Research*, 2023.03。

出版了多部行业专著与教材。例如，"人工智能系列教材"（潘云鹤院士主编），史占中、成际鹏、吴靖瑶撰写第6章"人工智能赋能医疗行业"，史占中、李浩然撰写第7章"人工智能赋能制造业"。

（4）指导学生完成多篇与行研相关的论文。例如，《数字技术对制造业转型升级的异质性影响》《人工智能对制造业就业结构的差异化影响研究》《短视频行业供给寡头的传播热度与空间溢出——以哔哩哔哩百大UP主为例》《基于钻石模型的智慧医疗行业研究》《人工智能对医疗行业发展的影响研究》等。

（5）完成多项政府课题。例如，科技部科技创新战略研究专项课题《全球变局下中国人工智能产业发展现状、趋势与对策研究》（2020年10月—2021年11月）；上海市2020年度"科技创新行动计划"软科学重点项目《数字技术驱动传统产业转型的关键问题与对策研究》（2020年6月—2021年7月）；辽宁省沈抚国家级改革创新示范区规划课题《辽宁沈抚新区数字文创与智能文旅产业规划研究》（2021年4月—2021年12月）。

（6）与多家企业建立了紧密的"产学研"合作。先后与富士康开展"人工智能+"与智能制造转型产学合作研究（2021年5月）（智能制造龙头企业贝加莱、上海交大苏州AI研究院、上海原圈科技、上海弘玑信息技术等AI研究机构和初创企业），与"宽创国际"元宇宙与数字文创合作共建研究基地（2021年10月），与苏州人工智能研究院共建"人工智能赋能与产业数字化转型"研究基地（2021年5月），与企业开展国家重点研发计划项目"面向未来产业生态的科技服务平台技术研发与应用（应用示范类）"前期研究合作。

（7）举办了"行研汇"主题讲座。2021年10月16日，我作为团队负责人代表"人工智能+"团队就"下一个风口：人工智能赋能医疗行业的机会与挑战"专题，分享研究成果。在2021世界人工智能大会，我参加了"AI商业落地论坛"圆桌对话：理想照进现实，高阶AI悄然已来。

二 "人工智能+"行研心得体会

5年来，在我带领"人工智能+"研究团队进行实践探索的过程中，我们都深切地感受到行业研究院这个平台的价值、团体成员群策群力合作互动的影响及深入行业专项研究的意义，并获得了长足的成长空间，也形成了自己的一些体会：

（1）"政府+高校"的合作模式进一步深化。人才兴，则产业兴；人才强，则产业强。深化校地合作，既能够充分发挥政府的政策和资源优势，也可以充分发挥高校的科技、学科、人才综合优势，企业的设备、技术、平台、资金和信息优势。反过来也能推动高校的教师、学生走出"象牙塔"，融入地方乃至国家发展大局，提高人才培养质量与学科建设水平。我们"人工智能+"研究团队，注重聚焦高层关注的焦点问题、热点问题，如人工智能如何推动传统行业"智能化转型"，政府如何促进布局和支持人工智能产业发展等，为政府科学决策参考提供有力支撑，而不是仅仅关注与重大现实问题脱节的纯理论问题。

（2）产学合作推动行业资源整合。我们的"人工智能+"研究团队自成立以来，不断开展人工智能领域独角兽企业的研究，并举办行业研究论坛；与阿里、依图、平安科技等行业龙头企业建立了密切的合作关系，定期走访、跟踪、研究相关企业的成长和行业的进展。精准把握企业成长脉搏，解决企业发展过程中存在的痛点问题，实现供给与需求的不断转化，助力行业突破发展瓶颈，最终实现社会效益的最大化。

（3）学术研究成果转化效率明显提高。我们积极申报承担人工智能相关项目，围绕地方经济社会发展的重大技术难题展开联合攻关，从源头上保证科研立项的针对性、科研成果转化的可能性。一些研究成果供政府决策参考，形成产业研究报告被相关企业采纳，与此同时，研究形成的论文数量与质量也有了一定的提升。我们鼓励团队教师、学生到企业、事业及政府机关进行挂职锻炼，将自身的科研成果直接运用于生产建设的实践之中。

（4）教学指导的针对性不断增强。行业研究的探索，让学生深入企业，丰富实践，在"学中干，干中学"，不断提高实践调研的本领，与行业接轨。帮助本硕博不同阶段的学生了解人工智能行业的发展趋势，加深学生对人工智能赋能数字经济发展这一趋势的认知，帮助学生更好地在科技创新不断爆发的潮流中定位自我，认知自我，并合理安排他们的技能培训，帮助提升学生个人在未来职场中所需的专业能力。

（5）安泰乃至交大的社会影响力不断提升。纵观产业革命发展历程，大规模生产需要大量的专业管理人才，职业经理人阶层因此形成，商学院也应运而生。闭门造车只会脱离社会，产教融合才能顺应时代变革。因此，一所一流大学、一个顶尖商学院能否培养出对企业、社会、国家有用的人才，是衡量学校办学效果的尺度，而我们"人工智能+"研究团队正是一直秉持着这样的理念，践行"研以致用，知行合一"的研究宗旨。

三　未来数字经济研究展望

人工智能是数字经济新时代下的重要生产力，利用人工智能技术打造数字经济新引擎是当下的发展风口。惟创新者进，惟创新者强，惟创新者胜。在新一波的科技浪潮中，企业与个人都必须积极拥抱数字经济新变化，方能把握智能时代所带来的发展机遇。作为"人工智能+"行业研究团队的负责人和首席专家，我常引领团队探讨在智能赋能大背景下，未来应该如何开启数字经济研究的新征程。展望未来，关于数字经济的研究，我们团队拟从以下几个方面入手：

（1）加强数字经济理论研究。数字经济的本质是信息技术与经济的深度融合，是一个新兴领域。因此，可以通过深入研究数字经济的内涵、特征、规律等方面，不断探索和完善其理论框架，加强信息技术、经济学、管理学等学科的基础研究，构建数字经济的理论体系，为数字经济的发展提供理论支撑。

（2）推动数字经济应用研究。数字经济的发展需要与各行各业的实际应用相结合，人工智能技术是数字经济发展的重要驱动力之一。因此，未来数字经济的研究可以从人工智能技术的应用入手，探讨如何利用人工智能技术提高企业的效率和创新能力。加强数字经济在各行业的应用研究，探索数字经济在不同领域的应用模式和商业模式。

（3）加强数字经济政策研究。数字经济的发展需要政策的支持和引导。随着人工智能技术的不断发展，数据已经成为数字经济的核心资源。但目前我国数据要素价值贡献比例不高，远远低于技术、劳动力等要素，主要症结在于数据权属不够清晰，数据交易等规则体系不够完善。未来数字经济的研究可以从数字经济的政策环境入手，探讨如何制定有利于数字经济发展的政策，提供科学依据，促进数字经济的健康发展。

（4）推进数字化转型的实践研究。数字化转型是数字经济发展的必经之路。未来数字经济的研究可以从数字化转型的实践入手，探讨如何实现数字化转型，提高企业的竞争力和创新能力。"他山之石，可以攻玉。"因此，未来需要深入行业，研究典型的企业数字化转型的经验做法，总结出可供借鉴的模式，以供其他企业参考。

回首带领"人工智能+"行研团队工作5年以来，我们经历过一些崎岖坎坷，形成了一定的工作思路，更收获了珍贵的经历感悟。雄关漫道真如铁，而今迈步从头越。为了实现"更高、更远、更深"的行业研究目标，今后我们将：

在学术层面上，不仅要"学贯中西"，还要"纵横交错"。积极营造海纳百川、学科交叉、合作创新的学术研究氛围，在坚持兼容并蓄的基础上，走出植根沃土"知行合一"的特色研究之路。

在教学层面上，不仅要"放眼全球"，更要"扎根中国"。努力搭建一个虚心向上、自我实现的展示舞台，让学生在坚持睁眼看世界的同时，也始终能扎根本土、报效祖国。

在实践层面上，不仅要"深入企业"，更要"融入行业"。建立和完善紧贴企业、切入行业，理论与实践相结合的研究机制，在脚踏实地研究行业规律的同时，探索经济社会发展趋势。

路虽远，行则至；事虽难，做必成。行业研究院的团队成员应在推动经济社会发展的使命引领下，努力寻找"数智经济时代"新的增长点，将个人理想熔铸于社会实践中，脚踏实地地把论文写在祖国的大地上，深入调研实践，解决经济社会实际问题，用研究结果不断证明和升华行业研究的现实意义。

相信在"纵横交错，知行合一"理念的指引下，在全体行研院团队成员的共同努力下，当下一个5年到来之际，上海交通大学行业研究院必将结出更璀璨的"思想之花"，迎来中国式现代化管理实践与理论大发展的春天，为推动中国与世界经济社会发展贡献交大智慧。◆

行业研究下安泰MBA教育实践与思考

上海交大安泰经管学院MBA中心

在世界百年未有之大变局的浪潮下，传统的商业竞争正在迭代和质变，企业生产服务方式和组织管理架构不断发生变化，因此也推动着商学院的教育持续改革创新。面向国家重大战略需求和产业发展需要，在学院"纵横交错，知行合一"战略的指引下，安泰MBA项目深度融合行业实践，一直主动地服务实体经济、人工智能、双碳绿色发展等领域的管理人才需求，持续提升MBA教育质量，促进实践、学术、教学的良性循环，不断输送高层次、应用型、复合型人才。

一 在教学培养上，适应行业需求，系统推进改革

（一）发掘行业资源，开拓专业化MBA子项目

除综合MBA项目外，为进一步促进人工智能行业发展，对接国家战略，支撑上海打造具有全球影响力的人工智能高地，2020年上海交通大学安泰经管学院与人工智能研究院联合开办AI MBA项目。

两院汇聚了具有MBA办学经验的师资力量，以及经济管理和人工智能领域的师资队伍和行业资源，紧密围绕"立德树人、提高质量"的根本任务，探索经济管理与人工智能学科交叉的科研和教学平台，探索联合培养行业发展和经济建设所需的人才机制，培养人工智能领域理论与实践兼备的管理人才。

目前，第一届AI MBA项目学生已顺利毕业，该班学生背景较为多元化，学生普遍反映课程内容较硬核。

"从扑面而来的专业词汇的轰炸，到逐步了解技术的原理和演进；从理解各种应用场景的需求，到自己上手搭建实施方案；从一知半解到逐步获得技术和商业的判断力。这三年，让我们对人工智能的理解从好奇和赞叹，到入了门，有了底。不仅我们班，其他各个MBA班也都对人工智能领域展开了热情的学习和探索。"

AI MBA扎根于上海人工智能大环境，充分发挥地域优势和挖掘行业资源，借助上海交通大学人工智能领域雄厚的学科基础和师资力量，助力上海成为人工智能管理高级人才高地和人工智能成果转化高地。

（二）深耕行业研究，开设安泰纵横行业研究系列选修课

为了帮助MBA学生进一步深

【作者简介】

上海交大安泰经管学院MBA中心：刘慧颖、王晓蔚、徐萍、朱司宾、陈滢如。

化行业知识架构，多角度、全方位地了解行业现状与未来趋势，MBA中心已推出以探索实践前沿为导向的"安泰纵横——行业前沿系列课程"。该课程分为纵向和横向两个维度，学生根据自身需要选择对应的课程。

1. 纵向深入，沉浸式聚焦行业

基于上海交通大学行业研究院的行业研究方向，安泰纵向系列课程每次聚焦一个行业领域，通过责任教授和行业领域专家"1+plus"联合授课的形式，帮助学生多角度、全方位地理解某个行业的历史、现状和未来发展趋势。目前已开设5个方向，包括智慧能源、大文创、汽车、新零售、智能制造。

该系列课程一方面注重引入教学团队科研成果，科研反哺教学，实现科研成果与教学过程的融合，另一方面直面行业和企业发展及经营管理中的具体问题，以MBA培养目标和学生特点为切入点，课程设计兼具现实性和前瞻性。以智慧能源为例，课程在双碳目标的背景下，探究当下中国能源生产和消费的发展情况。课程由责任教授尹海涛老师设计和安排，邀请业界资深专家共同授课，共安排了8次课程，内容包括碳中和背景下的能源变革、能源投融资、碳交易和绿证交易等内容，带领同学沉浸式地认识正在发生的中国能源产业革命。

课程结束后，学生对该系列课程给予了较高的认可，以下为不同系列课程部分学生的评价。

智慧能源方向：

"作为新能源及智慧能源行业多年的从业者，看到选修课中有专门针对智慧能源的行业课程是非常激动的。从技术发展来看，课程涵盖了从传统能源到新能源再到未来氢能的多个领域；从业务板块来看，又囊括了各个领域包括学术、商业模式、投融资等多个板块。通过学习，我获得了自己所从事的业务之外的行业专业知识，让我对整个大行业有了更广泛的认知，让我能更好地寻找到自己在行业中的定位及发展方向。"

大文创方向：

"每节课都会邀请不同的大咖嘉宾来上课。作为非文创行业的工作者，大文创课程的每节课都很有吸引力。嘉宾们从音乐聊到电影，从故宫聊到敦煌，从柳叶熙聊到维纳斯，从爆款聊到经典；由表象深入原理，由零散析出模型。大文创行业前沿课的学习不仅让我了解到很多有趣的东西，也让我看到了文创工作者对他们所从事的行业的敬仰和热爱。"

汽车方向：

"课程有完善的课程体系、高屋建瓴的分享老师，带领同学们从宏观到微观、从行业发展到企业布局，用不同的商业视角庖丁解牛地回顾了汽车行业的现状，并对未来发展做了前瞻性的分析。作为新入行的同学，我不但看到了汽车行业的全景图，更从老师们分享的方法论中学到了如何跨界与自己的过往经验和技能结合，这对于后续自己深入研究汽车行业有非常大的帮助。"

2. 横向扩展，体验式拓宽视野

目前安泰横向系列课程与海通证券合作，利用海通证券研究所的优势，由海通首席经济学家荀玉根领衔，从证券、石化、地产、医药、交运、家电、传媒等16个行业方向出发，独家设计和安排课程内容，介绍各类行业的研究框架并展望未来前景。

该课程考虑到学生不同的职业需求和个人兴趣，已拓展到多个行业领域，激发学生学习的主动性，打破行业壁垒，开阔学生视野。课程配备了多名首席分析师，教学内容通俗易懂、深入浅出，提纲挈领地总结了行业研究的逻辑，帮助学生更好地理解行业、公司和资本的内在联系，点线面三位一体地助力个人职业发展。

课程结束后学生对该课程给予了高度的评价。

"通过修习，我拓宽了自己的认知边界，能够从证券投资的专业知识出发，从更高维度来洞察商业世界的运行逻辑。课程首先帮助我从宏观层面理解了中国经济的发展现状，其次在细分维度解读了代表行业的背景、价值链、代表企业及未来发展趋势。作为一名传媒行业从业人员，本次课程分享的行业大部分是我从未涉及或关注过的，即便是在我从事的传媒行业，授课老师的分享与点拨，也让我从全新的角度对自己的行业有了新的认知。经过这门课程的学习，我们能够更好地辨别宏观环境，学会尊重市场趋势，保持投资理性与定力。"

"现代社会瞬息万变，在我们

的职业发展中找准行业方向十分重要,这就需要我们能够充分认识不同行业的产业现状和未来趋势。每一节课都会由两名首席分析师深度剖析每个具体行业的运行逻辑,为个人职业发展插上腾飞的翅膀。再次感谢安泰、老师、助教和亲爱的同学们,本次课程物超所值!"

(三)定制行业需求,菜单式组织学前教育

以学生需求为核心,坚持依需定学、因需施教,"菜单式"学前教育为学生提供了定制化行业课程,涵盖新零售、金融证券、智慧能源等不同行业,融合各类名师课程、软技能培训等内容。学生根据自身发展需求选择组合式课程。与此同时,每年课程设计将根据往年的评价结果和学生需求调整方向和内容,不断与时俱进。

二 在实践活动上,校企联合培养,推动行业发展

(一)参与行业调研,撰写行业报告

商业研究从实践中来,到实践中去。为了推动行业研究和人才培养的紧密结合,我们鼓励MBA全日制学生参与行研团队的项目研究活动。2021年,我们在全日制中国全球运营领袖项目(CLGO)学生中开展项目试点,取得了一定成效并得到了老师和学生的认可。2022年,项目开展扩大到全日制IMBA学生。项目开展期间,行研团队在每个学期带领学生参加2次以上的企业调研访谈;组织学生进行2次以上的行研研讨会/论坛;最后由项目负责人对学生进行项目评估与反馈。

2021年共征集10个行研团队的10个项目,行业方向涵盖能源、人工智能+、医药行业、半导体、金融科技等。CLGO学生报名45人次,经过面试双向互选,最终确定22名学生参与。尽管项目开展受到了疫情的影响,但仍有8个团队项目的导师带领学生进行企业参访,有8个团队项目的学生获得了研究成果,结课后有4位同学取得了"企业诊断"(选修课)的成绩和学分。

2022年共征集12个团队的18个项目,行业方向涵盖智能网联汽车、人工智能+、文化传媒、养老等行业。CLGO学生报名29人次,IMBA学生报名33人次,经过面试双向互选,最终录用56人。研究过程中,80%以上的学生跟随行研团队进行企业实地参访或研究。项目结束后,44名学生提交了行业研究报告并取得了相应的成绩,也获得了团队负责老师的积极肯定。

学生通过参与行研团队的项目活动,可深入了解某个行业的一些头部企业,结合该企业特征,写出有独创性和建设性的企业案例、企业调研报告、行业分析报告或者优秀的论文,并学会用科学的方法表达问题。同时,通过企业参访和调研、互动,我们能让更多的企业了解交大安泰,也让更多的企业有意愿参与全日制MBA项目和学院的行研工作,与安泰建立更紧密的合作关系。

(二)参与行业实践,解决实际问题

1. 根据企业需要有针对性地解决实际问题

龙之队企业咨询诊断项目为全日制MBA(包括IMBA与CLGO)参与的一项企业实践项目。项目过程中,合作企业根据制造和运营中存在的实际问题,确定好咨询项目。每个项目组会匹配1名相关研究领域的安泰经管学院教师和1名项目企业导师全程指导项目落地。项目结束后,以项目组为单位完成项目报告。至今已开展了190+个龙之队项目。

项目案例:

a. 打通国内半导体产业链——探索松下自动化产业新商业模式;

b. Recycling for Societal and Commercial Advantage;

c. 美颜经济下的新生代美颜趋势和未来价值。

2. 利用企业实习,培养学生的综合决策能力

"实习+"(Internship-plus,I-plus)项目为CLGO学生在合作企业进行的为期6个月的I-plus实践项目,一般自第二学年的3月份开始持续到暑期结束。针对项目研究方向匹配1名安泰经管学院教师、1名工学院教师和1名项目企业导师为指导老师,为学生提供定制化级别的项目战略计划指导,学生最终产出的毕业实习论文将为企业在某一领域的研究发展提供实质性的帮助。

项目案例:

a. Sustaining Capacity Strategic Planning-GSM iPhone-Enclosure;

b. Restructuring of East European Supply Chain;

c. 小业态新零售生鲜水果精细化经营与管理。

(三)参与行业研究,听取名师慧语

"行研汇"是行业研究院专为

安泰MBA在校生和校友们打造的行业研究系列讲座，每两周的周六晚将定期邀请到各行研团队的教授学者，分享行研层面的学术成果，让对行业研究方向有兴趣的同学们能够多角度、全方位地了解行业现状与未来趋势，在学院里形成"行研汇、知行合"的学术氛围。第一期讲座于2020年11月7日举办。目前已开设的讲座方向包括：支付、人工智能、汽车、银行、房地产、养老等行业。

三　在校友活动上，促进行业交流，提供成长平台

为贯彻学院"纵横交错，知行合一"的发展战略，配合行业研究院和行业社群班，为校友和校友企业提供更好的行业交流互动平台，上海交通大学安泰MBA校友会成立了行业专委会，目前已成立10个行业专委会。2018年成立了金融专委会、汽车专委会、医疗医药健康专委会、企业创新与资本专委会、碳中和与能源物联网专委会5个专委会。后续新增创业专委会、新零售专委会、大交通专委会、大文创专委会、科技教育专委会。行业专委会自成立以来，一直积极参与和举办各类行业活动，促进产业发展，成为校友与校友、校友与母校合作链接的平台。

（一）打造集聚人才的"强磁场"，助力校友发展

水积而鱼聚，木茂而鸟集。近两年，在校友会的组织下，行业专委会共参与、举办110多场企业参访、行研汇等行业相关活动。行业专委会的平台汇聚业内校友，组织常态化行业人才社交沙龙，为相关行业及人才之间提供学习型和商务型社交平台，通过信息共享、创新学习等多种手段实现优势互补的人才集聚和协作共享效应，形成人才聚集、以才聚才的"强磁场"。

（二）参与行研院实验项目，助力行业研究

2022年12月，京东超市与上海交通大学行业研究院合作"零售增长实验室"项目。该项目由京东超市全渠道事业群团队、上海交通大学行业研究院零售行业研究团队合力发起。新零售行业专委会成员参与该实验室项目，共同产出行业成果，溯源种种商业行为背后的本质问题，助力更快、更准地找到解决方案。

除此以外，各个专委会积极参与学院各项活动，作为一座连接学院和校友的桥梁，校友们积极贡献和分享自己的行业案例，帮助老师们更能触碰当下行业的热点和痛点，深化行业研究，实践行研成果。

MBA校友会在注重每个专委会发展的同时，还召开了行业专委会秘书长联席座谈会，以增强各专委会间的相互了解和合作，促进校友会行业专委会更好地与学院行业研究院互动。

在未来学院行业研究建设中，在教学培养、实践活动、校友活动中，MBA校友会将继续通过有效的方法加强与行研院的合作，为在校生、校友、老师提供优质行业讯息，充分挖掘行业资源和应用研究结果，助力中国行业和社会经济的发展。◆

同心共鸣，取势未来

上海交大安泰经管学院EMBA中心

2018年，上海交通大学安泰经管学院以"纵横交错，知行合一"的理念为指导，以行业研究为抓手，搭建以行业为单位的知识创新、人才培养与资源交流平台，行业研究的落地开花也为EMBA项目带来了诸多积极影响。

善弈者谋势，善谋者致远。以招生为切入点，行业研究激活了我们与有报考EMBA意向的人群的沟通触点，构建了区别于其他商学院的竞争壁垒，为EMBA项目与优秀企业、行业协会等合作共促提供了良好的"机会窗口"；以教学为支撑点，行业研究为EMBA创新迭代6.0新版课程体系提供了新思路和新资源，为学生提供了真实的行业案例、市场洞察和创新思路；以市场活动和校友服务为纽带，行业研究与EMBA项目联结汇智、同心共鸣，为校友长效赋能，传递安泰好声音及搭建商业实践合作平台和终身学习的加油站起到了助推器作用。

1. 激活触点，构建竞争壁垒

随着商业模式的变革，企业家在大变局中需要一个行业内及跨行业交流合作平台的诉求显得更为迫切，行研工作的积极开展适时补足了这个缺口。作为安泰的第二课堂，行研伴随着全周期实战型工商管理硕士创业人才培养体系的构建，激活了潜在意向人员报考上海交通大学安泰EMBA的触点，为他们提供了一个将所在行业和商学院管理理论知识相结合的重要通道，加深了他们对上海交通大学安泰的品牌认可度，成为他们在择校阶段的重要考量因素。

在招生对外拓展和合作上，行业研究也为和优秀企业、行业协会、政府等互动合作提供了良好的"机会窗口"和多元化支撑。上海交通大学安泰EMBA成立的"致远联盟"见证了战略合作从点到面、多点落地的进阶之路，以与学院签署战略合作协议的美的集团、盈科律所、上海市宁波商会等企业单位、商会协会为核心成员，在产教融合、人才培养、商业赋能的多维联动下合作共促，携手迈向商学新生态。

2. 同心共鸣，传递安泰好声音

行研已成为EMBA品牌宣传的独特基因，在"安泰视界"和"知行天下"两大精品市场IP活动中，我们邀请智能网联汽车、人工智能和供应链管理等行研团队的老师共同参与，如携手汽车行研团队走进奉贤智能网联示范区；与人工智能行研团队合作走进常州市武进国家高新技术产业开发区，探访了多家行业细分龙头企业。一方面促

【作者简介】

上海交大安泰经管学院EMBA中心：徐静、马文玉、董晴、杨光子、龚群斌、刘恩同、宁洁。

进教授了解区域标杆企业发展,获取实践信息;另一方面也为校友们提供了全新的商业视角和行业洞察力。

安泰视界是一档已打造30期的直播IP,总计已获得超过3 600万人次的直播观看量,成为行研教授展示研究成果、分享行业观点的重要宣传窗口。近年来,EMBA中心及EMBA校友组织举办了一系列与行业研究相关的主题活动,如与行业研究院联合举办品牌校友活动,与校友所在企业举办行研主题的参访活动等,双向赋能,精准对接,获得了来自校友的高度好评。

3. 联结汇智,拓展多维度校友工作

随着学院开展行业研究工作,EMBA陆续成立了新零售协会、医疗健康协会、供应链与物流协会、新能源与环保协会等行业类校友组织,在行业研究院—行业社群班—行业校友组织的三方联动下,提升了行业校友的凝聚力和对接校友资源的便捷性。2022年,上海交通大学深圳行业研究院正式成立,启动了安泰在大湾区的布局,当地EMBA校友组织也围绕行研开展了系列活动,在进一步链接当地校友的同时,也推动了行业研究在当地工作的开展和与企业对接。除深圳外,在安徽、武汉、北京、川渝、嘉兴等地,EMBA校友也紧跟行业研究院的脚步,配合地区拓展相关的工作。

2022—2023年间,EMBA项目和EMBA校友组织举办行业研究相关校友活动50余场,从10多人规模的研讨会,到数百人规模的大论坛,多行业多维度地铺开了安泰行业研究影响力。从"好奇"到"赞许"到"支持"到"主动参与",在行业研究院成立的5年间,EMBA校友及校友企业通过资金支持、渠道对接、企业联络等方式重视并积极支持行业研究工作。

4. 创新领变,迭代6.0新版课程体系

上海交通大学安泰EMBA于20周年之际发布全新项目定位:"新商学·新科技",双循环驱动商学新生态,并推出6.0全新课程体系,四大学习模块、五大课程方向、八大全球课堂、30+行业生态圈(见图1)。行业研究为EMBA迭代6.0新版课程体系提供了新思路和教学资源,我们根据行业发展趋势和需求设计课程框架,改进课堂教学方法,并增加了更多实践教学环节。如创新创业方向课程、金融科技方向课程、智能科技方向课程和实战"1+1"课程体系中引入合计20位实务专家作为全新师资,这些专家拥有丰富的行业经验和实践智慧,能为学生提供真实的行业案例、洞察和创新思路。在课堂之余,我们对这些全新师资进行了文字宣发和视频采访,一方面是为了巩固我们课程的影响力,另一方面是借助于实务专家在行业中的影响力,为EMBA项目赢得更多的关注,我们希望以此建立长期稳定的合作渠道。

值得一提的是,我们在课程中加入了课前预读资料,并将最新的行业资讯和案例融入课程中,做到常学常新,理论与行业案例相结合。在日常班级建设中,班主任积极组织学生参访校友企业,并邀请学界教授做主题分享,做到产学研结合。此外,我们积极与国际合作伙伴建立密切联系,共同策划和组织国际游学项目。通过参观和研究国外企业,学生可以亲身体验不同文化背景下不同行业的商业实践,并从中学习最佳实践和成功案例。

5. 长效赋能,搭建商业实践合作平台

自2002年起至今,上海交通大学安泰EMBA公司赢利模式大赛已成功举办33届,成为商学院从理论走向实践再走向行业的成功示范。为进一步扩大在校生公司赢利模式大赛效能,助力更多EMBA企业家发展,从2021年开始,针对已经毕业的EMBA校友成功组织了2届上海交通大学安泰EMBA "思源汇校友赢利模式大赛"。大赛集优势学科之力,展百廿交大之风,并于2023年升级为学院规模的大型赛事"上海交通大学安泰思源汇校友创业大赛",聚焦垂直行业类型,开展海选辅导,以各项目行业协会、行业社群班为单位,从报名、海选,到辅导、比赛,再到赛后跟踪服务,为参赛项目提供包括产业落地、政策指导、赛事辅导、融资平台对接及教育培训在内的全方位支持,为处于不同创业阶段的校友企业发展赋能,形成完整的闭环链。上海交通大学安泰EMBA通过建立终身化学习计划(包括创业协会、品牌论坛、跨院合作、联合创始人计划等长效赋能形式),搭建商业实践合作最佳平台。

行业研究是一块背景板,把EMBA项目和校友们刻画得更立体、多元和深刻。未来,希望通过多方面的行业类校友组织的成立，多类型的行业性校友活动的举办，多维度的行研基地和工作室的落地，以及市场化项目与行研共创共建共享特色品牌IP活动的策划，

以上海交通大学行业研究院为圆心，不断扎实、扎深；以长三角、大湾区、亚太中心为半径，不断延伸和拓展，携手共画行研"同心圆"，使之成为学院派行业研究范式的

"新平台"，衔接学界与业界的"新桥梁"，商学研究的"新物种"，从而构建起产学研协同发展的商学生态圈。◇

图1　交大安泰EMBA6.0全新课程体系

行业洞见新势，商学孵化新知

上海交大安泰经管学院高管教育中心

打破水面平静的破局之道，有时候犹如孤勇者一样，垂直俯冲，用一个点，爆破出波峰波谷的弧线，向更深处，泛起优美的弧线，无远弗届。每一个涟漪都是一次创造，都是一次变革，都是一次跳跃，都是一次尝试。上海交通大学安泰经管学院于2018年年底确定"纵横交错，知行合一"的核心战略，以行业研究为抓手，探索商学体系改革，这对高管教育中心的发展产生了非常显著的影响。受益匪浅的变化主要围绕着供给侧和需求侧两个维度展开。

一 需求动态变化—捕捉行业新势

高管教育中心可以借基于行业研究的成果所产生的行业影响力来丰富自身的内容输出及培训之后的持续学习增值服务，在这个过程中，高管教育中心的课程顾问老师感受最为明显，为我们区别于其他优秀商学院提供了非常好的一张名片和显著的行业标签。

例如，我们与中国平煤神马控股集团有限公司签订战略合作协议，基于集团"创新、协调、绿色、开放、共享"的新发展理念，坚持以安全绿色为前提，坚持以质量效益为中心，坚持以改革创新为动力，坚持以主业做强为支撑，坚持以全体职工为依靠，坚持以党的建设为保证，逐步形成以煤盐为源头的多条特色产业链，双方依托各自资源、结合各自特色、发挥各自优势，通过战略合作达到资源共享、优势互补、相互支持、共同发展。此外，双方建立院企人才与组织发展全面合作与校企产

教融合长效机制，在人才与组织发展咨询专项、人才与组织发展培训专项、产教融合联合研究、前沿市场活动等方面开展进一步的合作，共同推动成果的落地。

又如，学院携手联想全球学习中心，在联想深圳未来中心进行战略合作签约。双方将以"践行商学新生态·聚焦人才新发展"为合作愿景，结合上海交通大学与安泰经管学院的学科发展优势及联想集团的业务发展生态与卓越管理实践，联合打造管理发展新模式，全球化、智能化转型，以及"端-边-云-网-智"新IT等一系列针对复合型人才发展的课程体系。高管教育中心在商界人才培养方面，秉承"中国智慧、国际视野"的教育理念，从企业管理实践出发，洞察企业发展路径，关注行业产业新技术、新业态的迭

【作者简介】
上海交大安泰经管学院高管教育中心：高晶鑫。

代趋势，在此基础上形成了动态前瞻的行业研修课程和体系完备的管理核心课程（见图1、图2）。联想全球学习中心依托集团战略和智能化转型框架，聚焦联想集团人工智能、元宇宙等最新成果，集中展现集团数智化转型、灯塔工厂实践与ESG最佳解决方案，并梳理出多元化能力课程体系。双方在上述基础上，共同推进战略合作的深化落地。

二 供给有效变革—孵化商业新知

由于上述需求侧的影响，很多培训企业提出了行业研究相关前沿专题的学习需求，所以，高管教育中心在为此需求提供课程解决方案的过程中，充分地吸纳行业研究的成果，并将成果及研究团队的责任教授引进至高管教育中心的课程讲台来推进行业洞察课程的支持工作。同时，高管教育中心的中台研发咨询部门的同事，围绕着学院行业研究的主战略，贴合行业研究成熟度的实际情况，主动研发行业研修营的课程，在提供增值服务的行业社群班的基础上，升级行业课程，从人才培养的角度丰富了学院行业研究的内涵。

例如，在技术创新和制度变革的推动下，智慧能源的发展已经成为不可阻挡的趋势。高管教育中心研发的"双碳"领跑者行业研修营在上海、宁波、深圳等地区开展4次集中学习，"双碳"领跑者培训项目着眼于低碳时代企业转型的关键要素，从宏观、战略、金融、技术、路径和实践六个方面入手，围绕"碳"索未来趋势、"碳"究技术前沿、"碳"析战略变革、"碳"寻金融助力、"碳"求实施路径、"碳"路产业实践六大课程模块，帮助企业决策者和管理者拓宽行业视野，树立低碳理念，着重增强绿色低碳发展本领，加强"碳中和"关键能力建设，打造低碳领军人才领跑者优势，助力国家"碳达峰"目标达成。

又如，随着当前我国汽车行业的蓬勃发展，汽车逐渐由机械产品向智能化、信息化的科技产品转变，中国市场新旧造车势力和零部件企业竞争激烈，不断寻求新的生存商机。当前中国汽车工业面临由汽车大国到汽车强国转型、汽车排气污染治理、低碳发展三大挑战。面对挑战，如何降本创收，如何保证技术研发，如何持续进行产品创新成为行业亟待解决的问题。高管教育中心结合行业人才发展需求而研发的"汽车行业研修营"，通过课程责任教授和行业专家的"1+Plus"授课形式，多角度、全方位地剖析汽车行业的现状和发展趋势，旨在帮助学生开阔视野、启迪思想，共同探索汽车产业转型升级路径。课程内容方面包含破局、科技、谋策和造势四个方面，在课程内容展现形式上做了优化，在课程形式上做了多元化调整，在课程交付上加入了隐形线。

在课程内容展现形式上，将课程优化为从宏观到微观再到宏观的"总分总"形式，首先是破局——宏观上帮学员了解汽车行业的产业格局、政策等，通俗地说就是带学员看看当前的路况是怎样的；接着就是关注微观层面上比较重要的两个点——硬核的科技和软性的管理，即科技和谋策两个方面，也就是帮

助学员探索如何在汽车行业的道路上更扎实地走路；最后再宏观收尾，也就是造势部分，展望一下未来的发展趋势，带大家看看未来的路往哪里走。

在课程形式上，将深度参访和授课结合起来，做成移动课堂的形式，去代表性的车企参访交流，解决在上海无法在校园内交付课程的问题，这样的课堂形式更加丰富，更能吸引学员。

在课程交付上，课程还加入了隐形线，就是高管中心近年来力推的行动学习，让大家带着工作中的实际问题去参加项目，在学习的过程中与老师和学员不断地互动交流，探索解决方案，从而为自己的工作进行实实在在的赋能。同时，通过项目设立与解决，也可以吸引更多的企业来进行行业研究、企业咨询等方面的深入合作。

三 供需动态平衡—创造社会价值

贴合学院主战略，高管教育中心的培养方针调整为：培养扎根中国的世界级商界领导者。在产品侧方面增加了行业研究的主题宣传，增加了品牌区分度和影响力。在导师遴选标准方面，高管教育中心从行业研究的专家库中导入了行业研究的相关专家用于高管教育中心的课程支持，如陈志洪副教授团队等。通过行业社群班的实践和探索，与战斗在一线的行业领跑者，通过对现有问题的有效梳理和系统反思，共同探索行业的强国强企之道，为企业管理者开阔视野、明晰方向提供参考，同时也为行业管理者提供

相互交流、共同进步的宝贵平台。在主题品牌活动方面, 中心成功对接霍尼韦尔(中国)与尹海涛教授行业研究团队的市场活动, 在霍尼韦尔及其客户生态体系中扩大了安泰行业研究在双碳及能源领域的影响。在校友工作开展方面, 高管教育中心结合行业社群班的校友邀约方式, 成功激活部分校友与学院和中心的强链接, 并成功推进校友与企业后续的深度合作。在前期探索短期行业研修营的基础上, 高管教育中心努力围绕着先进制造、人工智能、智慧医疗等领域开展长期的安泰PLUS行业领航者的学习计划, 进一步夯实行业研究的纵向影响力。

高管教育中心期待与行业研究院在现有非常紧密的合作的基础上, 加强资源的协同与对接, 并在以行业研究为抓手推进的重要工作中, 融入行业人才培养的环节和要素, 后续落地跟进由高管教育中心牵头, 创收的溢出效应共享。◈

图1　人才培养

图2　课程设置

落实行业研究战略，推动校友与品牌发展实践

上海交大安泰经管学院校友与发展联络办公室

行业研究是学院的整体战略，校友与发展联络办作为职能部门，在深入理解学院战略的基础上，结合部门的职能特点，在实际工作中进一步明确行业研究指向，有效推动与落实学院整体战略。

1. 校友组织建设方面

截至目前，在学院正式备案登记的校友组织共50个，涵盖项目、地区、行业及主题兴趣四大类（见图1）。为了顺应学院整体发展，更好地助力全球校友们以行业研究为抓手，共享行业前沿研究成果，校友与发展联络办以活动为载体，为校友们提供各类服务，并以多种形式鼓励全球安泰人为学院贡献智慧与力量。学院已经陆续组织了班长及班级联系人会议、历届学生会主席会议、校友组织代表大会等一系列会议，就学院的行业发展战略和校友会发展方面广泛听取校友的意见，并明确学院新建校友组织必须结合行业研究团队方向及行业社群班建设基础，以此为方向，设立后续行业校友组织发展框架，比如拟筹的智能制造、ESG等方向的校友协会和俱乐部，均是以行业社群班为核心，整合全院行业校友资源，通过校友组织的平台，让校友们联动起来，达到人员和资源的最优配置。

2. 主题品牌活动与合作方面

校友与发展联络办在年会主题、演讲嘉宾邀请等方面密切结合行研五周年系列活动，并邀请相关行业研究团队老师与校友共同参与校友沙龙，设置的活动主题更加明确，更加凝聚相关行业的校友，讨论也更加有的放矢，受到了校友们的广泛好评。校友们普遍认为这样的结合更加有指向性，对行业实践更加有指导意义，由此可以引出更多的合作意向，真正有效地盘活校友资源，在助力学院行业研究的同时，给校友的商业实践提供更加有效的参考。

3. 基金发展方面

设立行业发展基金，用于学院的人才培养、科学研究、师资建设、科技成果转化等各项工作。结合学院的行业发展战略，落实好捐赠基金的使用，建好校企联合实验室、大学生校外实践基地等合作平台；以行业发展基金为平台整合更多资源，吸引更多校友及校友企业参与，开放共赢、融合发展。

4. 品牌宣传方面

在校友服务官方微信公众号上开辟"校企发展"版块，努力发挥校友企业与学校间的桥梁作用，充

【作者简介】
上海交大安泰经管学院校友与发展联络办公室：黄淑娟。

分利用校友及校友企业信息、资源等优势，深入推进学科融合、产教融合等方面的务实合作，通过行业研究，联合组团队、搭平台、担项目、出成果，在融合中实现互利共赢。

结合安泰智库媒体沙龙，举办《安泰纵横集（第二辑）》发布会，邀请4位安泰教授做主讲嘉宾，其中3人分别为不同行研团队负责人，吸引了24家媒体的34位记者到场关注。该活动共产生25篇公开发布的媒体文章，全网转载量375篇；直播媒体、校级新媒体、院级新媒体等各类渠道也同步发声，全网直播与视频总观看量近47万次。此次媒体沙龙将行业研究成果与学院媒体资源的叠加宣传效应推向了新高度。

除围绕行研新书策划的年度媒体活动外，我们还在日常品牌宣传工作中深度结合行业研究的内容。在安泰官微同步发布"行研中国""五年五城""茶道对话"三个品牌栏目，为"安泰研值"公众号补充内容和扩大宣传力度；在视频号开辟"教授智库""大咖洞见""行业研究"等栏目，及时以短视频的方式传播行业研究团队、教授、企业嘉宾的思想与践行；同时积极在安泰官网的"安泰声音"版块、学院电子屏渠道进行宣传，更好地在学院内部传播行研智慧；通过美通社、领英渠道进行海外宣传，利用国内主流媒体和垂直门户网站，以及领英这一海外关注者渠道进行行业成果和新书的广泛和定向传播。此外，在历年行业高峰论坛上积极联动主流纸质媒体、专业财经媒体，通过通稿、专访、直播等形式的宣传工作，推动专业财经媒体以案例研究、圆桌论坛等方式与行研团队进行专栏合作。以上各类渠道品牌宣传与推广工作的开展紧紧围绕行研院的发展历程、研究进展和社会使命，为向外界传播与深化学院和行研院"纵横交错，知行合一"的战略目标打下了扎实的基础。◆

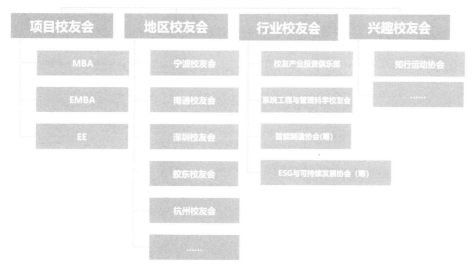

图1 安泰校友组织

私募股权投资与行业研究

浦晓文

投资是项很辛苦和很寂寞的工作。整个投资行业体系庞大且复杂，就像一片广袤的原始森林，没有人可以熟知里面的每一个物种。然而在探索的过程中，在每个经过的角落都可能看到美丽的风景，所以每个投资人都愿意耗用一生时间去认识它、研究它，不断探索、不断发现价值。在其中，行业研究发挥着至关重要的作用。

行业研究能够提供投资者在做出决策时所需的重要信息和洞察力，是投资者在不断学习和探索中不可或缺的一枚"指南针"。其重要性包括以下几个方面：① 了解行业趋势——行业研究可以帮助投资者了解当前和未来的行业趋势。② 评估行业竞争力——行业研究使投资者能够评估不同行业参与者的竞争力。③ 发现增长机会——行业研究可以揭示出新的增长机会。④ 风险管理——行业研究有助于投资者识别和管理风险。⑤ 优化投资决策——行业研究为投资者提供了更全面的信息基础，有助于他们做出更明智的投资决策。

一 行业研究难点剖析

虽然行业研究可以为决策者提供重要信息，但它也面临一些普遍的难点。以下是一些可能出现的难点及对其的剖析。

（1）数据获取和处理：行业研究的一个重要难点是获取和处理相关数据。行业数据通常分散在各个来源和格式中，包括财务报告、市场调研、行业报告等。处理这些数据需要投入大量的时间和资源，而且可能存在数据质量和一致性的问

题。此外，一些关键数据可能受到商业机密保护，难以获得。

（2）不确定性和复杂性：行业研究面临着不确定性和复杂性的挑战。行业发展受到多种因素的影响，包括技术创新、政策变化、市场需求等。这些因素的相互作用使得预测行业趋势和未来发展路径变得复杂。此外，行业之间的相互关系和全球化趋势也增加了研究的复杂性。

（3）可靠性和可信度：行业研究需要依赖各种信息源，包括专业机构、咨询公司、行业协会等。然而，这些信息源的可靠性和可信度各不相同。某些信息可能受到利益相关方的影响，导致数据失真或偏见。研究者需要谨慎地评估和验证信息的来源和可信度，以确保研究结论的准确性和可靠性。

【作者简介】

浦晓文 上海交通大学安泰经济与管理学院1994届本科、首期智慧能源班班长，水木高晟私募基金管理有限公司创始管理合伙人，前亚洲开发银行首席投资专家，亚银创投创始人。

（4）时效性：行业研究需要及时获取最新的信息和数据，以反映行业的最新动态。然而，随着市场的变化速度加快，行业研究的时效性成为一个挑战。研究者需要通过及时更新数据和监测趋势来确保研究的有效性和实用性。

（5）资源限制：进行全面的行业研究需要投入大量的时间、人力和财力资源。尤其是对于小型企业或个人研究者而言，资源限制可能成为一项难以克服的难点。缺乏资源可能导致数据收集不完整、分析不充分或研究范围受限，影响研究结果的准确性和全面性。

在面对这些难点时，研究者可以采取一些策略来提高行业研究的质量和效果，包括：挖掘多样化的数据来源，确保数据的可靠性和一致性；建立合理的研究框架和模型，以应对不确定性和复杂性；积极跟踪行业动态，保持研究的时效性；寻求合作，共享资源和信息，以克服资源限制等。通过综合利用不同的方法和策略，行业研究可以更好地应对各种难点，并提供有价值的见解和建议。

二 私募股权基金投资视角下行业研究的主要特点

在本人三十年的职业生涯中，我在进行私募股权基金投资的行业研究时，有一些特定的视角和方法可以分享。以下是私募股权基金投资视角下行业研究的主要特点：

（1）市场规模和增长潜力：私募股权基金投资通常关注高成长潜力和市场规模较大的行业。研究者会评估行业的市场规模、增长趋势及未来预期，以确定投资机会和潜在回报。

（2）竞争格局和市场细分：了解行业内不同参与者的竞争格局和市场细分是私募股权基金研究的重要组成部分。研究者会分析行业内主要竞争对手的地位、市场份额及各自的优势和劣势，以确定投资的竞争优势和定位。

（3）创新和技术趋势：私募股权基金投资关注技术创新和发展趋势。研究者会分析行业内的技术创新和趋势，以确定哪些公司具有创新能力和领先地位，并有望在未来取得增长和回报。

（4）盈利能力和财务状况：私募股权基金投资者通常会评估潜在投资标的公司的盈利能力和财务状况。他们会分析公司的财务报表、盈利模式和现金流情况，以确定其投资价值和回报潜力。

（5）行业风险和监管环境：私募股权基金研究也会考虑行业的风险因素和监管环境。研究者会评估行业面临的政策变化、法规限制及其他潜在的风险因素，以便在投资决策中进行风险管理和合规考虑。

在私募股权基金投资的行业研究中，数据获取和处理仍然是一个重要的难点。由于非上市公司的信息相对有限，研究者可能需要依赖于与行业相关的专业机构、行业协会和咨询公司等信息来源，以获取行业数据和洞察。

此外，私募股权基金投资的行业研究也需要深入了解公司的管理团队、战略定位和业务模式等因素。这种深入的尽职调查可以帮助研究者评估公司的投资价值和潜在风险，并为投资决策提供更全面的信息。

综上所述，私募股权基金投资的行业研究在市场规模、增长潜力、竞争格局、技术创新、盈利能力、财务状况、风险因素和监管环境等方面具有特定的视角和方法。通过深入分析和综合考虑这些因素，私募股权基金研究可以提供有针对性的行业洞察和投资建议，帮助投资者做出明智的投资决策。

三 智慧能源社群班学习心得

过去三年里，我有幸参加了首期交大安泰智慧能源社群班的学习，作为其中的一员，我也有一些体会和心得与大家分享。

（1）多维数据分析：在进行行业研究时，我们需要收集并分析大量的数据，包括市场规模、竞争格局、技术趋势等方面的数据。通过多维数据分析，我们能够更全面地了解行业的现状和未来发展趋势，并做出有依据的决策。

（2）实地调研和案例分析：为了更深入地了解行业，我们进行了实地调研和案例分析。通过参观企业和与行业专业人士交流，我们能够亲身感受行业的运作模式和挑战，并从实践案例中汲取经验和教训。

（3）团队合作与资源共享：在行业研究中，团队合作和资源共享起着重要作用。我们的团队互相协作，共同分担工作压力，互相交流和学习。同时，我们也与其他班级成员分享信息和资源，进而扩大了我们的研究范围和深度。

（4）独立思考与创新观点：在进行行业研究时，我们鼓励独立思考和提出创新观点。通过深入分析和对行业趋势的理解，我们能够从不同角度提出新颖的见解，并为行业发展提供有价值的建议。

（5）时效性和灵活性：行业研究是一个不断变化的过程，行业发展和市场动态都在不断变化。因此，我们需要保持时效性和灵活性，及时获取最新信息并对研究进行调整。这要求我们密切关注行业新闻和趋势，及时更新我们的研究成果。

通过参与交大安泰智慧能源社群班，我学到了很多关于行业分析、数据处理、团队合作和独立思考的技能和经验。这些体会和心得将对我的未来研究和职业发展产生积极的影响。最后，衷心地希望在各行各业中，能够见到校友们砥砺前行、奋勇争先的身影。◈

践行"纵横交错，知行合一"理念的有益实践

叶松青

我很荣幸获批参加上海交通大学安泰大文创社群班的学习，清晰地记得开班仪式是在2021年10月31日，作为上海交通大学安泰首届MBA硕士毕业生（1994—1997年）代表大文创社群班谈感悟，心里是十分激动的！因为有了再次回到母校课堂的感觉。受疫情影响，整一年的学习课程，几乎都在校外进行，如酒店的大会议室、学员的公司、参访的企业等，但学习从未间断，因为有着极有责任心的正副班主任和责任教授！感谢交大安泰，配备了这么优秀的管理团队，令我们在这样一种特殊环境中学有收获，学以致用！我最大的感悟是人要有一种执着的精神，安泰人践行"知行合一"的理念，直面重重困难，绝不躺平，作为企业经营者，要执着寻找化危为机的可能。

我们目睹了浦东的开发开放，我们经历了改革开放、中国加入WTO，正处于国家飞速发展，人民生活水平不断提高的时代。我们是幸运的一代，有更多的机会学以致用。而这飞速发展的时代使我们深感在课堂里学习到的东西太少，与社会发展的关联度不太够，更有不少人工作了许多年，还换了不少岗位，却不知道自己真正喜欢的是什么。社会的发展，行业生态的发展不可预测。所以我们需要不断充电，那么安泰的社群班学习就显得十分有意义了！这里汇聚了一大群相关类别行业的经营者，大家通过交流互动开阔彼此的眼界，正所谓纵横交错！这些鲜活的、在学习班上正在发生的行业事例，毫无疑问地比在传统课堂上听到的要精华和深刻得多！它就在我们的身边！我

们可以讨论、分析、判断甚至参与，进而获得深刻的感悟并取得进步。由此我们MBA的教育和学习目的也就达到了。

我是从事城市规划和建筑设计工作的，更具体地讲是设计院的管理者，创立企业至今已有30年。原来传统的规划设计思路日趋没落，我一直在思考未来的路该怎么走。现在城市更新、乡村振兴的业务越来越多，仅靠传统的一套模式无法开展工作，我们需要有开创性思维。恰恰在大文创社群班的学习中，我们学习了"如何在城市发展中推进文创产业发展""文化创新与跨界发展""大文创——文化产业新方向""泛旧时代的文创产品体系化经营"系列专题，还参与了一系列很有现实意义的走访活动，让我对文创事业、文创产业有了根

【作者简介】

叶松青 上海交通大学安泰经济与管理学院1994届MBA、首期大文创社群班班长、MBA校友会大文创专委会主席，上海经纬建筑规划设计研究院股份有限公司董事长、院长。

本性的认识和切身体会。文化建设是人民城市的核心功能，要把文化创意融入经济发展、科技发展、民生发展、文明发展、社会发展、环境发展、全球发展的各个环节上；更要实施文化产业赋能乡村振兴计划，实施乡村休闲旅游精品工程，推动乡村民宿提质升级，深入实施农耕文化传承保护工程，加强重要农业文化遗产保护作用。利用上述学习到的知识和经验，我在自身工作中，主动加大文创实践的分量，改变传统的工作流程和做法，前期加入重要的文创策划工作内容，增加此专业的设计人员。在受疫情影响的这三年中，我院的城市更新项目"上海市国庆路35号综合运营改造项目""重庆长江索道景区城市更新暨产业拓展联营项目""关于创建中国红色文旅新标杆——红其拉甫国门景区商业计划"等都融入了文创的诸多理念要素和方法，深受业主认可，让我们荣幸中标，有些项目已开始实施，企业的业务也有了转型发展的可能！

大文创社群班人才汇聚，充满活力！大家十分希望获得真知灼见，也希望能互学互鉴，触类旁通。当然每一位学员都在各自的企业里担当着重要的角色，工作十分忙碌。为此班主任和责任教授精心组织课程及安排好特色鲜明的课程计划。实践中我们建议将学习时间延长至一年半，后半年集中精力准备论文（以每月一课计）。由于社群班的学员特点，我们还建议在班主任和责任教授的指导安排下，推选出负责任、有活力、有奉献精神的班委成员，进而配合班主任凝聚人心，推动同学积极参与课程制定和学习，让社群班的学习更有吸引力。

值得一提的还有，在交大安泰经管学院的大力支持和指导下，安泰MBA校友会专门成立了大文创专委会，依托交大及校友资源，致力于打造具有中国特色、融合中西文化创意的一流大文创产业服务平台，为校友、学校和社会提供信息、资本、项目对接和产业交流服务，形成文创合力。具体而言，实现了三个层面的链接：一是以安泰为平台，加速校友与学校资源的链接，为校友发展提供支持与帮助；二是加速校友间的资源链接，促进校友企业间的商业合作；三是扩大校友与行业生态圈的链接，助推校友企业升级发展。为确保专委会高效能运转，专委会搭建了专职的管理团队（均由热爱文创的校友兼职），核心成员具有丰富的文创经验背景、极强的工作能力，充满热情、热爱组织、甘于奉献、善于协调。文创产业作为一种新的业态，兼具"文化""创意""产业"三个特征，专委会成立大半年来，通过提供产业应用场景，举办行业沙龙、企业参访、资源整合、创投对接等形式多样、内容丰富的活动，逐步链接和汇聚上海、长三角、全国乃至全球文创资源，真正把专委会打造成大文创研究和实践领域具有影响力的组织，让我们共同分享文创新机遇，探寻文创产业发展新路径！

在这特殊时期的一年学习中，大文创社群班通过课堂学习、走访调研等丰富多彩的教学活动，共进行了16次的课程学习和走访、12次的项目云分享，硕果累累。同学间共产生合作项目5个、文创产品3个、总结论文11篇……这还只是面上的成果。大家一致认为，同学间增强了互动了解，对行业生态有了鲜活的洞悉，很好地推动了自身企业的发展，这种影响对个人、对企业、对未来必将是深远的，这是我和大家一致的感悟！◈

长风破浪会有时，直挂云帆济沧海

郑　远

过去30多年，中国汽车市场经历了高速增长、平缓发展、迎头赶上几个阶段。2018年，中国汽车市场站到了发展的十字路口——汽车市场销量遭遇28年来首次负增长。同年12月，上海交通大学安泰经管学院成立行业研究院，在陈方若院长提出的"纵横交错，知行合一"的行研理念下，汽车行业专业委员会（以下简称"汽车专委会"）应运而生。为了更好地观察与研究汽车行业发展情况，汽车专委会成立了"智能网联""新能源""智能制造""汽车服务""新材料新技术""行业研究""汽车金融"等七大板块，分别代表汽车行业的几大研究方向。经历了寒冬之后的汽车市场，在2021年进入了新能源汽车时代，并呈井喷态势。在VUCA时代，行业供应链上的玩家们无不在寻找着发展之路。这场变

革里，行业从业者们虽然时有困惑、迷茫，但也在积极地寻找适合自己的路径。

2019年年初的一场汽车专委会分享会上，2014级校友任惠惠刚完成了从汽车制造业到广告服务业的转行，彼时他已不再是传统意义上的制造业从业者，但在分享中提到的一个思维框架让人颇感有趣：他用制造业问题解决办法中普遍使用的"人机料法环"的思考模式来诠释如何提供高质量的数字营销服务。这种思考模式在不同行业或者领域的普适性是不是在某种程度上也验证了不管是在研发、质量管理、生产，还是在市场营销等领域，都可以摸索出一套相通的思考哲学与框架？

思考、实践与转变不仅仅在行业从业者身上体现出来，作为学术引领者的教授们也在转变理念，积极地践行"纵横交错"的思路，将

教学与实践、理论与行业进行有机结合。这点在我们的陈洁教授身上体现得淋漓尽致。从2018年汽车专委会成立至今，陈洁教授带领智能网联行业研究团队深入行业研究一线，始终积极参与专委会组织的行业论坛、专家分享及企业参访等各种活动。陈洁教授的研究涵盖了汽车行业的多个领域，体现了跨领域、跨学科的研究特点。这种研究方式打破了传统的学科界限，使我们能够从纵横向视角理解和把握行业的发展，同时，也为从业者们提供了更多的创新思路和解决问题的方法。例如，在2019年11月的一场"数字化重塑车企价值链"专题分享会上，陈洁教授做了"数据驱动下的营销创新"的主题分享。陈教授指出，数据获取方式与分析技术的革新，为传统的营销理论注入了新鲜血液，使得精准化

【作者简介】

郑　远　上海交通大学安泰经济与管理学院MBA校友会汽车专委会秘书长。

营销推广成为营销创新的主题。在2021年10月的一场"走进高合汽车"的企业参访活动中，陈教授在现场和企业高管进行了深入探讨，对于企业方理念介绍表达了充分的肯定，同时也表示用户模块化编程定义汽车的方式会成为汽车消费新趋势。陈教授的分享，给与会的行业企业家们带来了新的思考与视角。这种高校与企业的结合不仅丰富了理论，也提高了实践的效果，为行业的发展提供了有力的支持。

在"纵横交错，知行合一"的行业研究理念之下，汽车专委会的团队成员们也在积极地输出行业洞察，发出属于交大的汽车之声。比如2022年12月，在汽车专委会主办的"校友声音"栏目里，氢能专家2020级校友许峰，分享了"氢"对于未来中国能源变革的意义、氢能源之于交通运输在未来将扮演的角色，以及对未来我国氢能产业健康发展的建议等话题。随着话题的刊出，我们也收到了来自汽车新能源从业者的热烈反馈，其中机动学院师生更是和许峰校友进行了更深层次的沟通与交流。随着"新能源""双碳""ESG"等相关话题的不断深入，2023年1月汽车专委会创始人之一、2015级校友胡翰墨在"行业洞察"栏目里发表了《ESG理念浅析氢能产业发展》的报告，从氢能产业发展对我国可持续发展的意义、氢能产业的可持续发展策略、我国氢能产业可持续发展路径等方面阐释了氢能产业发展的现状及未来。在陈方若院长的理念指引下，汽车专委会取得了显著的进步，专委会举办的活动也吸引了大量的参与者，行业研究成果得到了广泛认可。

20世纪初《科学管理原理》的出版代表着泰勒科学管理理论的诞生，与此同时，福特T型车在流水线的下线是当时先进工业生产技术与管理的典范，理论与实践在那个时代完美呼应。70—80年代面对来自日本汽车的冲击，美国汽车市场邀请MIT团队从丰田生产系统办法里提炼出精益生产（lean production）的管理哲学，才使得美国汽车得以在主场与对手抗衡。与此同时，随着全面质量管理（total quality management, TQM）等办法的推行，各行各业才得益于此并广泛应用，如丹纳赫集团，利用在丰田生产方式（Toyota production system, TPS）之上衍生出来的业务管理系统（Danaher business system, DBS），成就了自己"兼并之王"的称号。当IBM公司在90年代初遭遇产品研发困境时，引用由PRTM公司提出的产品及周期优化法（product and cycle excellence, PACE）这一概念，继而产生了集成产品开发（integrated product development, IPD）这一思想，再到任正非当年力排众议，大力推行IBM研发管理办法。如上种种，无不闪烁着"科学管理之父"泰勒的光芒。透过历史，我们看到在每一场变革中都孕育着新的机会。

回想2018年12月陈方若院长在上海交通大学行业研究院揭牌仪式上的讲话：商学院的首要任务是知识创造，知识创造的主要服务对象应该为学术界与企业界，而目前面临的主要问题是学术界忽略了企业界这个"半壁江山"，而这种忽略，不仅来自知识创造者对企业界的忽略，同时，也来自企业界对"学术"的忽略。陈院长提出改革的出发点是重新界定学术的内涵与外延，改革的道路是开展跨领域、跨学科的纵向行业研究，通过行业研究平台打造"商学生态圈"，建立多元评价体系，促使商学院再度回归"实践—学术—教学"三位一体之本源。

这一指导思想是一种纽带、一种传承，是安泰人和行业人的教学相长，是"线上"与"线下"的跨领域融合。在这样一个剧烈变革的时代，每一位安泰人都应成为安泰与自身行业的一个纽带，通过"扎根中国管理实践，推动社会经济发展，完善世界管理理论"，从而实现安泰"天地交而万物通，上下交而其志同，纵横交而商学兴"的目标。

百年前泰勒与福特间的呼应，让我们安泰人在这个时代重现。◇

行知之始，知行之成

王鸿鹭

一　参与智能网联汽车行业研究的成果

我于2017年考入上海交通大学中欧国际工商学院，从事关于供应链管理、区块链技术应用等方面的研究。作为管理学博士生，我有幸加入了上海交通大学安泰经管学院蒋炜教授领衔的智能网联汽车行业研究团队，从供应链管理理论视角基于智能网联汽车产业场景开展了多年的理论研究和实践应用。智能网联汽车是指利用先进的传感器、控制器、通信技术等实现车辆自动驾驶、信息交互、安全防护等功能的汽车，是汽车产业发展的重要方向和趋势。在参与行业研究的过程中，我不仅获得了丰富的知识和经验，也取得了一些有价值的成果。具体来说，主要包括以下几个方面：

（1）发表相关领域的学术论文。在导师的指导和与团队的合作下，我参与了多篇关于智能网联汽车供应链管理问题的学术论文的撰写。例如，在《系统工程理论与实践》等刊物上发表了关于智能网联汽车行业的相关学术论文。这些研究成果不仅加深了我对行业的理解，也为智能网联汽车行业的供应链管理理论和实践贡献了新的思路和方法。

（2）撰写有影响力的决策咨询报告。在国内外汽车市场遭遇寒冬、新冠疫情暴发等情况下，为促进汽车行业走出下跌颓势，助力行业的转型升级，团队撰写了数篇针对智能网联汽车产业发展问题的决策咨询报告，并在国内主流媒体广泛传播，以求从供应链管理视角为政府的政策制定及科学决策提供智力支持。例如，团队撰写的《新冠疫情对中国汽车行业的影响分析和政策建议》报告，获得中共中央办公厅、新华社内参、上海市政府等机构和领导的采纳和批示，并收录至上海交通大学出版社出版的《新冠肺炎疫情的行业影响及对策分析》一书中。2022年4月，为响应学院助力上海复工复产的号召，本人作为主要成员参与了《疫情下的汽车行业复工复产调研报告》调研及撰写等工作，并作为央视内参、解放日报内参、上海市政协内参等上报相关决策部门，得到了相关领导的重视。

（3）开展产学研合作项目。为了更好地将理论知识应用于实际问题的解决，我们团队与多家智能网联汽车相关的企业和机构开展了产学研合作项目，旨在通过供应链管理理论和方法，帮助企业提升智能

【作者简介】

王鸿鹭　上海交通大学安泰经济与管理学院博士后，上海交通大学行业研究院智能网联汽车行研团队成员。

网联汽车的研发、生产、销售、服务等方面的效率和质量。例如，团队与相关企业开展的智能网联汽车供应链管理模式创新与实践研究，通过构建智能网联汽车供应链管理模式框架，分析智能网联汽车供应链管理的关键要素和影响因素，提出智能网联汽车供应链管理的优化策略和建议，为企业在智能网联汽车领域的发展提供了参考和借鉴。这些产学研合作项目不仅增强了我在该领域的实践能力和意识，也为智能网联汽车行业的创新和发展做出了贡献（见图1）。

综上所述，我参与智能网联汽车行业研究的成果主要体现在学术论文、咨政专报、产学研合作等方面，参与智能网联汽车行业的研究工作不仅拓宽了我的研究视野，也为我攻读博士期间的研究工作提供了丰富的场景和土壤。

二 参与智能网联汽车行业研究面临的挑战

虽然参与智能网联汽车行业研究让我收获了很多成果，但是在这个过程中也遇到了一些挑战和困难。具体来说，主要包括以下几个方面：

（1）缺乏对汽车行业和技术细节的深入了解。由于我的专业背景是管理学，对于汽车行业的具体情况和技术细节并不十分了解，因此，在与企业沟通和合作时，往往会遇到一些障碍和困难。例如，在进行数据收集和分析时，我可能无法准确地理解数据的含义和来源，或者无法有效地处理数据中存在的一些异常值或缺失值。为了解决这个问

题，我不断地学习和更新自己的专业知识和技能，同时也通过导师和团队成员的帮助，寻找和接触与自己研究方向相关且有需求的企业，建立良好的合作关系。

（2）难以平衡理论研究和实践操作之间的关系。由于管理学博士需要花费大量的时间和精力在文献阅读、数据分析、论文写作等方面，而这些工作可能与实际管理问题和需求相距甚远，导致博士生缺乏动力和兴趣。例如，在智能网联汽车领域，我虽然对该领域的发展前景和创新潜力感兴趣，但是由于缺乏实际的操作和体验，难以将自己的理论知识应用于解决实际问题上。因此，导致攻读博士初期的研究选题过于理论化、抽象化，难以切入管理实践的痛点和难点，也难以引起企业界和社会界的关注和认可。为了解决这个问题，我在导师和团队老师的指导下，积极参与一些与企业或社会合作的项目，关注前沿的管理话题和趋势，选择有价值和意义的研究课题，将理论知识应用于解决实际问题中，提高自己的创新能力和科研能力。

（3）面临数据收集和分析的困难和挑战。数据收集和分析是智能网联汽车研究的重要环节，但也是充满困难和挑战的环节。由于智能网联汽车是一个新兴的领域，相关的数据和信息还不够充足和规范，因此，在进行数据收集和分析时，我经常会遇到一些障碍和问题。例如，在进行数据收集时，我可能难以找到可靠的数据来源或渠道，或者难以获得完整和准确的数据。在进行数据分析时，我可能难以选择合

适的方法或工具，或者难以处理数据中存在的一些复杂性或不确定性。为了克服这些困难和挑战，我持续地学习和掌握新的数据分析方法和工具，同时也通过导师和团队成员的帮助，寻找和利用各种可用的数据资源，提高自己的数据分析能力和水平。

三 参与智能网联汽车行业研究的收获和启示

参与智能网联汽车行业研究，对作为管理学博士生的我来说，有很多收获和启示。具体来说，主要包括以下几个方面：

（1）提高了学习效率和质量。通过参与行业研究，我可以直接接触到行业的实际情况和技术需求，从而更好地确定自己的研究问题和目标，更快地获取和分析相关的数据和信息，提高了我的学习效率。

（2）增强了学习兴趣和动力。通过参与行业研究，我可以看到自己的研究成果在实践中的应用和价值，增加了我的学习兴趣；同时，我可以得到导师和团队的指导和支持，也可以得到企业和社会的反馈和认可，我可以感受到自己在行业中发挥的作用和贡献，增加了我的学习动力。

（3）拓宽了就业渠道和视野。通过参与行业研究，我可以结识和接触到行业内的各类企业和机构，拓宽了我的就业渠道和选择；同时，我可以了解和掌握行业的发展现状和趋势，也拓宽了我的就业视野和前景。

（4）增强了实践能力和意识。通过参与行业研究，我可以锻炼和

提升自己的专业知识、数据分析能力、沟通协作能力等实践能力，也可以培养和强化自己的创新意识、服务意识等。

（5）提高了学术研究水平。通过参与行业研究，我可以撰写并发表高水平的学术论文和决策咨询报告，从而提高了我的学术水平和科研能力。

同时，博士生参与行业研究也需要注意以下几个问题：

一是坚持理论与实践相结合。博士生在参与行业研究时，既要注重理论研究，也要注重实践操作。只有理论与实践相结合，才能真正掌握管理知识和方法，为自己的学术和社会贡献提供更有力的支持。

二是保持独立思考，秉持科学态度。博士生在参与行业研究时，要具备独立思考的能力和秉持科学态度，不能被行业热点和现象所迷惑，应当秉持客观、公正、科学的研究原则，坚持研究结果的真实性和可靠性。

三是与导师和团队保持良好的合作关系。博士生在参与行业研究时，要与导师和团队成员保持良好的合作关系，相互尊重、相互支持、相互帮助。只有建立起良好的合作关系，才能更好地开展科研工作，实现共同成长。

总之，参与智能网联汽车行业研究是一次难得的机遇，既可以提升自己的学术和实践能力，也可以为社会和行业做出贡献，从而更好地实现自己的人生价值和学术使命。这些收获和启示不仅促进了我的学习和发展，也期望为博士生参与行业研究提供一些借鉴和启发。◈

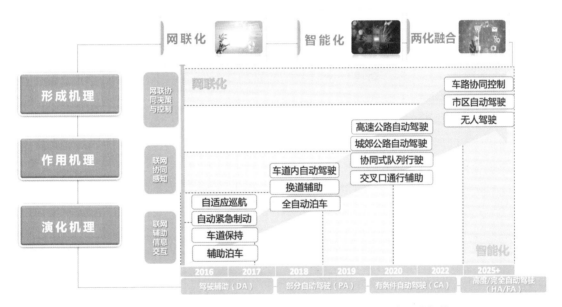

复杂网络视角下的"三纵三横"智能网联汽车研究架构

图1 复杂网络视角下的"三纵三横"智能网联汽车研究架构

行业研究中的学习与成长

周文丽

"纵"横交错，知行合一"，相信每一位安泰人都对学院的这一发展战略耳熟能详，而行业研究院也正是在这一发展战略下应运而生的一个团队。作为在安泰全日制CLGO项目学习的一名学生，我很荣幸能够参与行业研究项目，在蒋炜老师及陈红军老师的指导下，与IMBA项目的王臻同学，共同完成了关于二手动力电池回收再利用政策相关的行研论文。

一 项目背景

2022年是行研项目进课堂的第二年，项目从2021年的仅在CLGO项目试点，扩大到整个全日制MBA项目，彰显了学院推动行业研究进课堂的决心；同时，行研团队项目也提供了非常丰富的提案选择，并且全部涉及当下热点话题及行业，除了智能网联外，还有人工智能、医疗健康、文化传媒、能源、金融科技、零售等热门的11个行业共17个项目。

基于自己的个人兴趣及工作背景，我报名参加智能网联研究团队关于新能源汽车行业研究的项目。报名结束后的2周内，我便接到了从深圳行业研究院打来的面试邀请电话，并在线上与智能网联团队的同学和老师进行了第一次会面。简单了解之后，我们确定了最终匹配新能源汽车行业研究方向的6位同学，远远超出预期。尽管如此，蒋炜老师根据新能源汽车的行业现状及热点问题，给我们提出了3个研究方向，分别是"新能源汽车里程焦虑""充电桩问题"及"二手动力电池"。经过大家的两两组队，我和王臻同学最终组成了"二手动力电池"研究小组。

在新能源汽车领域，二手动力电池的回收利用成为一个热门话题。随着新能源汽车的普及，废旧动力电池的数量也在不断增加。而这些废旧电池中仍然存在一定的能量和价值，如果能够进行回收利用，不仅可以减少环境污染，还可以为新能源汽车的发展提供更多的动力支持。因此，二手动力电池的回收利用已经成为新能源汽车产业链中的一个重要环节。目前，国内外已经有不少企业和机构开始涉足二手动力电池回收利用领域，相关技术和市场也在不断发展壮大，我国政府也在不断推出新的政策和法规来规范和干预动力电池回收相关市场。我们的小组便以此为背景，开始了关于"二手动力电池"相关行

【作者简介】

周文丽　上海交通大学安泰经济与管理学院全日制MBA CLGO 2022级学生。

业研究的探索之路。

二 项目研究过程

在小组立项选题目之前，我们在小组内部先进行了讨论。由于我们都没有新能源汽车的相关背景，于是先阅读了网络上的行业相关报道，以及指导老师发送给我们的一些行业相关信息，进行了初步的了解。然后基于对二手动力电池市场的研究，以及王臻同学相关的创业背景，我们将方向初步定在了二手动力电池"商业化交易所平台"的可行性上。在一开始，我们相当迷茫，不知道如何着手对项目进行研究，带着这些疑惑，我们在线上向蒋炜老师及其团队进行了开题汇报。在听了我们的选题后，蒋炜老师做出的犀利的点评让我们茅塞顿开：我们之前的想法更像是商业可行性研究而非行业研究。要做行业研究，我们应该以政策为抓手，收集行业信息，深入了解行业上下游信息，对信息进行细化和吸收；针对行业内部问题，如果需要的话，可以寻找相关企业的专家或内部人员，依托校友资源，进行访谈和调研；也可以依托于政策或其他相关的某一个有针对性的点，对收集的信息进行整合，分析未来趋势，总结并输出自己的观点，形成最终的行业研究结果。

因此，会议过后我们组讨论并规划了5个月行研的项目计划表：① 了解回收相关政策和法律法规；② 了解动力电池回收相关技术及产品；③ 根据信息，整合当前动力电池回收产业链；④ 结合相关数据，对未来市场规模进行预测；

⑤ 根据需求，决定是否有必要进行企业访谈，挖掘痛点；⑥ 讨论决定最后文章的落脚点，分析输出自己的观点。在整个行研过程中，这个项目计划表扮演了至关重要的角色，为我们提供了清晰的时间安排和工作指引，使我们能够高效地完成任务。尽管我们每天都面临着繁重的全日制学习任务，但是我们仍然依据计划表有条不紊地完成了最终的报告。

每周五下午，智能网联行研团队的同学们都会集中在线上，一起参加项目进度汇报会，逐组汇报项目进度。在会上，我们可以听到其他同学的分享，也会收到来自陈红军老师及其他同学的建议，从而不断修正和深化自己的研究方向。例如，从"里程焦虑"研究小组成员关于宁德时代及比亚迪两家公司的分享中，我们深度了解了这两家新能源热门公司，并从电池制造商和整车车企两个不同的角度来看关于"里程焦虑"的问题；从"充电桩"研究小组成员的分享中，得知了当前充电桩的最新科技和痛点，并共同对未来如何将充电装置标准化进行了思考；从"新能源车出海"研究小组成员的分享中，对海外车主的购车偏好有了一定的认知；等等。在这一过程中，我们对新能源汽车行业有了更深的了解，也能够对自己的研究方向有新的认识和思考。

三 项目成果及收获

2023年3月下旬，进入了行研项目的最后一个阶段——整合研究成果形成报告。我们也定下了以政策为基础的关于二手动力电池回收的方向，并根据我们之前的计划表，制作了初版报告大纲。"政策其实只是结果，我们需要关注为什么制定了这些政策及其根本动力。"蒋炜老师和陈红军老师对我们的框架评价道，"希望小组可以从深层次的原因层面出发，总结二手动力电池回收价值链上的一些洞察"。结合老师们的反馈，我们完成了最终的行研报告（见图1）。报告主要分为5个部分：一是从市场需求及回收行业现状角度分析了二手动力电池市场；二是分析国内外现有政策及预测未来可能会有的关于技术及商业化的法规政策；三是关于现有技术和产品的梳理及现状分析；四是使用流程图，分步梳理产业链条及业态模式，对产业链进行痛点分析；五是结合我们的研究结果，对政府干预二手电池市场提出政策建议。

在整个行研过程中，我们阅读了大量相关行业的研究报告、期刊及汽车行业相关数据，从0到1了解了行业研究报告的生成过程，将对行业的了解从宏观层面上升到微观层面，从单一的数字了解上升到行业上下游的分析，我们也从中得到了对未来汽车行业发展趋势的判断。同时，行业研究项目也提供了CLGO与IMBA同学交流学习的机会，碰撞出了新的火花。相比于CLGO学生制造业背景的视角，IMBA学生的商业化视角也引发了我们新的思考。

行研期间，我从我的IMBA队友身上也学会了许多。在梳理动力电池产业链时，王臻同学使用流程图梳理了从电池原材料、生产与设计、整车生产组装，到最后电池收集、回收利用及其他处置这一完整的产业链，涵盖了电池全生命周期的流程，以及各个流程的代表公司和业态模式，清晰明了地介绍了动力电池产业上下游现状。这张流程图不仅惊艳了我，也在我们那周的会议上得到了蒋炜老师及陈红军老师的肯定。此外，王臻同学还向我分享了他在以往二手车交易平台工作的一些信息与经验，让我能更清楚地理解关于传统汽车与新能源汽车二手交易市场的不同。

四　项目反思及总结

　　纵观几个月的行业研究，我认为自己还有需要提升的地方，特别是在利用校友资源上。我们整个研究过程及最终的结果汇报，都比较集中在我们收集到的一些信息的再整理上，而缺少在实际商业运营中对企业会遇到的问题的深度调查及相关分析。

　　陈红军老师也在一直强调，如果我们有比较感兴趣的企业，在行业研究院是可以找到校友资源的，安泰的校友资源是非常丰富的。在本次行业研究中，智能网联行研团队的"新能源出海"研究小组，与新康众集团负责出海售后的校友进行了沟通交流；ESG研究小组，不仅在陈红军老师的牵头下，访谈了必维集团与上海环交所相关部门的同事及上海研究院的上海产业合作促进中心碳中和智能研究院执行院长，还通过学院的ESG沙龙，与更多的ESG从业校友进行了交流。

　　行研就像是在企业中的一个短期项目：从项目开题开始，中间进行每周的项目进度汇报，最后产出项目结果；而蒋炜老师及陈红军老师也从指定研究方向到最后生成报告，在每个环节都给了我们及时有效的反馈和支持。很开心也很荣幸能拥有一份这样的经历，我相信这次行研经历将会对我未来的职业发展产生积极的影响，并为我打开更广阔的发展空间。最后，感谢蒋炜老师、陈红军老师和整个智能网联行研团队的支持和指导，也感谢我的同学们在这次行研中的付出和合作精神，让我能够顺利完成本次行研任务。◢

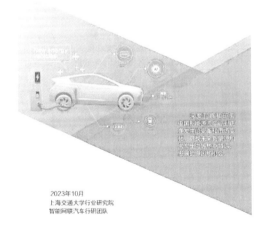

图1　参与行业研究报告